光明社科文库

儿童参与权研究

刘　雄◎著

光明日报出版社

图书在版编目（CIP）数据

儿童参与权研究 / 刘雄著 . -- 北京：光明日报出版社，2019.3

ISBN 978 - 7 - 5194 - 5102 - 8

Ⅰ.①儿… Ⅱ.①刘… Ⅲ.①妇女儿童权益保护—研究—中国 Ⅳ.①D922.74

中国版本图书馆 CIP 数据核字（2019）第 040262 号

儿童参与权研究

ERTONG CANYUQUAN YANJIU

著　　者：刘　雄

责任编辑：杨　娜　　　　　　责任校对：董小花
封面设计：中联学林　　　　　　责任印制：曹　净

出版发行：光明日报出版社
地　　址：北京市西城区永安路 106 号，100050
电　　话：010 - 63139890（咨询），63131930（邮购）
传　　真：010 - 63131930
网　　址：http：//book. gmw. cn
E - mail：yangna@ gmw. cn
法律顾问：北京德恒律师事务所龚柳方律师
印　　刷：三河市华东印刷有限公司
装　　订：三河市华东印刷有限公司

本书如有破损、缺页、装订错误，请与本社联系调换，电话：010 - 63131930

开　　本：170mm × 240mm
字　　数：277 千字　　　　　　印　　张：17.5
版　　次：2020 年 1 月第 1 版　　印　　次：2020 年 1 月第 1 次印刷
书　　号：ISBN 978 - 7 - 5194 - 5102 - 8
定　　价：85.00 元

"我们的使命，就是要确保每个儿童享有健康、食物、教育的权利，保护他们免遭一切形式的虐待、忽视、剥削和暴力。我们要使儿童的声音能被听到，让儿童们参与解决他们自己面临的问题。"

——救助儿童会（Save the Children）创始人：埃格兰泰恩·杰布（Eglantyne Jebb）

序

　　儿童权利是当前法学、社会学、政治学、教育学等学科领域的学术焦点之一。对儿童权利的研究关系到我们如何看待儿童，并由此决定我们有关儿童的绝大部分实践。随着不少国家、地区承认儿童权利并使之规范化，儿童参与权在全世界范围内得到了广泛的认可，一系列与儿童权利相关的国际公约出台，各国、各地区政府也颁布了一系列儿童权利保护法律法规，与儿童权利相关的民间组织也在不断发展壮大。关注儿童的生存权、受教育权等权利是目前儿童权利实践的一大特点，另一个特点是这些儿童权利实践都有明显的"保护"基调，这与当前儿童权利亟需保护有很大的关系。但是，儿童权利的实现不仅仅是依靠成人中心的保护。新的儿童观把儿童看成是与成人一起的社会构建者，儿童权利的实现离不开儿童参与儿童权利实践，况且，儿童参与权本身也是儿童的一项基本权利，这在《国际儿童权利公约》得到了确认。

　　参与权一般被认为是人权的重要组成部分。儿童是人，这是不争的事实，儿童享有参与权似乎也是顺理成章的事情。但在现实中，相对于儿童的健康权、受教育权等权利，儿童的参与权是最容易被侵犯的权利，成人往往以儿童不懂事或者"以爱之名"心安理得地侵犯儿童的参与权，其原因主要在于有些成人并非真正认可儿童参与权，有些成人虽然意识到儿童应拥有参与权，但不清楚儿童怎样行使其参与权或不清楚在儿童行使参与权时，成人应该怎么办。

　　国外对儿童参与权的研究相对较早。早在20世纪80年代，就已经出现了一批研究儿童参与权的学者。在《儿童权利公约》颁布之后，儿童参与权的研究进入了一个高峰，心理学、社会学、哲学、教育学等学科领域的学者纷纷关注儿童这一权利，从理论和实践方面对儿童参与权进行了大量的研究。相对于国外，国内学者对儿童权利的研究较多，但对儿童参与权的研究却相对较少。值得欣喜的是，2017 年，我国出版了《中国儿童参与状况报告》，该报告对当前我国儿童的参与状况进行了较为详尽的调研，并从大体上描述了中国儿童参与的状况。本人在高校担任学前教育专业的教学工作，由于工作原因，经常深入幼儿园工作实践，有感于儿童参与权的种种问题，希望通过这本不算详尽的作品，抛砖引玉，以引起学界和实践界对儿童参与权问题的关注，从而推动我国儿童参与权的研究及实践。

　　本书共分六章：第一章主要介绍当前儿童参与权的实践状况及对儿童参与权的基本认识；第二章主要对儿童参与权的思想历史、儿童发展观、儿童参与权进行分析；第三章主要对儿童参与权的正当性进行论证；第四章主要对儿童参与权的机制、性质、构成与限度进行分析；第五章主要对社会生活、学校、家庭中的儿童参与权进行分析，及讨论儿童参与权当前面临的主要挑战；第六章主要讨论儿童参与权的实现，如原则、模型、途径等。

　　由于国内研究儿童参与权的相关文献不多，在本书的写作过程中，作者查阅了大量的国外文献资料，这些文献资料对推进儿童参与权研究以及与儿童相关的其他研究，具有一定的参考意义。

　　由于本人才学有限，时间仓促，书中难免有疏漏之处，恳请读者批评指正。

刘　雄

2019 年 1 月 15 日

目 录
CONTENTS

第一章

绪　论

第一节　任重道远的儿童参与权

在越来越重视儿童参与权的今天，有关儿童参与权的研究和讨论日趋成为儿童研究和儿童教育研究的焦点。相对而言，国外比国内的儿童参与权研究更为成熟，理论视野更加开阔，儿童参与权的实现研究也取得了丰硕的成果，形成了规模不小的学术圈子。但就目前的儿童参与权理论和实践来看，仍然有很多值得我们进一步探讨和推进的地方。

一、儿童参与权日趋得到重视

随着儿童观的变化与发展，儿童权利也逐渐得到重视，这主要体现在一系列对缔约国具有法律约束力的国际法律的颁布、儿童权利学者对儿童参与权的理论和实践研究，以及各国对实现儿童参与权的政策及实践等方面。

在第一次世界大战之后，杰布（Eglantyne Jebb）被欧洲战败国家的儿童所遭受的苦难触动，1919 年在英国筹建了"救助儿童会"①，1924 年该会起草的维护儿童权利的宣言在国际联盟得以通过，即《儿童权利宣言》（《日内瓦宣言》），强调儿童的生存权和受保护权。1948 年联合国通过并颁布的

---

① 救助儿童会（Save the Children）。由埃格兰泰恩·杰布（Eglantyne Jebb）创立，目前，杰布女士创立的这个组织已经发展成为全球领先的、独立的儿童慈善组织，在全球 120 个国家开展工作。她也是世界上最大的由女性创立的发展组织，2012 年的运作资金近 16 亿美元，帮助了 1.25 亿名儿童。

《世界人权宣言》，其中规定了包括第 19 条和第 20 条中的儿童在内的所有人的参与权。旨在衡量全世界人民的公民权利和政治权利的《公民权利和政治权利国际公约》（联合国，1966 年），在第 18，19，21，22 和 25（1）条规定了儿童有权参与影响他们及其福祉的事务。《世界人权宣言》的颁布直接推动了 1959 年联合国颁布的《国际儿童宣言》，在此宣言中，为了实现儿童利益的最大化，强调儿童的消极权利与积极权利，国家成为承担儿童福利的主体。至此，儿童权利得到全球绝大多数国家和地区的认可。随着儿童权利研究的进一步深入，国家和社会对儿童具体权利的认识也在不断加深。1989 年《儿童权利公约》（*Convention on the Rights of the Child*）得以颁布，该公约明确规定儿童自出生起就享有神圣不可侵夺的生存权、发展权、受保护权和参与权。它倡导各缔约国在制定与儿童相关的法律和政策时要认真听取并适当尊重儿童的意见。《联合国千年宣言》（联合国，2000 年）不仅重申了在其他条约下做出的承诺，而且敦请各国应"共同努力实现更具包容性的政治进程，允许所有公民真正参与我们所有国家"（第 25 条）。它还敦促确保包括儿童在内的所有公民都能高度参与，以实现千年发展目标。2003 年，联合国儿童基金会（UNICEF）在《世界未成年人状况报告》中，将"维护与促进未成年人的发言权与参与权"确立为报告主题。联合国还就儿童参与权为主题在 2006 年和 2009 年专门做了"一般性评论（General Comment）"，以加深人们对儿童参与权的理解，以及对各国在实现儿童参与权的具体措施方面做指导。

　　在世界范围内，儿童权利学者对儿童参与权进行了深入研究，虽然在理论和实践中存在分歧，但也取得了许多共识。这些学者基于社会学、权利哲学、儿童发展心理学、童年社会学等理论，对儿童参与权何以存在、何以可能及何以实现等方面进行了深入探讨，并就《联合国儿童权利公约》在各国的实现情况进行研究，以及探讨在政治、家庭、社区、学校，以及特殊儿童、不同文化和地域中如何实现儿童参与权进行了不少实证研究，成果颇丰。在本书后面的章节中会涉及相关学者研究的介绍，在此略过不表。值得注意的是，学者把儿童参与权的实现推及至低龄儿童，尤其关注在学前阶段儿童参与权的实现，这也是有待儿童参与权学者们进一步拓展的领域。

　　在《联合国儿童权利公约》的推动下，各国政府在实现儿童参与权方面采取了不少措施，主要表现为，在政府层面，制定与儿童参与权相关的法律法规、政策，设立实现儿童参与权的相应组织机构。如，在整个欧洲，城市和城镇正在发展包含 18 岁以下人群声音的政治结构（Casman，1996）①。此外，欧洲委员会儿童权利战略（欧洲委员会 2012；2016 年）和国家儿童权利战略支持确保儿童在包括家庭在内的所有生活环境中的权利。克罗地亚共和国（社会政策和青年部，2014 年）就这些文件列出了促进儿童参与其战略目标的情况②。

瑞典在其《国家教育法案》中，明确把实现儿童参与权作为一款重要的法律列入其中；在新西兰政府颁布的教育法案中，儿童参与作为重要的指导思想；在英国，随着《儿童权利公约》的签署，2004 年，根据《儿童法》，英国在政府层面设立了儿童事务专员办公室（The Office of the Children's Commissioner），这是由英国儿童事务专员玛吉·阿特金森博士（Dr Maggie Atkinson）领导的一个全国性组织，该组织旨在维护英国所有儿童和青少年的观点和利益，并在英国范围内负责与庇护和移民有关的问题③；也有一些民间和非营利组织在为实现英国儿童参与权而努力，如，由英国青年理事会（British Youth Council）、英格兰儿童权利联盟（Children's Rights Alliance for England）、全国儿童局（National Children's Bureau）、拯救儿童（Save the Children UK）组成的"参与工作"④（Participation Works），提供全面的参与活动和资源计划——包括研讨会、培训课程和从业人员网络，旨在支持服务 25 岁以下儿童和青少年的组织和从业人员，使组织能够有效地让儿童和青少年参与影响他们生活的服务的开发、提供和评估；"国家参与论坛"⑤（National Participation Forum（NPF））汇集了公共、私营和第三方的组织和协会，通过提高参与意识及其对组织和个人的价值，NPF 旨在加强领导者和决策者

---

① Casman, P. Children's Participation: Children's City Councils ［J］. Understanding Children's Rights, 1996: 65.

② Ninoslava Pećnik, Jelena Matić, and Ana Tokić Milaković. Fulfillment of the Child's Participation Rights in the Family and the Child's Psychosocial Adjustment: Children's and Parents' Views ［J］. Revija Za Socijalnu Politiku, 2016, 23（3）: 399 – 421.

③ 详见：www. childrenscommissioner. gov. uk

④ 详见：www. participationworks. org. uk

⑤ 详见：www. participationworks. org. uk/npf

对儿童参与的承诺。在北欧国家的儿童教育中，重点已从"与儿童合作"的概念，即教师寻求儿童在成人设计的活动和经验中的合作（而不是简单的遵守），转移到儿童实际影响规划教育过程①，儿童被视为"人类"，而不是"正在成为的人类"②。挪威、瑞典和冰岛，儿童有自己的巡视官，而丹麦也成立了类似的机构，或者叫参议团。这些官方的支持者力图确保儿童的声音不仅能被听到，而且确保能被社会正确理解③。在挪威，儿童参与权已庄严载入《儿童法》《儿童福利法》、学校和日托方案，以及市镇的儿童公民项目。在加拿大，最近开发的许多课程/框架都涉及有关儿童参与的思想，特别是与课程开发有关的思想，儿童参与课程制定的理念基于"一种新的儿童模式、对儿童作为公民拥有权利的新关注和对儿童早期经验意义的新认识"（MacNaughtron et al.，2007）④。这种模式反映在不列颠哥伦比亚省政府颁布的《早期学习框架》（2008）中，该框架将儿童视为塑造其身份、产生和传播关于其周围世界的合法观点并有权参与该世界的社会行为者。在这份文件中，儿童被认为是"有能力和充满潜力；具有复杂身份的人，基于他们的个人力量和能力，以及他们独特的社会、语言和文化遗产（Government of British Columbia，2008）"⑤。《2009－2020年澳大利亚国家儿童保护框架（The National Framework for Protecting Australia's Children 2009－2020）》和

---

① Pramling Samuelsson，I.，andS. Sheridan. Delagtighed som v¨a rdering och pedagogik［Participation and evaluation as education］［J］. Pedagogisk forskning，2003，8（1－2）：70－84.

② Qvortrup，J.，M. Bardy，G. Srgitta，and H. Wintersberger，eds. Childhood matters：Social theory，practice and politics［M］. Avebury：Aldershot，1994：79.

③ Stig Broströma. Children's participation in research［J］. International Journal of Early Years Education，2012：137－138.

④ MacNaughton，G.，Hughes，P.，& Smith，K. Young children's rights and public policy：Practices and possibilities for citizenship in the early years［J］. Children and Society，2007，21（6），458－469.

⑤ Government of British Columbia. British Columbia early learning framework［S］. Victoria，BC：Ministry of Education，Ministry of Health；Ministry of Children and Family Development，& British Columbia Early Learning Advisory Group，2008.

《儿童学习框架》（*The Council of Australian Governments*，2009a；2009b）① 都把儿童定位为积极的决策者。在联邦政府的政策文件中，首次承认儿童有权参与影响他们的决定，并且由于他们影响自己的生活，还被视为这些权利的积极使用者和雇主（COAG，2009a）。CIAI（2015）② 认为，儿童参与不仅与行使所有其他儿童权利有关，而且是《2015 - 2017 年战略计划》（Strategic plan 2015 - 2017）中四个主要领域之一，即：保护、教育、健康/营养和儿童参与。

改革开放之后，我国制定了一系列和儿童权利相关的法律法规，且于1990 年签署了联合国《儿童权利公约》，成立了"国务院妇女儿童工作委员会"③，并先后发布了三个国家行动计划以推动我国儿童权利保护与发展，即 1992 年颁布的《九十年代中国儿童发展规划纲要》、2001 年颁布的《中国儿童发展纲要（2001 - 2010）》与 2011 年颁布的《中国儿童发展纲要（2011 - 2020）》。《中国儿童发展纲要（2001 - 2010）》把"坚持'儿童优先'原则，保障儿童生存、发展、受保护和参与的权利，提高儿童整体素质，促进儿童身心健康发展"作为总目标的重要组成部分。而《中国儿童发展纲要（2011 - 2020）》的 5 个基本原则中，儿童参与原则位列其中，即"儿童参与原则。鼓励并支持儿童参与家庭、文化和社会生活，创造有利于

---

① Council of Australian Governments. Belonging, being and becoming: The Early YearsLearning Framework for Australia（2009a）［S/OL］.［2018 - 8 - 24］. http: // www. deewr. gov. au/.

② CIAI 全称意大利儿童援助协会（Italian Association for Aid to Children），是一个致力于促进承认儿童为个人并捍卫其基本权利的组织。CIAI 的核心价值观之一是始终站在儿童一边，遵循《儿童权利公约》，避免使用以成人为中心的方法来解释儿童的需要。

③ 1990 年 2 月 22 日国务院妇女儿童工作委员会的前身——国务院妇女儿童工作协调委员会正式成立，取代了原由全国妇联牵头的全国儿童少年工作协调委员会，成为国务院负责妇女儿童工作的议事协调机构。1993 年 8 月 4 日，国务院妇女儿童工作协调委员会更名为国务院妇女儿童工作委员会，简称国务院妇儿工委，是国务院负责妇女儿童工作的议事协调机构，负责协调和推动政府有关部门执行妇女儿童的各项法律法规和政策措施，发展妇女儿童事业。其主要职能包括：（1）协调和推动政府有关部门做好维护妇女儿童权益工作；（2）协调和推动政府有关部门制定和实施妇女和儿童发展纲要；（3）协调和推动政府有关部门为开展妇女儿童工作和发展妇女儿童事业提供必要的人力、财力、物力；（4）指导、督促和检查各省、自治区、直辖市人民政府妇女儿童工作委员会的工作。

儿童参与的社会环境，畅通儿童意见表达渠道，重视、吸收儿童意见"。《上海儿童发展"十一五"规划（2005）》明确提出"要依法落实儿童参与权，孕育公民意识，各部门积极维护儿童的决策参与权"。在儿童早期阶段，其参与权也不断得到重视，如，2012 年颁布的《3－6 岁儿童学习与发展指南》中，"参与"作为理念贯穿于儿童五大发展领域。2016 年颁布的《儿童园教育指导纲要（试行）》中对各领域目标的规定中确实出现了"乐于参与""主动参与"等字样，并从字里行间中可以看出儿童作为活动的主体，其参与的重要性。除此之外，我国的一系列法律法规、政策中也在积极提倡儿童参与的理念，例如，《中华人民共和国未成年人保护法》（2012 修正）的第一章第三条明确规定："未成年人享有生存权、发展权、受保护权、参与权等权利，国家根据未成年人身心发展特点给予特殊、优先保护，保障未成年人的合法权益不受侵犯。"在《全国家庭教育指导大纲》(2010)、《中华人民共和国民法总则》(2017)、《中华人民共和国婚姻法》(2001 修正版)、《中华人民共和国收养法（1998 修正)》等一系列法律中，都有涉及儿童参与的相关条款。

二、儿童参与权仍未充分实现

与全球范围内儿童参与权得到重视并存的是，儿童参与权在现实中仍然未得到充分的保护，儿童参与权的充分实现仍然任重道远。儿童权利委员会在 2009 年发表的一般性意见（No. 12）中强调，儿童的参与权未得到"儿童权利公约"缔约国的充分保障。该委员会强调，除了正在进行的做法和态度之外，许多国家还出于政治和经济原因侵犯了参与权。需要强调的是，某些儿童群体，特别是来自边缘化群体和弱势群体的儿童，在权利的适用方面面临着某些障碍，而且大多数现有实践都存在质量问题。该委员会还强调，人们普遍认为，儿童迫切需要照顾和保护，然而，成年人认为是成人而不是儿童更适合做出决定（UNCRC，2009）①。在新西兰，儿童的权利没有得到广

---

① United Nations Committee on the Rights of the Child. General Comment No. 12 The right of the child to be heard；2009［S/OL］http：//www. cocukhaklariizleme. org/wp－content/uploads/CRC－C－GC－12＿TR－aat. pdf.

泛的公共或政治支持，在澳大利亚，这种支持甚至更少。儿童权利常常被视为"政治烫手山芋"，这不但没有促进儿童的利益，反而危及他们的利益（Melton，2005）①。

儿童的参与权和社会对儿童与童年构建之间仍然存在紧张关系。造成这种局面的原因大致有两个。首先，在于人们对儿童参与权的认识存在问题，虽然不少人承认儿童参与权对儿童发展、对社会发展具有重要的意义，但是，对"儿童参与权"本身的理解不全面或不正确，观点上的问题反映在实现儿童参与权的实践中，把儿童参与权的实现成人化的做法就深刻体现了这一点，如，降低投票年龄，这反映了人们对儿童本身的理解存在问题，其背后是人们对儿童是什么、儿童需要什么、儿童对成人社会意味着什么的不同理解；其次，也存在对儿童参与权提法的犹疑，甚至反对，有人担心儿童参与权的出现会削弱成人对儿童的权威，认为儿童的参与可能会限制和约束父母决定儿童福祉和发展的权利②，也会面临国家侵犯家庭育儿权利的风险。ènnew（1998）发现了一种倾向，即以恐惧、沮丧和谨慎的态度看待儿童的参与，这可能与前几个世纪所表达的成人和儿童之间所谓的自然敌意有关③。Lansdown（1995）指出，过去几十年（现在仍然在许多社会中）妇女的情况类似于儿童，即缺乏社会、经济和政治权力，低估了他们的参与潜力并剥夺他们的公民权利。在社会中，儿童通常无权发表意见，也很少被认真对待。显然，权力、地位和关系会影响对儿童和童年的看法，并影响儿童参与成人主导的社会，儿童的参与权与社会对儿童作为参与成员及成人 - 儿童权利关系的看法有关。可以从女权主义运动中学到有价值的教训，改变基于刻板印

---

① Melton, G. Treating children like people：A framework for research and advocacy ［J］. Journal of Clinical Child and Adolescent Psychology, 2005, 34（4）：646 - 657.

② Krappmann, L., The Weight of the Child's View（Article 12 of the Convention on the Rights of the Child）［J］. The International Journal of Children's Rights, 2010（18），501 - 513.

③ V. Johnson, E. Ivan - Smith, G. Gordon, P. Pridmore and P. Scott（eds）. Stepping Forward：Children and Young People's Participation in the Development Process ［M］. London：Intermediate Technology Publications, 1998：1.

象、文化和生物倾向的观念，这些观念被用作歧视的基础①。卡莉（Carly
Anne Evans 2009）的研究也证实了人们对儿童参与权的观念问题导致了在实
践中的行为偏差，他在对英格兰和威尔士儿童福利政策对儿童参与权的道德
影响中发现，儿童参与机会面临三个障碍，即：采取家长式的照顾义务；缺
乏明确的基于权利的参与权话语；将童年视为没有责任的黄金时代②。希拉
里③等（Hilary Horan. etc. 2003）对英国威尔特（Wiltshire）郡巴纳多斯
（Barnardos）采用"家庭会议"作为当地政策的决策模式进行研究并发现，
它们采用授权方法运行，使政策相关对象能够参与决策，然而，对于儿童和
青少年来说，潜在的赋权可能会被最小化，因为它是一个成人决策论坛。陈
（Chan K H 2011）认为，尽管儿童是有能力且有权参与与他们有关教育决策
的人，但儿童参与课程开发在很大程度上仍缺乏理论性，在实践中以象征主
义的方式出现。儿童通常很少有机会参与日常讨论，讨论他们关心的或直接
影响他们的问题。他们很少被要求在成人主导的机构中表达自己的偏好。虽
然儿童似乎经常被赋予"言论自由"，但他们对主题或交流主体的方式几乎
没有发言权。他们几乎没有机会表达自己的观点，更不用说被认真考虑或重
视这些想法了④。哈特（Hart, 1992）在其研究中也写道："遗憾的是，比真
正的儿童参与项目更多的是象征主义参与的实例。"⑤

　　在以自由、民主为标榜的美国，儿童参与权的实现情况也存在不少问
题，Barbara（Barbara B. W. 2014）通过对美国有关儿童的发言权和参与社区
生活的法律和政策研究了美国儿童参与权，她发现根据"《儿童权利公约》
的原则，美国凭借其前现代宪法和对国际法的抵制，在承认儿童的话语权和

---

① Lansdown, G. Taking Part：Children's Participation in Decision Making［J］. Institute for
　Public Policy Research, 1995：1（1）：23.

② Evans, Anne C. Ethical Implications of Child Welfare Policies in England and Wales on
　Child Participation Rights［J］. Ethics and Social Welfare, 2009, 3（1）：95 – 101.

③ Horan H, Dalrymple J. Promoting the participation rights of children and young people in
　family group conferences［J］. Practice, 2003, 15（2）：5 – 14.

④ Chan K H. Rethinking Children's Participation in Curriculum Making：A Rhizomatic Move-
　ment［J］. International Critical Childhood Policy Studies Journal, 2011, 4（1）.

⑤ Hart R A. Children's Participation：From tokenism to citizenship［J］. Papers, 1992：
　49.

代理权方面进展缓慢。美国最高法院在刑事诉讼程序中向儿童提供了一些正当程序权利，但美国在承认儿童参与公民生活和集体决策的权利方面远远落后于意大利。儿童福利排名可能反映出对儿童权利态度的这些差异。意大利儿童福利的客观衡量标准显著高于美国，意大利儿童普遍反映了优越的同伴和家庭关系"。①

虽然我国在 1990 年签署了《儿童权利公约》，在我国现行的教育法律及方针政策中，儿童参与更多是作为原则体现出来，并没有专门、独立的儿童参与权保护和实施的具体章节。虽然这些法规及不少相关政策屡次提到要鼓励儿童参与，但是，其强制力和可操作性有待加强。这与我们长期以来以传统文化为底色形成的儿童观有很大的关系。孙云晓（2004）认为，长期以来，由于我们的教育观念落后，儿童不被鼓励参与学校、家庭或公共事物，参与能力较弱。在大多数情况下，儿童是沉默的，即使有机会说话，也难以形成独立的声音。在儿童的话语中，通常可以看出成人对他们的控制和影响，成人不习惯听儿童独立的声音，习惯用自己的价值观来判断儿童的对错。他把这种现象概括为"集体失语症"②。值得注意的是，我们学界对儿童参与权的关注在日益增强，在《中国儿童参与状况报告》（2017）③ 的总报告中，把当前中国儿童参与的现状概括如下：1. 儿童参与领域广泛，参与意愿强烈，参与能力强大；2. 学习是儿童生活的主要内容，学校之外的参与很不充分。学习任务占据了儿童生活的绝大部分，儿童除了在学校学习之外，各种校外辅导或者补习班占据了儿童的大部分校外时间，导致学校之外的社会参与时间和机会减少；3. 儿童参与受时间、空间等基本条件的限制，过多的作业让儿童少有时间与同伴交往，再者，儿童参与的空间也受到诸多限制，如，社区缺乏针对儿童的机制和平台；4. 儿童参与的一些重要议题被

---

① Woodhouse，Bennett B. Listening to children：Participation rights of minors in Italy and the United States［J］. Journal of Social Welfare and Family Law，2014，36（4）：358 – 369.

② 中国青年网. 中国儿童参与面临的挑战［R/OL］.（2019 – 1 – 3）［2019 – 1 – 3］. http：//ec. youth. cn/jdgz/cjetcy/3. htm

③ 苑立新主编，中国儿童参与状况报告［M］//北京：社会科学文献出版社，2017：7 – 13

忽略。如家庭参与方面，儿童与家长的沟通话题主要围绕学习问题，在社会交往方面，儿童侧重同学交往，邻里交往不足，在公共参与方面，儿童参与的渠道较少；5. 儿童参与存在很大的群体差异。随着学段的增长，儿童的学校参与程度逐渐降低，相比非独生子女，独生子女和父母的亲子沟通指数更高，而非独生子女家务参与程度更高，参与资源更加丰富。

三、儿童参与权理论研究亟待深化

自 20 世纪 80 年代后期以来，对儿童权利的研究已经扩大（Quennerstedt，2013）①。最近，该领域的研究开始关注儿童的参与权和自决权（Peterson – Badali 和 Ruck，2008）②，以及儿童参与的实践（Ben – Arieh 和 Attar – Schwartz，2013 年）③。

从目前所获文献资料分析来看，在对待儿童参与的问题上，有两种声音，其一为把儿童参与当成是儿童教育的一项重要原则，即把儿童参与作为实现教育目的的重要条件之一，即，强调儿童参与的工具性价值；其二为把儿童参与作为儿童的一项基本权利，和儿童的生存权、发展权和受保护权相并列，这一观点倾向于认为，儿童参与本身即是儿童的权利，即儿童参与具有本体价值，而非工具性价值。

关于儿童参与权的研究中，把它作为儿童教育和儿童发展的一项重要原则来研究是目前学界的主要关注点之一，这主要体现在相关的研究成果中，持这一研究倾向的研究者大多致力于研究儿童参与或不参与对儿童教育和儿童发展的影响，且绝大多数研究者肯定了儿童参与对儿童教育和儿童发展的重要价值，在此基础上，研究者进一步聚焦于研究如何通过提高或者控制儿

---

① Quennerstedt A. Children's Rights Research Moving into the Future – Challenges on the Way Forward ［J］. The International Journal of Children s Rights，2013，21（2）：233 – 247.

② Michele Peterson-Badali，Ruck M D，Ridley E. College Students' Attitudes Toward Children's Nurturance and Self-Determination Rights 1 ［J］. Journal of Applied Social Psychology，2003，33（4）：730 – 755.

③ Ben-Arieh，Asher，Attar-Schwartz，Shalhevet. An ecological approach to children \ " s rights and participation：Interrelationships and correlates of rights in different ecological systems. ［J］. American Journal of Orthopsychiatry，2013，83（1）：94 – 106.

童参与来实现儿童参与对儿童教育和儿童发展的价值。把儿童参与作为儿童教育和儿童发展的重要原则来看，更多的是追求儿童参与的工具性价值，但也由此带来一系列的问题，比如，随着研究的深入，对儿童参与本身的认识加深，可能出现更加重视或不重视儿童参与。

而把儿童参与当成儿童的一项权利乃至基本权利来研究是目前关于儿童参与研究的另一重要关注点。这一关注重点在于研究儿童参与权的正当性及在此基础上儿童参与权保障和实现问题。学者们基于不同的视角对儿童参与权进行了论证，形成了不同的理论体系。在实践中，形成了以"儿童理性能力不足"为基础的"保护论"与以"儿童是人"这一事实推导出、带有强烈道德色彩的"解放论"。"保护论"主要基于占据主导地位的儿童发展理论，具有强烈的阶段论色彩，该系列理论强调儿童发展的阶段性，不同阶段的儿童具备相应年龄阶段的特点和能力，在实践中，这种认识被普遍推广，根据儿童发展理论，儿童是"正在成为的人"，基于儿童在生理和心智的不成熟，缺乏一定的行为能力和理性能力这一事实，对儿童参与权表现出犹疑态度，甚至拒斥儿童参与权，该理论在实践中影响深远，这一理论与实践反过来加剧了儿童权利理论建构的困境。"解放"论则基于童年社会学理论和对儿童发展理论的质疑。该派学者从文化差异的角度出发认为，儿童的能力并非全然如儿童发展理论声称的那样具有严格的阶段性特点，儿童的能力往往和儿童所处的文化、家长和社会对儿童期望、儿童所处的环境等因素紧密相连，因此，能力不应该成为拒斥儿童参与权的充分理由。该理论主张，童年是一种社会建构，应将儿童视为与成年人具有相同道德地位的主体，承认儿童自由的价值与自主的能力，儿童则会作为权利主体去参与和改变社会，甚至对参与权是否应该与理性能力相挂钩提出了质疑。

儿童参与权"保护论"观点与"解放论"观点之间的理论冲突实则反映了当前人们对儿童参与权所持的矛盾心理。后来出现的"主体间性"理论则认为儿童参与权的获得依赖于儿童与成年人之间的交往、依赖于儿童为了获得承认而进行斗争的努力，而儿童事实上的理性能力不成熟，却难以有效为了获得承认而进行斗争。对这些问题的回答依赖于社会文化中关于儿童道德地位、儿童能力等的基本认识，并且直接关系到儿童参与权的主要内容及保护方式。这几种理论各有一定的合理性，但也有一定的缺陷，这在儿童教育工作者在对待儿童参与权的实践中得到了很好的说明。

儿童参与到底是儿童教育和儿童发展的一项重要原则还是儿童的一项基本权利，或者两者兼具？儿童参与权的正当性何在？等等。对这样一些问题的探讨和澄清，将有利于儿童参与权理论的构建及理论对实践的观照。

第二节　儿童参与权的内涵

概念指"能够反映事物特有属性或本质属性的思维形式，是人们在理性认识阶段的产物，是理性思维的一种基本形式"①。即，概念的内涵随着人们对事物认识的变化发生着变化，这也反映了概念的动态性，但在一定的历史时期，人对事物的认识又有相对的稳定性，因此，概念在一定的历史时期里也具有相对的稳定性。

一、儿童

正如其他概念一样，儿童（child）这一概念也是人对自身理性认识的产物，是一个历史建构概念。管华（2010）在其博士论文中总结认为，定义儿童的依据包括有：生理依据、经济依据、政治依据和社会文化依据②。即对于什么是儿童的回答受到人的生理，当时经济、政治和社会文化的影响。首先，这一概念的产生与人对成人和儿童区别的认识紧密相关，而对儿童与成人区别的认识主要基于对儿童的研究，这一点不能忽视发展心理学等学科的研究，其中，皮亚杰（Jean Piaget）等人的研究对后世影响巨大，正是在此基础上，人们认识到儿童与成人不同的心智特点，其中，理性能力的不成熟被认为是儿童时期区别于成人的最大特点之一。这种认识对后来的儿童观产生了重要的影响，但儿童理性能力不足观念在儿童教育实践中却有泛化的迹象。其次，经济因素也是影响实在法对儿童年龄界定的重要因素，总体而言，从历史来看，随着经济的发展，儿童的实在法年龄呈现延长的样态。第

---

① 彭漪涟，马钦荣．逻辑学大辞典 [M]．上海：上海辞书出版社，2010：367.
② 管华．儿童权利研究 [D]．武汉：武汉大学，2010：12

三，对儿童的实在法年龄界定也与当时的政治形势，如战争，或者人口的剧烈增减等有一定的关系。第四，对儿童的实在法年龄界定还和社会文化紧密相关，帕金翰（David Buckingham）认为：“童年的概念在历史上、文化上，以及社会上都是不断变化的。在不同的历史时期、不同的文化与不同的社会群体中，儿童曾被以不同的方式看待，也以不同的方式看待自己。”① 波兹曼（Neil Postman）认为，阅读和羞耻心是童年概念出现的主要原因。

随着近代人权观的确立和发展，儿童作为权利主体越来越得到人们的认可，但是在实在法中，往往又要以一个精确的年龄来确定何为儿童期。由于各国或地区与同一国或地区的不同历史时期的政治、经济、社会文化及对儿童生理成熟的认识等存在差异，因此，在具体的实在法中，对什么具体年龄阶段的人为儿童就有不同的界定。在《儿童权利公约》的第 1 条规定，“为本公约之目的，儿童系指 18 岁以下的任何人，除非根据对该儿童适用之法律，该儿童在 18 岁之前成年”，可以看出，大多数国家和地区都接受这一界定，而对于儿童的起始时间，各国和地区却有不同的看法，我国的儿童起始时间是从儿童出生开始算起。本研究立足于儿童的身心特点来讨论儿童的参与权，如没有特别指出，文中的儿童指已出生但未满 18 周岁的人。

二、权利与儿童权利

（一）权利

在西方文化中，权利（right）一词来源于拉丁文“jus”，含有“权利”和“正当”之义，长期以来，“正义”和“权利”被作为同义语。夏勇认为“社会承认某人享有一项权利，就意味着承认他可以从他人、社会那里获得作为或不作为……这种‘应得’‘应予’就是通常所说的‘正当’‘正义’”②，因此，可以说，正义是权利概念的逻辑基础。不同于我国传统儒家文化中把“义”和“利”对立起来，“正义”更多含有的是法律里“义务”的意味，古希腊人则注重把正义与社会利益结合起来解释正义，因此，现代

---

① 大卫. 帕金翰. 童年之死［M］. 张建中，译. 北京：华夏出版社，2005：6

② 夏勇. 人权概念起源：权利的历史哲学［M］. 北京：中国政法大学出版社，2001：28.

意义上的权利概念盛行于西方，我们现在所使用的权利一词也是西方意义上的权利。在现实中，人们一般从两种意义上使用"权利"一词，其一为法律权利，它由实在法规定，并由国家法律的强制力提供保护；其二为自然权利，它由道德、伦理、习俗等提供正当性。

自有权利这一概念开始，研究者就基于不同的视角和理论基础，试图去解释权利是什么，由于研究者本身对社会和人本体论和认识论意义上的不同，因此出现了对权利的不同界定，甚至是众说纷纭，莫衷一是。正是因为权利的复杂性，学者们对权利的认识呈现两种取向，即从"权利是什么？"和"什么是权利？"两种视角来认识权利，前者力图揭示权利的本质，后者力图描述构成权利的组成要素有哪些来认识权利。

对于从"权利是什么？"角度来解释权利的思维进路，张文显在《法哲学范畴研究》（修订版）一书中把中外法学论著中对权利解释产生过的重要影响界定分成了 8 种：资格说（entitlement），即借助"资格"来解释权利，格劳秀斯（Hugo Grotius）和米尔恩（A. J. M. Milne）都把权利看成是"某种资格"，即权利意味着去行动的资格、占有的资格或享受的资格，而不管其客体是什么，权利就是有权行动、有权存在、有权享有、有权要求；主张说（claiming），即把"主张"（claim；claiming）作为权利概念的指称范畴，以此把权利定义为法律上有效的、正当的、可强制执行的主张，这一观点受到不少英美法学家的认可，在不少法律辞书上也持此看法；自由说（liberty），斯宾诺莎（Baruch de Spinoza）、霍布斯（Thomas Hobbes）、康德（Immanuel Kant）、黑格尔（G. W. F. Hegel）、斯宾塞（Herbert Spencer）、霍姆斯（Oliver Wendell Holmes）等人主张用自由来界定和表征权利，即，权利是自由的法律表达；利益说（interest），这一学说在当代法学界影响最大，该学说认为，权利的基础是利益，权利来源于利益要求，权利乃法律所承认和保障的利益。功利主义学派代表边沁（Jeremy Bentham），实证法学代表奥斯丁（John Austin）明确地把利益作为权利概念的指称范畴；法力说（legal capacity），这一学说主张权利是法律赋予权利主体的一种用以享有或维护特定利益的力量，梅克尔（Adolf Merkel）是这一学说的明确提出者，霍菲尔德（Wesley Newcomb Hohfeld）与庞德（Roscoe Pound）对这一学说做过进一步阐释；可能说（possibility），这一学说流行于苏联，其基本主张是：权利乃法律规范规定的有权人做出一定行为的可能性、要求他人做出一定行为的可能性及请求国家强制力量给予协助的可能性；规范说（norm），这一学说的基本主张是：权利乃是法律所保障或允许的能够做出一定行为的尺度，苏联法学界雅维茨（Явиц，Л. С.）是持此种观点的代表；选择说（choice），这一学说是由哈特（Herbert Hart）在意志说的基础上所做的阐发，其主要思想是：权利意味着在特定的人际关系中，法律规则承认一个人（权利主体）的选择或意志优越于他人（义务主体）的选择或意志。换言之，某人之所以有某项权利，取决于法律承认他关于某一标的物或特定关系的选择优越于别人的选择，其主旨在于主体可以在自主的基础上做出选择①。麦考密克（D. N. Macomick）等学者认为，在对于解释"什么是权利"的问题上，法理学者们可以分成"意志论"和"利益论"阵营，"意志论"阵营认为，权利来自法律承认权利主体的意志、选择比他人的意志、选择处于优先地位，而"利益论"阵营则主张，法律对于权利主体的利益保护或促进是权利的必要要素，即强调利益在权利构成中的核心地位。在分别两大理论阵营的基础上，王斐通过分析，认为"利益论"和"意志论"都有不可避免的缺陷，认为"资格论"可以弥补前两者的缺陷，尝试以资格作为权利的正当性要件，意志作为权利的主观性要件，而利益作为权利的客观性要件，构建主客观相统一的权利概念学说。

从"什么是权利？"角度来解释权利的思维进路，霍菲尔德主张从相互关联、相互对立的概念对权利概念进行分析，即从"权利（rights）— 义务（duty）""特权（Privilege）— 无权利（no-right）""权力（power）— 责任（liability）"和"豁免（immunity）— 无能力（disability）"这四对相互关联、相互对立的概念来理解权利。我国学者夏勇则认为，构成权利最基本的要素是利益（interest）、主张（claim）、资格（entitlement）、权能（power and capacity）、自由（liberty），并进一步认为：以上述五要素中任何一种要素为原点，以其他要素为内容，给权利下一个定义，都不为错。这就要看你强调权

---

① 张文显. 法哲学范畴研究（修订版）［M］. 北京：中国政法大学出版社，2001：300 - 305.

利属性的哪个方面①，因此，夏勇把权利界定为：所谓权利是指为道德、法律或习俗所认定为正当的利益、主张、资格、权能和自由②，这一概念得到不少学者的认可。

本研究认可王斐的论证思路，即资格为权利提供道德正当性，这种道德正当性来源于道德、法律和习俗，而基于需要而产生的利益是权利的客观条件，以自主为主要特征的意志作为主观条件，权利既包括主观因素，也包括客观因素。那么，基于这样的认识，我们可以把权利界定为：人们为满足一定的需要、获求一定的利益而采取一定行为的资格和自由，在此界定中的"自由"其实为自主意志的体现。

（二）儿童权利

对儿童的认识是对儿童权利的理解的重要前提条件，即，之所以会有儿童权利这一提法，在于人们认识到儿童这一群体的特殊性，即儿童观的形成和变化是儿童权利观的前提和基础，有什么样的儿童观，在很大程度上决定了有什么样的儿童权利观。随着现代儿童观的确立，即儿童是人，是发展中的人这一观念的形成，加之人对自身、人与人之间、人与社会之间关系的认识，即现代人权观念的形成，从而形成现代儿童权利概念，这也是儿童权利形成的逻辑。

传统观念看来，儿童只是在形体上与成人相区别的"小大人"，儿童甚至是成人的财产，成人有权支配儿童的一切，甚至生命。成人世界支配儿童的另一体现是成人所谓"成熟"的标准，基于这一标准，成人可以通过调整教育内容来实现儿童的发展。整个社会在成人设计的价值准则下运行，儿童享有什么权利完全取决于成人设计的价值准则。正如皮艺军所言当我们习惯于把儿童当作成年人所支配的对象或是附属物的时候，儿童的权利被淹没于成人世界之中，成年人对儿童世界是浑然不觉的，因此自然也就没有所谓"成人社会"这一概念③。在萨拉（Sarah Te One，2011）看来，儿童享有权

---

① 夏勇. 人权概念的起源［M］. 北京：中国政法大学出版社出版，1992：42－44.
② 夏勇. 权利哲学的基本问题［J］. 法学研究，2004（3）：3－26.
③ 皮艺军. 儿童权利的文化解释［J］. 山东社会科学，2005（8）：31.

利的概念往往被解释为剥夺成人的权利，例如父母的权利①，或被解释为在成人和儿童之间分享权力和控制（Smith. A. 2007）②。从目前看来，这样的状况似乎有所改变，即成人在逐渐认识到儿童的特殊性，并承认儿童的权利，但是在高声呼吁"救救儿童"的呐喊中，掩饰着侵犯儿童权利的漠视③的状况并非少见，最终出现了悖论式的现象，如王勇民所言"谁也难以否认儿童在当今社会是受到社会普遍重视的，而同样谁也难以否认儿童权利是被长期普遍漠视的"④。究其原因，还在于成人难以摒弃"儿童救赎者"的角色定位。

既然儿童的特殊性是儿童权利的基础，那么儿童的特殊性主要体现在哪里呢？儿童和成人的区别在于基于生理区别而产生的心理区别，这种区别在现代儿童生理学和心理学研究中已得到确证，这种区别也是阿里耶斯（Philippe Ariès）所谓"儿童的特殊本性（special quality）"，这种特殊本性决定了儿童的"需要"与成人本质上的差异，其外在表现为儿童与成人在认知、经验和行为方式上的不同。

学界对权利的界定也影响到对儿童权利的界定，从多学科视角看到的儿童权利也各不相同，王雪梅（2005）认为，儿童权利是一个多维度的、立体的概念。从社会架构的角度看，儿童权利是一项制度；从发展观的角度看，儿童权利是一种历史和文化现象；从道德意义上理解，儿童权利又是一种理念⑤。

美国学者明兹（Steven Mintz 2008）曾对儿童权利的概念做了描述性界定："儿童权利是指儿童拥有一种性质截然不同的法律身份，以及不同于其父母的利益和需要。受保护权是指为儿童的福利与健康提供保护。这些权利包括拥有一个稳定的住房、充足的生活资料及接受教育。公民权或自由权是

---

① Sarah Te One. Defining rights：Children's rights in theory and in practice ［J］. He Kupu The Word, 2011, 2（4）：41–57.

② Smith A B. Children's rights and early childhood education：Links to theory and advocacy. ［J］. Australian Journal of Early Childhood, 2007, 32：1–8.

③ 皮艺军. 儿童权利的文化解释 ［J］. 山东社会科学, 2005（8）：30.

④ 王勇民. 儿童权利保护的国际法研究 ［D］. 上海：华东政法大学, 2009：33.

⑤ 王雪梅. 儿童权利论：一个初步的比较研究 ［M］. 北京：社会科学文献出版社, 2005：2–4.

指儿童的自由免受国家或其他机构的限制。公民自由包括正当程序的权利和表达自由。此外，儿童权利通常意味着倾听儿童的声音，并且关注儿童的愿望。"①

张爱宁（2006）从儿童权利的内容要素角度对儿童权利进行了界定：儿童权利概念应包括下述内容：第一，必须将儿童当"人"看，承认儿童具有与成人一样的独立人权，而不是成人的附庸；第二，必须将儿童当"儿童"看，承认并尊重童年生活的独立价值，而不仅仅将它看作是成人的预备；第三，应当为儿童提供与之身心发展相适应的生活，儿童个人权利、尊严应受到社会的保护②。这一界定较好地涵盖了在界定儿童权利时应秉承之价值理念，但仍未说明"儿童权利"是什么？

有些学者基于对权利的理解，把对权利的理解套用到儿童权利上，如王勇民（2010）认为，儿童权利是指为道德、法律或习俗所认定为正当的，体现儿童的尊严和道德价值的，带有普遍性和反抗性的利益、主张、资格、权能或自由的总称③。王本余（2010）认为，儿童权利是指儿童根据一个社会的道德或者法律而享有从事某些行动的自由及受到某种对待的资格④。吴鹏飞（2013）认为，儿童权利是儿童基于其特殊身心需求所拥有的一种有别于成人的权利，这种权利为道德、法律或习俗所认可且正当，其范围包括受保护权和自主权两个相互依存的方面⑤。

萨拉（Sarah Te One 2011）⑥总结了目前对儿童权利的4种不同解释：

利益论：定义权利的一种方法是确定权利所保护的利益（Archard，1993）⑦。这个定义表明儿童是权利持有人，成年人应当是这些权利的执行

---

① Steven Mintz. Placing Children's Rights in Historical Perspective ［J］. Criminal Law Bulletin. 2008：2
② 张爱宁. 国际人权法专论 ［M］. 北京：法律出版社，2006：332.
③ 王勇民. 儿童权利保护的国际法研究 ［M］. 北京：法律出版社，2010：17.
④ 王本余. 儿童权利的观念：洛克、卢梭与康德 ［J］. 南京社会科学，2010（8）：130－136.
⑤ 吴鹏飞. 儿童权利一般理论研究 ［M］. 北京：中国政法大学出版社，2013：59－64.
⑥ Sarah Te One. Defining rights：Children's rights in theory and in practice ［J］. He Kupu The Word，2011，2（4）：41－57.
⑦ Archard，D. Children，rights and childhood ［M］. London：Routledge，1993：157.

人。儿童被视为有权享有社会法律和政治框架认可权利的公民（Federle，1994）①，但不一定能够行使其权利，例如，以与成年人相同的方式参与影响他们的决定。例如，参加哪项儿童服务通常是成年人在儿童的生活中，根据儿童的最大利益做出的决定。由于儿童的年龄，成年人有责任为儿童的最佳利益采取行动。

伊克拉（Eekelaar 1992）② 对权益进行了有效分类。首先，基本利益在两个层面上起作用：在家庭中，父母有义务在社会能力范围内提供照顾；在国家层面上国家有责任加强对忽视的预防。其次，发展利益被定义为"平等的机会，最大限度地利用［儿童］在童年时期所能得到的资源，［因此］他们的能力被……发展到最佳状态"（第47页）。一般来说，这样做的责任在家庭内部，但是更广泛的社会经济和政治环境直接影响到这一点："就发展利益而言，……社会可以选择与其总体社会目标协调地实现它，这可能（但不一定）涉及创造机会平等和减少社会决定的不平等。"第三，自主利益使儿童有权做出自己的选择和决定，这种选择和决定"不仅可能与儿童自身的基本或基本利益发生利益冲突，而且可能与儿童父母的利益冲突"。伊克拉的结论是，按照这种论点，"儿童现在将拥有比以往任何时候都更广泛的最危险但最宝贵的权利：犯自己错误的权利"。

"看护者"理论。关于儿童权利的文献中反复出现的一个主题是关于对儿童自己能力或无能力做决定的看法。权利看护人的论点提出了这样一个问题：如果儿童足够成熟，能够自己做决定，他会想要什么？儿童依靠成年人来行使或主张一些权利。简单地说，看护人承担保护儿童权利的责任，因为儿童被认为尚未有能力行使这些权利。例如，成人有责任选择"如果儿童有能力做出选择，儿童会选择什么，并根据儿童将要变成成人的利益来选择（Archard，1993）"③。

批评这种解释的人认为"儿童权利的成人'专家'不会知道儿童在他们

---

① Federle, K. H. Rights flow downhill ［J］. The International Journal of Children's Rights, 1994，（2）：343 – 368.

② Eekelaar J. THE EMERGENCE OF CHILDREN'S RIGHTS ［J］. Oxford Journal of Legal Studies, 1986, 6（2）：161 – 182.

③ Archard, D. Children, rights and childhood ［M］. London：Routledge, 1993：187.

的权利方面最关心的是什么，除非他们意识到儿童的观点（Taylor，Smith & Nairn，2001）"①。看护者理论的支持者，通常是家长，认为因为他们了解自己的儿童，所以他们最能判断什么最符合儿童的利益。

"选择"理论。哈尔（Haar 2004）②关于影响儿童权利的话语描述指出，看护人的观点是"基于这样的要求，即为了使个人被承认为权利的拥有者，他或她必须有能力做出和行使选择"。许多人认为这是有问题的，尤其是对那些少年儿童而言，他们"可能没有能力做出选择"。因此，根据"选择"或"意志"理论的主角，一个人除非能够选择是否放弃自己的权利，否则不能被视为权利的持有人。这个基本原理对儿童生活中的成年人有影响，因为儿童常常不能为自己要求这些权利。这个选择论题依赖于现有的系统（可以说是嵌入在倾听教育学中）和成人的能力，即，首先要认识到儿童有权被告知影响其生活的选择，其次要理解儿童正在形成的行使选择权的能力。这是一个特别有争议的论题，因为根据定义，选择涉及两个或更多方，在这种情况下，受影响的方面很可能是父母及其子女。认为儿童的选择权会损害父母的权威和家庭价值观的观念并不少见。

首先，深刻理解儿童权利的基础——即儿童的特殊本性——是界定儿童权利的前提，即，儿童和成人的区别在于基于生理区别而产生的心理区别是儿童权利的基础。其次，对权利的理解是界定儿童权利的基础。

基于对以上两点的把握，本研究认为儿童权利是儿童为了健康成长的需要而采取相应行为的资格和自由。在这一界定中，首先表明了作为权利主体的儿童的内在需要是健康发展，这也是儿童的利益所在，有不可置疑的道德正当性，而健康发展需要的满足所要具备的条件应由社会提供或由社会与儿童共同创造。其次，儿童权利也是儿童为满足这一需要而采取相应行为的资格和自由，即儿童有资格为了满足健康成长的需要而采取相应的行为，为了满足这一需要，儿童有选择或不选择、采取何种相应行为的自由，即，在这

---

① Taylor N，Smith A B，Nairn K. Rights important to young people：Secondary student and staff perspectives［J］．The International Journal of Children s Rights，2001，9（2）：137–156.

② Newell J L. A Fight to the Death：The Challenge of the Five Star Movement and the Democratic Party's Reactions［J］．Italian Politics，2014，29（1）：66.

一过程中，儿童是自主的。第三，儿童权利意味着儿童之外的相应权利主体有义务为儿童提供满足健康成长所需的条件。

三、参与、参与权与儿童参与权

（一）参与（partieipation）

在 20 世纪 40 年代末期，发达国家开始重视对落后国家社区进行援助，在援助过程中发现，被动援助效果不佳，只有让被援助社区主动参与到这一过程中，才能取得较好的援助效果。此后，"参与"作为理念进入政治、经济、文化、教育等社会领域。

虽然不同学科对"参与"界定的侧重点有所不同，但是其核心理念基本一致。本研究所涉及的"参与"主要与教育学、心理学、社会学、政治法学有关。"参与"在教育学中强调参与的主体性，主体知、情、意、行的投入，以及教育实践中主体之间的相互作用。如：裴娣娜（2000）认为，教育中的"参与"不仅强调参与主体行为、情感、思维的全面投入，更加注重参与主体主动地、积极地投入和不同参与主体之间的交互作用①。心理学中的"参与"强调行为主体心理融入的强度，而不仅仅是参与的频率，如，埃里克森（Lilly Eriksson 2004）和格兰隆德（Mats Granlund 2004）认为，参与是儿童对于活动投入程度的主观经验，如儿童自觉的喜好、自主性、动机及自我效能等，儿童精神上主观的融入或投入的强度，而非仅止于参与的频率②。类似的还有阿斯汀（Alexander W. Astin 1984）认为"学生参与指的是学生投入到学术活动中的生理和心理的能量"③。社会学中的"参与"强调活动主体对社会活动的投入及由此产生的影响，如：特雷泽等人（P. Treseder et al 1997）认为：参与是一个过程，在这过程中，人们影响他们的生活决定，这

---

① 裴娣娜. 主体参与的教学策略——主体教育·发展性教学实验室研究报告之一 [J]. 学科教育，2000（1）：8 – 11.

② LillyEriksson, MatsGranlund. Perceived participation. A comparison of students with disabilities and students without disabilities [J]. Scandinavian Journal of Disability Research, 2004, 6（3）：206 – 224.

③ Alexander W. Astin. Student involvement: A developmental theory for higher education [J]. Journal of College Student Personnel, 1984, 25（4）：297 – 308.

种决定导致变化①。哈特（Hart，R. 1992）认为，所谓参与指"分享那些影响你生活和你所在社区生活决策的过程"②。奈吉尔（Nigel Thomas 2007）认为，"参与"通常指参与一项活动，或者具体指参与决策③。陈向明则认为"参与强调的是所有有关人员对相关事情的介入，包括对该事情的决策、规划、实施、管理监测、评估等"④。政治法学意义上的"参与"强调参与主体的自主性，对活动的过程和结果影响的有效性。如，王浦劬认为，"政治参与是普通公民通过各种合法方式参加政治生活，并影响政治体系的构成、运行方式、运行规则和政策过程的行为"⑤。

本研究主要从权利和社会意义来讨论参与的含义。参与作为一种实践活动，应由参与对象、参与形式及参与目的构成，参与主体的自主性及对行为本身影响的有效性是参与行为的重要价值取向。基于以上认识，本研究把参与界定为主体自主加入，与其他活动主体积极相互作用，并积极影响活动过程和结果的行为。进一步而言，参与既是过程，也是手段和目的的统一体。在活动中，参与者主体性体现的程度，很大程度决定了参与的程度，也决定了参与者对参与结果的价值追求，参与的形式影响参与的结果。这一概念反映了参与意味着与他人或组织发生联系，往往与决策联系在一起。

（二）参与权

参与作为人的一项权利并非是一蹴而就，参与权最初作为公民政治权利进入人们视野。在古希腊城邦时代，参与权是公民参与国家行政管理的重要依据，但当时的"公民"与现代社会的"公民"内涵相差甚远，当时的公民只是社会中的"自由人"，妇女、奴隶和外国人及其后裔都不是公民。在古罗马，早期的公民也仅限于贵族特权阶层，在封建专制社会，君主拥有至高

---

① P Treseder，PG Smith. Empowering children + young people Training manual；promoting involvement in decision – making ［M］. London，1997：32.

② Hart R A. Children's Participation：From tokenism to citizenship ［J］. Papers，1992：49.

③ Thomas，Nigel. Towards a Theory of Children \ " s Participation ［J］. The International Journal of Children's Rights，2007，15（2）：199–218.

④ 陈向明. 在参与中学习与行动—参与式方法培训指南 ［M］. 北京：教育科学出版社，2003：1.

⑤ 王浦劬 等. 政治学基础（第二版）［M］. 北京：北京大学出版社，2006：166.

无上的权力，其他人都是臣民，公民被臣民取代，事实上已经很难说有参与权这一说法了。这一情形直到资产阶级革命之后，民众从君主控制下得以解放，形成了市民社会，现代意义上的公民概念雏形初现，公民范围进一步扩大，公民不再是少数特权阶层的身份，这一制度以法律的形式确立了下来。"人权"和"民主"理念在这一过程中成为推翻旧制度的重要武器，正是在"人权"和"民主"理念为武器的民主化进程中，才形成现代社会的参与权，并且作为公民的一项基本权利得以确立。在第二次世界大战后，人权一度成为当时的重要政治主题，一系列和人权保护相关的国际公约得以颁布，参与权成为人权的重要内容之一，这时的参与权已经不仅仅限于政治参与权了，而是要求对社会各方面的参与，参与的范围也由国内扩展到国际。

从参与权的发展变化历程中可以发现，现代意义的参与权具有人权属性和民主权利属性。首先，就参与权的人权属性而言，意味着参与权是涉及人之为人的价值和尊严。人权可以说在一定程度上超越国家和地区的界限，成为具有道德意义的权利，在国际公约、国内宪法中，得到广泛承认。1948 年颁布的《世界人权宣言》所体现出来的人权大致包括公民及政治权利（2—21 条）和经济、社会、文化权利（22—27 条），参与权作为一项基本人权，通过自由发表意见及行使选举、投票表决的方式参加政治、社会经济、文化事务以实现公民的政治权利与经济、社会、文化权利。其次，就参与权的民主权利属性而言，民主权利的行使有众多途径，但是参与权却是最基本的途径和手段，如果没有参与权，民主权利也是空中楼阁，从这一点而言，民主权利和参与权紧密相连，参与权的行使也是民主权利的重要体现。

目前，我国学界对参与权内涵的界定主要基于先行宪法，即，从"公民参与权"的角度加以界定。如：闫桂芳、张慧平（2004）认为，"公民参与权"，是指一国的公民，以国家主人的身份，依照法律规定，通过各种途径和形式，参与管理国家和社会事务，以推进决策科学化、民主化的权利①。禹丽莎（2011）认为参与权，就是国家依照法律的形式确认和保障的，一切社会个体或社会组织享有有效参与管理政治、经济、文化和社会事务的权利②。也

---

① 闫桂芳、张慧平. 公民参与权剖析 [J]. 理论探索，2004（2）：75.
② 禹丽莎. 中国少数民族参与权研究 [D]. 北京：中央民族大学，2011：35.

有学者从公民参与权的构成来对其进行界定，如：邓隶文（2009）提出公民的参与权是公民的一项基本权利，是与自由权、平等权、社会权一样的人权的基本组成部分①。黄学贤等（2009）认为公民参与权涵盖选举权、被选举权、担任公职权、参加听证、参与民意调查、提出意见、建议权等②。

本研究无意于从宪法的角度对参与权进行界定，而是结合对权利和参与的理解，试图从一般意义上进行界定，即，所谓参与权指权利主体为了一定的利益需要，通过特定方式，自主影响公共事务的过程和结果的资格和自由。

（三）儿童参与权

与界定儿童权利相类似，对儿童参与权的界定，必须建立在对权利、儿童特性及儿童权利的理解基础之上，离开了对以上概念内涵的清晰理解，对儿童参与权内涵的理解会显得突兀和缺乏一定的逻辑。

目前，学界对儿童参与权的界定主要还是基于《儿童权利公约》中有关儿童参与权的条款，根据对这些条款的分析来理解儿童参与权。这种孤立地看待儿童参与权的做法并不能深刻理解儿童参与权，正如斯凯尔顿（Skelton，T）所言："儿童参与权不是一条独立的条款，而是植根于《儿童权利公约》。因此，以权利为基础的儿童参与权视角必须首先考虑公约中的其他条款及相关法理。"③ 国外学者如劳埃德（Katrina Lloyd）和埃默森（Lesley Emerson）、卡舍尔（Hanita Kosher）及不少其他国外学者也基于《儿童权利公约》中关于儿童参与权的条款进行分析。根据他们的跨文化研究项目的总体发现，梅森和波尔赞（Mason & Bolzan 2010）确定了对儿童参与概念的三种不同解释：作为一种权利，让儿童表达自己的观点；作为一种"参与"，即作为个人或集体参与成人组织的活动；以及参与决策，其前提是将权利从成年人传递给儿童，以改变成人与儿童的关系（Mason & Urquhart，2001）④。

---

① 邓隶文．将公民参与权作为一项公共品向社会提供［J］．人民政坛，2009（06）：42.

② 黄学贤，齐建东．试论公民参与权的法律保障［J］．甘肃行政学院学报，2009（05）：117－124＋128.

③ Skelton, Tracey. Children, Young People, UNICEF and Participation［J］. Children's Geographies, 2007, 5（1－2）：165－181.

④ Percysmith B, Thomas N. A Handbook of Children and Young People's Participation［M］. London and New York, 2009：125－132.

在我国学界，大多数学者在论及儿童参与权的时候，往往也借助于《儿童权利公约》中与儿童参与权相关条款进行解释和界定。如邓辉（2015）认为，儿童参与权指儿童有参与社会生活的权利，并有权对影响他们的任何事情发表意见。具体表现为：儿童有自由发表言论的权利及有权对影响到其本人的一切事项和自由发表自己的意见，对儿童的意见应按照其年龄和成熟程度给以适当的看待①。类似的还有郑善礼（2015）认为，儿童参与权是儿童依法享有的受国际公约、各国宪法和法律保障的，儿童通过自由表达和自由行为参与家庭、文化和社会生活的权利②。值得注意的是，也有一些学者从儿童参与权的构成或实现儿童参与权应具备哪些条件性权利的角度出发界定儿童参与权，如陈世联（2007）认为，儿童参与权是由儿童的自由选择权、自主决策权、活动权及以话语权为核心的活动保障权和个体发展权构成的统一体③。也有学者强调在探讨界定儿童参与权时应考虑的因素，如史秋琴（2007）在这一问题上做了较好的分析，她认为，在定义和理解儿童参与权时，需要考虑以下五个因素：第一，儿童有权参与；第二，儿童参与的条件：即儿童的主见能力，成人应慎重看待以年龄来衡量儿童理性能力的成熟度；第三，儿童参与的领域：所有影响儿童的事项，这应作为衡量儿童参与领域的原则；第四，儿童参与的程度和形式，划分儿童参与程度、等级的目的应是确保儿童的意见可以影响所有与他有关的决定；第五，儿童参与是个过程，儿童参与的实现取决于诸多因素，因而，其实现也是一个过程，成人应创设有利于儿童参与的环境，为儿童赋权，培养儿童参与能力，认识儿童之间的个体差异，理解儿童参与方式的差异④。

CIAI（2015）⑤ 把儿童参与权定义为儿童表达的一个持续过程，并在不同层次上积极参与与之相关的决策。它需要儿童与成人之间的交流、信息共享和对话，它建立在尊重儿童意见和观点的基础上。为了使参与变得全面和

---

① 邓辉. 北京高校儿童社会服务项目儿童参与权实现状况及影响因素研究［D］. 北京：中国青年政治学院，2015：35.
② 郑善礼. 儿童参与权法律保护制度研究［D］. 青岛：中国海洋大学，2015：55.
③ 陈世联. 论儿童的参与权［J］. 儿童教育（教育科学版），2007（10）：1-3+26.
④ 史秋琴. 儿童参与与公民意识［M］. 上海：上海文化出版社，2007：155.
⑤ Francesca Parigi. Guides On Children's Participation［M］. Italy：CIAI，2015，11.

有效，成年人必须根据年龄和成熟程度以不同的方式让儿童参与进来，而不歧视生活在边缘化环境和具有不同能力的儿童。

以上分析在不同程度上受到《儿童权利公约》中有关儿童参与权条款的影响，我们可以对《儿童权利公约》有关儿童参与权的条款再做一番理解。在《儿童权利公约》中，关于儿童参与权的条款主要是第十二、十三条：

第十二条：

1. 缔约国应确保有主见能力的儿童有权对影响到其本人的一切事项自由发表自己的意见，对儿童的意见应按照其年龄和成熟程度给以适当的看待。

2. 为此目的，儿童特别应有机会在影响到儿童的任何司法和行政诉讼中，以符合国家法律的诉讼规则的方式，直接或通过代表或适当机构陈述意见。

第十三条：

1. 儿童应有自由发表言论的权利；此项权利应包括通过口头、书面或印刷、艺术形成或儿童所选择的任何其他媒介，寻求、接受和传递各种信心和思想的自由，而不论国界。

2. 此项权利的行使可受某些限制约束，但这些限制仅限于法律所规定并为以下目的所必需：CA 尊重他人的权利和名誉；CB 保护国家安全或公共秩序或公共卫生或道德。

如果择其关键点分析的话，我们可以发现："凡有主见能力的儿童都有权发表自己的意见"，这里的"主见能力"应指的是儿童的判断能力，在未能证明该儿童缺乏这些能力的前提下，儿童都应被视为有主见能力，因为影响儿童主见能力的因素多且复杂，如，与儿童对问题的理解程度、独立程度及家庭教养和社会经历等因素有关，所以儿童的主见能力存在差异；"儿童有权对影响到其本人的一切事项发表意见"，这里表明，儿童发表意见的对象是和儿童有关的事项，作为社会是个整体而言，任何事项都可以说和儿童有关，只不过有些事项是和儿童当前直接有关，有些和儿童间接或和儿童的未来有关。那么，在确定儿童对哪些事项有权发表意见时，应是针对事项对儿童的重要程度而言，而非与儿童直接还是间接相关联。成人应创设宽松环境，鼓励儿童自由发表意见；"对儿童的意见应按照其年龄和成熟程度给以适当看待"，意味着成人应尊重儿童的意见，根据其年龄和成熟程度，采纳、部分采纳还是拒绝其意见，当无法采纳儿童意见的时候应予以解释，但这里应认识到年龄和成熟程度并非是对等的，年龄只是成熟程度的一个参考指标；"儿童有自由发表言论的权利"，意味着儿童可以在尊重他人权利及不损害公共利益的前提下自由发表言论，其表达思想的方式可以多样化，成人应予以理解，而且对于年幼儿童，应通过特殊方式了解并帮助其表达思想。

参与作为实践主体的一种活动，是一种行动过程，也是一种行动结果，强调关于儿童的相关决策和活动能够将儿童包容其中，由儿童主导、推进或者影响相关决策和活动。参与权则指实践主体实践这一活动的权利，是儿童实现自由权利的重要体现，也是实现儿童自由的重要原则和手段。实践主体参与行为体现参与权，参与权则为参与行为提供了合法性说明。但也应该看到，参与权作为人的一项权利，即"参与"的权利，本身具有价值倾向之义，即基于一定的价值选择，对"参与"活动选择划界，有些活动的参与可以作为权利，有些则不被鼓励，甚至遭到禁止。至于哪些活动的参与可以作为人的权利，哪些则不能，为社会道德、法律、习俗所决定。在此意义上，儿童参与权并非泛指儿童参与所有活动的权利，而是人们基于一定的价值观，对儿童参与"活动"的限定。基于现代人权观及儿童观，"促进儿童身心发展"应为划定儿童活动参与界限的基准，即儿童参与活动的权利应基于这一基准而得到保护和尊重。

基于对以上"权利""参与""儿童权利""参与权"的理解，本研究所指的"儿童参与权"是：儿童为了健康成长的需要，自主采取与其身心相适宜的方式影响与其自身相关事务过程和结果的资格和自由。

第二章

儿童参与权的历史考察

第一节　儿童观及儿童发展观

对儿童参与权的理解离不开对儿童及儿童发展的认识，即，儿童参与权的问题，往往和我们对儿童的看法相联系，正如奥德森（Alderson et al. 1996）等人所言："在以成人为中心的社会中，儿童被边缘化。他们经历着与成年人不平等的权力关系，他们的大部分生活被成年人控制和限制。主要的并发症不是由于儿童的无能或误解，而是由于儿童所处的位置。"① 在本节中，我们将就这两个问题展开讨论。

在传统的理解中，儿童观一般指成人对儿童的根本看法，但在后现代社会中，完整的儿童观也应包括成人对儿童及儿童对自己的根本看法。戈尔德松（Goldson 1997）② 认为，"没有对'儿童'或'童年'的精确定义，因为儿童和童年在不同的理论学科和话语中的表现方式存在很大的差异。这些术语的社会意义根据其创建或应用的情境而变化。事实上，儿童和童年的观念是特定时代、特定地点和特定文化的产物。"

---

① Alderson P, Goodey C. Research with disabled pupils: how useful is a child – centred ethics? [J]. Children & Society, 1996, (10): 106 – 116.

② P. Scraton. Childhood' in 'Crisis'? [M]. London: UCL Press, 1997: 1 – 28.

一、儿童观

就传统而言，世界上大多数法律制度中的儿童都被视为保护对象，作为家庭单位的一部分，首先，也是最重要的，是作为福利的接受者。"西方"的儿童观倾向于认为儿童缺乏能动性，需要保护。欧洲早期的法律声明基本上对儿童权利保持沉默。有时会提及子女与父母的关系，但通常是出于对父母和/或监护人的尊重，而不是与父母对子女的义务有关。随着罗马天主教会在欧洲的影响力越来越大，对该地区的法律制度产生了巨大影响，关于儿童的最重要问题之一是儿童是否在婚姻中出生。非婚生子女的地位和权利（尤其是继承权）有很大差异。在这样的儿童观之下，出现了兰斯多恩（Lansdown，2001）① 所说"儿童尚未完全成熟并且缺乏知识和经验这一事实使他们失去了与其发展能力相一致的决策机会"及佩斯（Pais，2000）② 所说"成人把儿童看成是没有基本理解、沟通和选择能力的未成年人，在儿童的参与权方面被认为是消极的"。

直到 18 世纪的启蒙运动，儿童观念才发生实质性的变化。在这一时期，关于父母与子女之间及作为发展中人类的儿童之间关系的新思路浮出水面，儿童慢慢开始被视为个体。在 21 世纪的两次革命中，启蒙运动有关个人公民权利的思想占据了中心地位：美国和法国。然而，传统的父权制度将妇女和儿童排除在"人权和权利持有人"的范畴之外，并没有受到大多数人的挑战。

在 19 世纪，人们关注的焦点是"拯救儿童"，而不是把儿童作为一个个体。这一改变观点的一个重要原因是西方的工业化，并且他们减少了把儿童当作廉价劳动力的需要。就立法而言，儿童越来越被视为自己的一个类别，需要制定新的标准。例如，国际劳工组织（ILO）专门针对工薪儿童编制的文件显示了这一发展趋势。在法律和一般情况下，对儿童的态度、权利和地

---

① Lansdown G. Promoting Children's Participation in Democratic Decision – Making. Innocenti Insight. ［J］. Papers，2001：54.

② Pais，S. M. Child participation ［R/OL］. Documentação e Direito Compara. （2000 – 10 – 1）［2018 – 3 – 5］. http：//www. gddc. pt/actividade – editorial/pdfs – publicacoes/8182 MartaPais. pdf.

位的变化一直持续到 20 世纪，为保护儿童的特定利益和权利制定法律和专门的人权公约奠定了基础。

在西方，这导致了这样一种情况，即儿童常常受到成年人的限制，他们无法积极地塑造自己的生活和社区，因为成年人按照他们认为儿童的最大利益行事。自 20 世纪 80 年代开始，儿童研究领域一直有减少儿童和成人之间权力差距的雄心。这个研究领域提出了一些概念，比如：作为行动者的儿童、有能力的儿童。这些概念承认儿童是完整的人和等同于成年人的①。John Wall（2012）② 批评了这一点，他认为，诸如能动和能力等概念假设并再现了成年人的规范，其中权利不是绝对的，而是必须获得的。

"无辜的儿童"这一说法在西方占主导地位，认为儿童生来就是好的，不良行为是由于误解或虐待。它符合儿童的概念，即童年是一个幸福和免于成人责任的保护期，并且经常伴随着儿童是父母的财产的观点，与西方的婚姻观念和经济契约相联系，以确保继承权。这些概念对许多社区来说都是陌生的，特别是那些家庭单位延伸到核心家庭之外的社区。在许多文化中，"无辜的儿童"是一个陌生的概念，在这些文化中，儿童承担着关键的社会和经济角色，并期望作为社会的完整成员承担责任和义务。童年的"受保护期"在儿童承担成人负担的社区（如创收和儿童保育）远不现实（Panter Brick，2000）③。相反，"邪恶"儿童的话语与基督教的"原罪"概念有关。它假定儿童必须文明，他们需要被教导要有良心，通过向成年人学习来辨别是非。这个清教徒式的话语把儿童视为不道德和无目的的"野蛮"人。父母有责任教育子女。

达尔伯格等人（Dahlberg 2007）确定儿童的一些常见结构或形象。形象包括：儿童作为自然，遵循生物学上确定的普遍发展阶段；儿童作为知识和文化复制者，需要充满知识并准备学习的一个小白板；以及儿童作为社会行

---

① Alanen 1988，1992；Hockey & James，1993；James，Jenks，& Prout，1998；James & Prout，1990；Qvortrup，1994 等人为代表。

② Wall, J. Can democracy represent children? Toward a politics of difference [J]. Childhood, 2012, 19 (1)：86 – 100.

③ Panter – Brick，C.，Nobody's children? A reconsideration of child abandonment [C]. Abandoned Children，Cambridge，Cambridge University Press，2000：19.

动者和共同知识建构者。

　　总体而言，童年是一个随着时间和空间而变化的社会结构。其争论的焦点在于对儿童能力、地位、属性等方面，出现了不同的理论视角，进而形成不同的儿童形象及与儿童相关的实践，我们就这些焦点做一些分析，重新审视儿童观的变化，以澄清我们对儿童的认识。在西方，有两种与儿童观相联系的认识模式，生物医学视角和社会建构主义视角模式。

　　生物医学视角起源于西方科学传统，一直是文献的主导力量。从这一理论视角看来，"儿童"一词似乎是一个自然的、毫无问题的范畴，指的是生命历程的早期，通常在法律语境中用来描述 18 岁以下的人。它是一组年龄类别的一部分——"婴儿""儿童""青少年"和"成人"——排列在一条累积生长和衰老的线上（Thorne，2009）①。这种方法在人道主义紧急情况下占主导地位，并倾向于将处于紧急情况下的青少年描绘成心理创伤和脆弱的被动受害者。这种模式会破坏对儿童代理、复原力和应对机制的理解（Cairns，1996）②。

　　相比之下，社会建构主义的视角把儿童和青少年理解为社会性的，而不是生物学上决定的，这在特定时间和地点的范围内争论不断。童年的文化表征和话语被认为是理解童年的关键。理解不成熟并使其有意义的方式是文化的一个事实，可以说使童年是一个社会制度（James 和 Prout，1990：7）③。研究者发现，基于年龄的特定生活阶段定义和西方的关于"婴儿""儿童""学龄前儿童"等之间区别并不普遍。在某些社会中，年龄没有记录，童年也没有按年龄来定义。相反，这是一个家庭、同龄人和更广泛社区在生活事

---

① Thorne，Barrie．"Childhood"：Changing and Dissonant Meanings［J］．International Journal of Learning and Media，2009，1（1）：19－27．

② Cairns，E．，Children and Political Violenc［M］．Oxford：B lackwell Publishers，1996：224．

③ James，A．and P rout，A．（eds．），Constructing and Reconstructing Childhood：Contemporary Issues in the Sociological Study of Childhood［M］．London ：Falmer Press，1997：59．

件和通行仪式背景下进行协商的过程（Hinton，2006）①。在英国等工业化国家，年龄作为身份的分类标志的概念已被用于将儿童作为社会中的一个特殊群体分离出来，并限制他们可以进入的各种活动和社会空间。当代西方社会对儿童和成人之间的区别及将人类发展划分为若干离散阶段的趋势表明，我们对儿童的形象或理解是社会建构的。这个想法最初是由阿里埃斯（Ariès 1962）② 提出的，后来被来自不同学科的学者所接受。尽管有几处批评，例如倾向于本质主义和欧洲中心主义，阿里埃斯成功挑战了一个假设，即儿童仅仅是生命过程中的一个普遍的生物学阶段。相反，童年被理解为一个历史和社会建构的概念。从这个角度看，童年既不是固定的，也不是普遍的。它是"移动和变换的"（Walkerdine，2009）③，通过不同的论述和实践形成。因此，我们不可能把"童年"说得好像它总是和任何地方都一样。相反，我们需要谈论多个"童年"，认识到他们在时间、空间、文化和话语方面的多样性。

随着时间的推移，童年的建构经历了重大转变，但有些已经共存。例如，在当代话语中，儿童被定位为值得珍视的和妖魔化的；作为自主而又作为保护对象。萨纳汉（Shanahan 2007）④ 认为："这些相互竞争的断言揭示了当代社会对童年的深刻矛盾"。借用福柯的观点，摩斯等人（Moss et al 2002）⑤ 认为："儿童和童年的建构是通过权利关系和主导话语制度来构建的。不同的话语和规训构建了童年的特定形象和版本。这些结构是政策、专业和研究实践的结果。"因此，我们与儿童的合作是我们认为"儿童是谁"

---

① Hinton, R. Theorising Children's Participation: An Overview of International and Interdisciplinary Perspectives（2018 - 2 - 9）［R/OL］. Theorising Children's Participation Seminar, University of Edinburgh, ［2018 - 2 - 9］ http: //www. childhoodstudies. ed. ac. uk/ research. htm#part

② Ariès, P. Centuries of Childhood: A Social History of Family Life［M］. New York: Vintage, 1962: 225.

③ Walkerdine, V. Developmental psychology and the study of childhood［J］. An Introduction to Childhood Studies, 2009: 122 - 123.

④ Shanahan S. Lost and Found: The Sociological Ambivalence toward Childhood［J］. Annual Review of Sociology, 2007, 33: 407 - 428.

⑤ Moss P. From children's services to children's spaces［M］. Children, young people and social inclusionParticipation for what? . RoutledgeFalmer, 2006: 332.

的产物。

二、儿童发展观

儿童发展观主要指人们对儿童发展的看法，即儿童怎么从一个生物意义上的人变成社会人的看法，在历史上，基于不同的理论基础，形成了不同的儿童发展观，这些不同的儿童发展观对儿童参与权产生了非常深刻的影响。

（一）发展心理学

儿童作为自然的形象，遵循一个不可避免的生物成熟和发展过程，除非儿童有一些"异常"，儿童发展通常被概念化为一个单独的事件，儿童逐渐爬上能力更高的阶梯。这样的观点来源于生物学、医学和发展心理学学科。从 19 世纪末 20 世纪初达尔文和儿童研究运动的著作开始，儿童的概念就被赋予了生物普遍性的概念。"儿童"被看作是自然的产物，而不是文化的产物，因此被发配到科学研究领域。发展心理学倾向于把重点放在认知发展上，这是一系列假定为普遍存在的阶段——随着大脑的成熟，儿童逐渐发现现实。儿童发育阶段的简化模型受到质疑（Woodhead，1997）[1]。以年龄为基础对特定生活阶段的定义及西方对婴儿、儿童、学童、青少年和年轻人的区别并不普遍。

儿童研究运动的支持者认为，应使用科学方法系统地研究儿童的自然发展，并应将这些知识用于教育和育儿实践。发展心理学作为这一运动的一个分支学科，在哲学上致力于科学、真理和客观性，这是通过实证主义认识论实现的。通过心理学，可以确定关于人类心理功能的"客观真理"。对儿童进行研究，可作为衡量和评估个别儿童完全人格化进程的一部分。

发展心理学植根于这样的假设，即发展是一个阶段性的过程，无论是在身体、道德、社会、情感还是智力能力方面。这种传统的方法经常与生物和身体科学的研究方法联系在一起[2]。

- 使用动物研究模型观察儿童。

---

① Woodhead, M. Psychology and the cultural construction of children's needs. Constructing and Reconstructing Childhood: Contemporary Issues in the Sociological Study of Childhood [J]. Classic Edition, 2015: 54 – 73.

② Lansdown G. The Evolving Capacities of the Child [J]. Innocenti Insight, 2005: 11.

- 远离儿童的日常生活环境,在实验室里研究儿童。
- 使用人工测试、预设和假设问题来评估能力。
- 根据推定的规范测试儿童。
- 调查成人对儿童的看法,而不是儿童自己的观点。
- 寻找儿童行为的原因。

他们留下的遗产——现在正受到最新儿童研究方法的挑战——继续以五个关键方式影响着当前的思维:儿童发展是一个普遍的过程;成年期具有规范地位;发展目标是普遍的;偏离标准表明儿童存在风险;儿童期是长期的依赖期,儿童是成人保护、培训、智慧和指导的被动接受者,而不是社会环境的贡献者①。

对发展心理学的批评。首先,许多强调社会和即时背景对儿童发展和研究实践的重要性的社会文化心理学家,如维果茨基(Vygotsky 1978)、布朗芬布伦纳(Bronfenbrenner 1979)、霍根(Hogan,2005)等人批评从家庭或托儿所等日常环境中提取个别儿童的做法。他们断言,当被要求在实验环境中应用他们的技能时,儿童的能力比在日常生活中观察到的要差,而且实验室的研究不能单独代表儿童在现实世界中的日常经验。正如哈奇比等人(Hutchby et al 1998)② 所说,"能力是一个内在的背景问题,它不能与制定它的结构背景分离"。因此,应致力于开展"生态有效性"的研究,并认识到定性方法和非实验方法的作用。

使用简单的发展阶段或与年龄相关的规范来确定儿童的能力是错误的,尽管熟悉一些最重要的发展序列是有用的,例如儿童对他人观点的能力的发展。重要的是要记住,这些情况发生的年龄可能会因文化和儿童的个人特征而大不相同。正如与儿童思考和说话能力的发展一样重要的是他或她的行为背后的动机。一个陷入困境或自卑的儿童不太可能表现出她有能力、思考或在一个群体中工作。因此,在试图促进看似能力不及预期的儿童参与的过程中,必须确定能够最大化儿童展示其能力的机会的情况。同样,人们也应该

---

① Boyden J, Ling B, Myers W, et al. What works for working children [J]. Foreign Affairs, 1998, 78 (3).

② Hutchby I. Children and Social Competence [M]. Lewes: Falmer Press, 1998: 29.

使用其他的技术来让不同的儿童的声音被听到。

事实上，在某些社会中，年龄没有被记录下来，童年也没有被年龄所定义——相反，它是家庭、同龄人和更广泛的社会在生活事件、宗教和通行仪式的背景下进行协商的过程。在一些社会中，社会阶层、等级或能力的成员定义的是地位而不是年龄，其中包括性别仪式、身体成熟度、性活动和就业等因素，这些因素决定了童年的结束。最近的一些理论，如动态系统，认为挑战是阶段性的或持续的变化，相反，博克（Berk，1989）认为发展是一个纤维网，在多个方向上分支，每一股代表一个主要发展领域的技能，即身体、认知和情感/社会。他们认识到社会经验各不相同，因此产生了广泛的个人差异。

发展心理学也因其塑造"正常"儿童形象的方式而受到批评。"正常"儿童的结构意味着一些儿童，例如有残疾的儿童，是"异常"的，这导致了压迫行为和病理学儿童。罗斯（Rose1989）认为，这是因为构建正态性的过程被用作一种手段，使"负责人能够定义、分类和处理那些似乎不适合的人"①。福柯（1977）将其称为划分实践：将科学调节与实践排除相结合的操纵方法。通过对儿童进行分类，从而对其进行划分，这些实践可以分配、操纵和控制儿童。

发展理论，如皮亚杰的认知发展建构主义理论，提出了一个儿童模型，通过将他们的年龄与明确定义的发展阶段联系起来，使儿童沿着一条直线走向成熟。这种通常被认为是一系列发展里程碑的线性路径被批评有两个主要原因。首先，虽然皮亚杰对儿童的思维有着深刻的尊重，但隐含的层次连续性，即婴儿感觉运动智力最低，成人正式操作智力较高，意味着对儿童思维的评价较低。这引发了一种简单/复杂的二分法，即儿童被视为比成人更不复杂的有机体，因此不完整和低劣。儿童被概念化为过渡对象，被称为"正在形成的人类（human becomings）"，易受伤害和依赖，不同于成年人，他们完全按照自己的权利构成"人类"。因此，儿童被定位为不同于成人的本体论。这具有认识论效应，因为儿童与成人的差异可能被认为是不充分的，而

---

① Flashman L A. From Brains to Consciousness? Essays on the New Sciences of the Mind. [J]. Journal of Nervous & Mental Disease, 2000, 189 (5): 843.

不是作为另一种认知方式。

其次，发展心理学的整个基础，以线性进步为重点，揭示了一个已知的、有序的世界，以及对个别儿童发展成为自主的、稳定的主体的理解，无论背景如何，都受到了批评。从社会建构主义的角度来看，儿童和成人是构建自己和世界的积极参与者。儿童的发展是不连贯和不连续的，而不是有序和可预测的。儿童被认为是偶然的和不可知的，通过"根茎"① 模式发展，如性别、认知、阶级和种族。达尔博格（2007）② 认为："发展心理的科学方法存在问题，因为发展主义的方法论关注定位于意义制造，而不是本质主义的真理发现。"

许多对发展心理学的批评都强调其未能充分描述儿童积极参与其社会世界。重点在于个体儿童作为一个独立的抽象实体，而不是试图了解儿童的社会和主观经验或观点。根据 Mayall（2003）③ 的研究，发展心理学强化了儿童作为社会和儿童时期非参与者的观念，而是作为成年期的准备。谈到社会学的观点，社会化理论也将儿童的观念强化为"尚未社会化"，并将童年视为成年生活的准备。

（二）文化理论

儿童生活的历史和文化现实经常被忽视。"局外人"在他们不熟悉的文化中做出决定的持续实践尤其有问题。在我们与儿童的交往方式方面，是否充分考虑了文化背景？政策环境很少能使人们长时间接触儿童，这就增加了认识已建立关系的人的作用的重要性。儿童可能倾向于说出他们认为成年人想听到的，特别是在资源处于危险之中的情况下。Hinton（1995）④ 发现，儿童与来自自己文化的人的讨论，特别是同龄人的讨论，产生了更可靠的证

---

① Deleuze, G. and Guattari, F. A Thousand Plateaus: Capitalism and Schizophrenia ［M］. London: The Althone Press, 1988: 227.

② Dahlberg, G., Moss, P. and Pence, A. Beyond Quality in Early Childhood Education and Care: Languages of Evaluation, (2nd edition) ［M］. Abingdon: Routledge, 2007: 357.

③ Mayall, B. Mayall B. Sociologies of childhood and educational thinking ［J］. Stylus Pub Llc, 2003: 55.

④ Hinton, R. Seen but Note Heard: Refugee Children and Models for Intervention ［C］. Abandoned Children, Cambridge: Cambridge University Press, 2000: 166.

据，并且没有期望偏差。当儿童有机会参与分析他们可能如何参与决策和公共行动时，就产生了新的重要见解。

儿童之间的个体差异及他们是否能代表更广泛的群体开始受到更多的关注。他们贡献的有效性取决于儿童对参与的看法，或者如加巴里诺等人（Garbarino et al 1990）① 所说的"取向"。儿童参与这一过程的兴趣可能因年龄和个体差异而有所不同。取向可能是有意识的或无意识的，包括能力感、想要取悦一个重要的成年人，以及防范恐惧。"局外人偏见"在发展文献中有很好的记载。儿童取向的社会文化特征包括儿童特定的文化成员和经验所创造的事件对儿童的意义，以及影响儿童态度和行为的更广泛的文化背景，如法律和习俗。我们对自己对儿童参与方式的影响是否有足够的自我反思性？

在过去的 20 年里，关于儿童发展的普遍过程的理论可以应用于所有文化环境中的儿童越来越受到挑战。越来越多的批评者认为他们依赖于脱离儿童实际情况的实验，导致对儿童能力的一贯低估。这些批评不仅质疑了从有限的文化环境中，基于有限范围的儿童经历研究的普遍适用性假设，而且质疑了未能反映影响儿童能力获得的因素的复杂性。此外，他们质疑儿童作为被动参与者的构建，而主张儿童参与社会世界，并拥有能够解释和影响自己生活的个体代理②。

越来越多的发展心理学家正在应用一个理论框架，其中儿童发展被理解为一个文化过程，儿童被理解为特定的经济、社会和文化过程的产物③。它确定在儿童环境中影响儿童发展的三个要素：

- 他们居住的物质和社会环境——家庭、社会模式和日常生活的组织。
- 文化管控的习俗和养育儿童的做法——照顾和教育安排、对游戏的态度、纪律和培训。

---

① Garbarino, J. and S tott, F. M., What Children Can Tell Us [M]. Oxford, Jossey – Bass, 1990：50.

② Prout A, James A. A new paradigm for the sociology of childhood? Provenance, Promise and Problems [J]. Constructing & Reconstructing Childhood, 1997：7 – 33.

③ Woodhead M. Reconstructing developmental psychology – Some first steps [J]. Children & Society, 2006, 13（1）：3 – 19.

● 父母的信仰或人种学理论——儿童发展的目标和优先事项，以及对如何实现这些目标的看法。

这种构建有一些局限性，因为儿童不一定居住在单一环境中，而是经常在家庭和学校的不同环境中变换。还必须承认，儿童本身是他们自己发展契机的积极贡献者。然而，它确实提供了一个框架，用于根据不同的目标、实践和情况来理解儿童发展的过程。文化理论承认所有环境都是社会建构的，任何特定的育儿模式都没有任何自然可言。与儿童建立亲密关系的人本身就是他们自己的文化、信仰和环境的产物，这反过来又塑造了他们照顾儿童的方式①。

这些文化框架提供的是对儿童如何发展及影响这一过程的更复杂的理解。他们质疑某些行为、思维和社会关系可以在任何特定年龄被归类为"正常"的观点，并且他们质疑可以在不了解背景，以及它产生的基础价值和先前的学习经验的情况下，可能对儿童的适宜发展或有害内容进行规定的假设。Woodhead 认为，"接受儿童发展必须被理解为一种文化过程的含义是，基准不是固有的、固定的或规定的。它们是外在的、历史特定的，在促进儿童权利的框架内是可以商榷的"②。

值得注意的是，这些较新的方法采用的研究方法与传统开发所采用的研究方法显著不同，其特点是：

● 使用开放式问题和叙述。

● 与儿童一起观察和交流。

● 在日常环境中与儿童会面。

● 探索儿童自己的观点、解释、理由和对世界的理解。

● 分析儿童行为的动机和背景原因。

● 不同国家、不同文化和背景下不同童年的比较分析。

● 对儿童研究的批判性考察，包括对价值观和理论基础的批判。传统的发展研究是建立在追求儿童本性和需要的客观知识的信念之上，而文化理论

① Super, C. and S. Harkness, Cultural Perspectives on Child Development ［C］. Cultural Perspectives on Child Development, San Francisco, W. H. Freeman,, 1982: 170 – 198.

② Woodhead M. Reconstructing developmental psychology – Some first steps ［J］. Children & Society, 2006, 13（1）: 3 – 19.

家的方法和结论往往更批判，也更平等①。

显然，一个普遍的、规定性的和确定的、适用于所有儿童的儿童发展线性过程概念不足以反映儿童获得能力的复杂现实。的确，儿童发展的概念及儿童期的概念本身在很大程度上是一种社会建构，而非生物学建构②。父母对子女发展的愿望、对儿童的期望和要求，他们成长的文化、经济和社会环境，以及他们自己独特的生活经历，所有这些都在广度和层次上影响着儿童习惯和使用的能力。此外，越来越多的研究证明，儿童自己在发展自己的技能，商谈他们的日常生活，以及他们接受的责任水平方面发挥着积极作用。

（三）社会化理论

社会文化和生态理论表明，发展——而不是通过先天生物结构的外在表现，从婴儿期到成年，以可预测的方式展开——涉及参与社会过程。没有一条发展之路（比如皮亚杰向理性的前进）不是取决于文化目标。儿童在特定历史时期的文化过程中，通过自己的活动与他人交流，逐渐了解和理解世界。持续的学习过程产生发展，儿童参与的活动和互动越丰富，他们的理解和知识就越丰富。这不仅是一个从成人到儿童的单向过程，而且是一个互惠的伙伴关系，成人和儿童共同构建理解和知识。同龄人之间也会形成有意义的联合建构。

维果茨基（Vygotsky 1978）③ 提出的最近区的概念表明，在儿童获得独立行动的能力之前，他们可以在帮助下更出色地行动。ZPD（Zone of proximal development）是个体单独能做的事情和与他人合作能做的事情之间的区别。在 ZPD 中，"学习唤醒了各种各样的内部发展过程，只有当一个儿童在他的环境中与他人互动，并与同龄人合作时，这些过程才能运作。一旦这些过程被内化，它们就成为儿童独立发展成就的一部分"。

在熟练的合作伙伴的支持下，参与相关脚本、事件和对象的共享经验使儿童获得关于他们世界的知识，而这一过程从很小的时候开始。布鲁纳

---

① Lansdown G. The Evolving Capacities of the Child［J］. Innocenti Insight，2005.

② Woodhead，M.，Understanding Children's Rights［C］. the Fifth Interdisciplinary Course on Children's Rights. Ghent，University of Ghent，2002：113 - 127.

③ Vygotsky，L. S. Mind in Society［M］. Cambridge MA：Harvard University Press，1978：99.

（Bruner, 1995）① 认为，了解世界的第一步之一，是在生命最初几年的认知，其他人也是致力于达到目的的能动者。在早期发展、促进信息共享、语言进步和情感理解的核心教学情境中，参与者都关注并共同作用于某个外部主题的共同参与或关注事件。布鲁纳将这描述为一个过程，通过这个过程，儿童可以"了解其他人的思想"②。当成年人或同龄人与儿童共同关注时，会影响他们在最近发展区域内工作，并促进他们技能和能力的扩展。

　　虽然布朗芬布伦纳将参与描述为促进学习和发展，但罗戈夫（Rogoff 1997）③ 将发展定义为参与社会文化活动的转变。她将这种发展和学习的社会文化观点与学习的传播观点——即思想从外部世界转移到大脑的传播，或是根据存储的记忆、脚本和计划通过个人处理，获取外部材料的模型观点——进行了对比。罗戈夫（1995）④ 认为，社会文化活动有几个相互关联的方面，即个人发展、社会互动和文化活动，每个方面都需要另一方的参与。通过学徒制的过程，个人在有文化目标的社区中练习和提高技能。引导参与是指人们在交流和协调工作时的系统和过程。文化和社会价值也是活动的内在价值。

　　角色和责任通常在一个群体中共享，并且在动态变化的过程中不断变化，因此在个体和环境之间没有不可渗透的边界。所有情况都是社会和文化的，参与评估不应侧重于与背景无关的知识或技能，而应侧重于参与活动或机构的过程。

---

① Bruner, J. From Joint Attention to Meeting of Minds: An Introduction ［C］. Joint Attention: Its Origins and Role in Development, Hillsdale, NJ: Lawrence Erlbaum Associates, 1995: 1 – 14.

② Bruner, J. From Joint Attention to Meeting of Minds: An Introduction ［C］. Joint Attention: Its Origins and Role in Development, Hillsdale, NJ: Lawrence Erlbaum Associates, 1995: 1 – 14.

③ Rogoff, B. Evaluation Development in the Process of Participation: Theory, Methods, And Practice Building on Each Other ［C］. Change and development: Issues of Theory, Method, and Application, Mahwah, New Jersey: Lawrence Erlbaum, 1997.

④ Rogoff, B. Observing Sociocultural Activity on Three Planes: Participatory Appropriation, Guided Participation, and Apprenticeship ［C］. Sociocultural Studies of Mind, Cambridge: Cambridge University Press, 1995: 139 – 164.

脚手架（scaffolding）是伍德（Wood 1976）① 等人开发的一个隐喻，出于维果茨基的想法，解释了技术合作伙伴提供的渐进式援助。合作伙伴控制那些最初超出学习者能力范围的任务要素，但使学习者能够完成其能力范围内的工作。随着儿童能力的提高，脚手架逐渐被撤走，成人和儿童的角色变得更加平等，直到儿童能够独自完成之前只能在成人的支持下完成的工作。成人提供的支持有助于捕捉儿童的兴趣，保持目标导向，引起对任务关键特征的关注，并降低任务的复杂性。

斯通（Stone 1993）② 认为，脚手架的隐喻受到对成年儿童在交流过程中涉及交流机制粗略关注的限制。他展示了在成人和儿童之间创造共同前提的过程是多么重要。交流的成功取决于听者对说话者预设背景方面的建构。成人和儿童需要找到知识和技能的共同基础和共同参考点。在脚手架上进行对话和互动教学，以便提供和调整支持。手势、眼神交流和停顿等非语言交际手段也是重要的组成部分。根据斯通的说法，构建有效脚手架所需的共享情况取决于推理和信任的过程，而这些往往是社会互动的持久特征。

因此，参与者之间的人际关系和有效沟通非常重要。这些都是随着时间的推移而扩展的相互作用形成的，以相互性为特征（考虑到彼此的行为和感受），包括情感动力。参与者的相对权力和地位，分享经验的数量，以及他们之间关系的性质，都会对脚手架过程起到中介作用。一项活动在文化语境中的象征地位、含蓄和明确的价值，以及参与者在文化中的社会认同，也是脚手架情境的重要组成部分。

虽然不是一个同质的概念，但社会化理论是指让儿童成为他们所生活的社会成员的过程。规范的社会化模式来源于洛克的儿童形象，即"白板"。洛克认为，儿童仅仅是他们所处环境的产物，因此能够被这种环境中的经历所塑造。通过提供正确的教育，儿童可以被塑造成一个负责任的成年人和一个经济上有生产力的工人。因此，儿童被描绘成一个正在成长中的成年人，

---

① Wood, D., Bruner, J. and Ross, G. The Role of Tutoring in Problem Solving [J]. Journal of Child Psychology and Psychiatry 1976 (17): 89 – 100.

② Stone, C. A. What Is Missing in the Metaphor of Scaffolding? [J]. Context for Learning: Sociocultural Dynamics in Children's Development, New York: Oxford University Press, 1993.

成年人应该认真对待特定的教育需求，使儿童成长为成熟的负责任的公民。

社会化理论关注儿童通过内化周围成人文化的方式学习，以及在这一过程中积极和消极刺激的作用。儿童被概念化为成人文化和知识的复制者，需要社会化。成人的作用是向儿童灌输独立存在的能力。为此，家长是主要的社会化代理人，但其他代理人，或在社会化失败的情况下，如国家、教师，也可能发挥作用。主要关注的是儿童将成为什么样的人，而不是他们现在是什么样的人。

与发展主义一样，社会化理论也有一个明显的倾向，即专注于发展普遍的理论，而不是理解儿童本身。由于与成人世界相关联，儿童被研究，也就是说，作为家庭和其他机构内的社会化对象，而不是作为有权力的人被研究。

对社会化理论的批评如下：

在过去的三十年里，许多社会学家批评这种方法。首先，普劳特等学者（Prout，2005）① 认为儿童被视为社会学研究的合法实证对象。女权主义者，如哈德曼（Hardman，1973）② 也批评了儿童在研究中的隐形性。他们主张采用社会学的方法，给予儿童自主权。这样，儿童就成了方法论分析的直接焦点，而不是通过成人、职业和机构的观点得以看待。

其次，社会建构主义者，如阿德勒（Adler 1987）③ 的观点认为，儿童不仅是被动的接受者，而且在自己的社会化过程中发挥着积极的作用。马修斯（Matthews 2007）④ 认为，儿童的空白图板形象通常适用于婴儿。她认为，尽管我们不能否认人类婴儿相对于其他灵长类动物有极端依赖性，但越来越多

① Prout, A. and James, A. A New Paradigm for the Sociology of Childhood? ［C］. Constructing and Reconstructing Childhood: Contemporary Issues in the Sociological Study of Childhood, Basingstoke, Bristol: Falmer Press, 1990: 7 - 34.

② Hardman, C. Can there be an Anthropology of Children? ［J］. Journal of the Anthropological Society of Oxford, 1973, 4（1）: 85 - 99.

③ Adler, P. A. and Adler, P. Membership Roles in Field Research Newbury Park ［M］. CA: Sage, 1987.

④ Matthews, S. 'A Window on the "New" Sociology of Childhood' ［J］. Sociology Compass, 2007, 1（1）: 322 - 334.

的证据表明婴儿不是空白的白板。根据平克（Pinker 2002 年）① 的研究，她认为婴儿从进入这个世界的那一刻起就用他们的大脑来对这个世界做出反应。因此，传统的社会化框架是不够的，因为"它未能认识到儿童解释社会世界并采取行动的能力"。相反，社会化可以被视为一个互动的过程，儿童在环境中行动，同时也受到环境的影响。因此，有必要探索儿童对环境的看法。

（四）新童年社会学

基于这一批评，一种新的研究范式应运而生，最初被称为"新童年社会学"（James & Prout 1997）②，其中儿童被视为一种独特的社会现象，具有文化意义和结构意义。儿童被阿拉宁（Alanen 2004）概念化为"社会行动者和日常社会世界的参与者，为其活动做出贡献，从而也为其再生产和转化做出贡献"③。从这个角度来看，儿童并不是被动地被构建成童年；他们帮助构成自己的现实。延克（Jenks 2004）④ 认为，这是"知识政治中的一个重要举措，儿童因此得到了更大的权力"。这是因为，与发展心理学和社会化的"主导框架"不同，它基于一种认识论立场，即与儿童共同构建对知识和文化的理解，而不是简单地由儿童复制。

"新童年社会学"源于各种理论观点。首先，它借鉴了符号互动主义和德雷泽尔（Dreitzel 1973）和登青（Denzin 1977）的著作，他们认为发展主义和社会化使儿童成为被动，儿童没有任何内在的或自然的东西。其次，它受到社会建构主义的影响，以及"没有单一的普遍现象，'儿童'而是多元化儿童观念"的影响。这些"童年"应被理解为社会现象，在"话语"领域中不断构建和重构。第三，"新童年社会学"结合了功能主义社会学的要素，将儿童视为社会结构的一个永久特征，并强调儿童的能动性。最后，它利用

---

① Pinker, S. The Blank Slate：The Modern Denial of Human Nature ［M］. New York：Viking. 2002：335.

② James, A. and Prout, A. Constructing and Reconstructing Childhood （2nd edition）［M］. London：Falmer, 1997：227.

③ Alanen, L. Theorizing Children's Welfare ［C］. WELLCI Network Workshop 1：New Perspectives on Childhood, University of Leeds, 2004：18.

④ Jenks, C. Many Childhoods? ［J］. Childhood, 2004, 11 (1)：pp. 5 – 8.

女权主义研究来断言儿童是"少数群体"（Mayall 2002）①，受制于边缘化和排斥"完全参与其社会生活"②。因此，基于"立场认识论"的女权主义研究方法论，为这项新的社会学研究提供了信息。例如，阿拉宁（2004）对"代际秩序"的研究强调，从儿童的角度有意识地产生社会科学知识。因此，"新童年社会学"致力于"儿童的利益和目的"③。它旨在赋予儿童"当下价值感（a sense of present value）"④，提升他们作为权利人的地位，做他们参与的世界道德解释者和评论员，以及作为决策参与者的地位。

1. 儿童作为积极的社会行动者和共同建构者

儿童能动性是"新童年社会学"的关键要素。儿童被认为能积极地决定他们的生活和周围社会。他们是构建自己文化有能力的行动者，并且像成年人一样，有能力（同样受到限制）来塑造自己的经历。正如前面所讨论的，这种观点得到了社会文化心理学经验证据的支持，其中认为儿童的能力是通过经验、文化背景和关系的结合产生的（Smith，2002；2007a）。

儿童被理解为一个复杂的、独特的和能动的主体，而不是一个可以被简化为可测量的和独立类别的对象。儿童不是一个无知的人，被庇护并与世界分开，而是他"体现了这个世界，被那个世界所激发，但也在这个世界上行动并赋予它意义"⑤（Dahlberg 等人 2007 年）。达尔伯及其同事（2007 年）提出，与儿童作为复制者、无知/邪恶或自然的形象不同，所有这些都产生了被动或"贫穷儿童"，而"新童年社会学"构建产生了一个"富裕儿童"积极参与的世界。

---

① Mayall，B. Towards a Sociology for Childhood：Thinking from Children's Lives Milton Keynes，UK：Open University Press，2002：546.

② Qvortrup，J.，Bardy，M.，G. Sgritta and H. Wintersberger. Childhood Matters：Social Theory，Practice and Politics［M］. Aldershot：Avebury，1994：59.

③ James，A.，Jenks，C. and Prout，A. Theorizing Childhood ［M］. Cambridge，Polity Press，1998：293.

④ Christensen，P. and Prout，A. Anthropological and Sociological Perspectives on the Study of Children［C］. Researching Children's Experience：Approaches and Methods. London：Sage，2005：42 – 60.

⑤ Dahlberg，G.，Moss，P. and Pence，A. Beyond Quality in Early Childhood Education and Care：Languages of Evaluation (2nd edition) ［M］. Abingdon：Routledge，2007：221.

2. "新社会研究"的方法论途径

这种认识论对突破传统图像和儿童研究方法具有方法论意义。儿童是研究的参与者，而不是研究对象。研究是与儿童一起进行，而不是对儿童进行研究。

正如"能动性"一样，"声音"概念是儿童社会学的另一个重要组成部分。摩斯（Moss 2001a）① 认为，如果我们选择把儿童理解为社会行动者，作为"他们自己生活中的专家"和共同研究者，我们就不能再谈论儿童了，我们必须与儿童交谈并倾听他们的意见。事实上，对他们的观点、日常经验和知识应该直接进行研究。这就需要一种方法论视角来显示和实现儿童的能力，以及儿童的声音可以独立于成人的观点而被听到的方法。莫罗等人（Morrow et al 1996）认为，尊重儿童的能力"本身需要成为一种方法论技巧"②。根据詹姆斯等人（1997）③ 的研究，人类学和参与式观察是特别有用的方法，因为"他们比通常的实验或调查研究方式更能让儿童直接表达自己的声音和参与数据的产生"。人类学方法使儿童的能力和声音得到尊重，因为儿童控制他们的行为、时间及与谁一起。

尽管人类学方法试图传达儿童的声音和观点，但它们仍然存在问题。即使研究人员将儿童的直接引语包括在内，"允许儿童发出声音"也是有问题的，因为选择和分析数据并构建儿童体验意义的仍是成人研究人员。从这个意义上讲，儿童的声音是通过文本来调节的。这突出了研究者自反性的重要性，并承认研究报告只能传达一种片面的理解。

参与是新社会学框架的另一个重要组成部分，因为儿童被认为具有自己的本体论地位、知识、能力和权利。因此，在这一理论框架内工作的研究人员所采用的另一种方法是使用参与性方法。儿童可以主动参与研究，而不是被动地进行研究。这可以采取儿童相互合作和/或与成人合作的形式，生成

---

① Moss, P. Beyond Early Childhood Education and Care ［C］. OECD Early Childhood Education and Care Conference, Stockholm, 13 - 15th, 2001, 4.

② Morrow V, Richards M. The Ethics of Social Research with Children: An Overview ［J］. 1996, 10（2）: 90 - 105.

③ James, A. and Prout, A. Constructing and Reconstructing Childhood（2nd edition）［M］. London: Falmer, 1997: 113.

研究问题和数据，并分析和表示他们的立场。

对新童年社会研究的批评如下：

一些学者认为，尽管"新童年社会学研究"揭示了儿童生活的新方面，但他们的项目受到越来越明显的限制。沃克丁（Walkerdine，2009）等学者①认为，新的范式，就像之前的主导框架一样，建立在一套现代主义的二分法之上。普劳特（2005）声称，它只是试图用文化取代自然，用话语取代物质，用能动取代结构。他认为这些对立的二分法，未能为理解当代童年提供一个令人满意的框架。此外，伍德耶（Woodyer 2008）②认为，新框架已经为生物还原论创造了强大的防御能力，但却以驱逐身体和物质性为代价。事实上，儿童的身体在儿童生活的叙述中是不存在的。伍德耶（Woodyer 2008）辩称，"在儿童参与社会生活的过程中，没有认识到具体化的作用"。

童年研究还需要怀疑儿童和成人之间的先验区别，并界定"存在"和"成为"之间的分歧。借鉴德勒兹等人③（Deleuze et al 1988 年）的集合观念、行动者网络理论和更广泛的后现代性背景，一些作者开始质疑成年人作为一个完整的"人类"状态的概念，他们认为成人和儿童都应该被视为是一个多样性生物。作为个体的人类，我们都有着共同的存在价值，他们进行着具有社会意义的活动，然而作为人类的存在，成人和儿童都是不完整的，依赖于他人，并且服从于本体论的模糊性。

"新童年社会研究"也被普劳特（2001）等学者批评为以本质主义的方式对待"声音"和"能动"，即作为一个给定但以前被忽视的儿童属性。虽然儿童作为有能力的能动者代替重新概念化有助于重新关注我们如何思考儿童，并开辟了许多富有成效的经验探究路线，但李（Lee 2001）④表明，许

---

① Walkerdine, V. Developmental Psychology and the Study of Childhood [C]. An Introduction to Childhood Studies, 2nd edition, Maidenhead: Open University Press, 2009: 112 – 123.

② Woodyer, T. The Body as Research Tool: Embodied Practice and Children's Geographies [J]. Children's Geographies, 2008, 6 (4): 349 – 362.

③ Deleuze, G. and Guattari, F. A Thousand Plateaus: Capitalism and Schizophrenia [M]. London: The Althone Press, 1988: 117.

④ Lee, N. Childhood and Society: Growing Up in an Age of Uncertainty Maidenhead [M]. Open University Press, 2001: 221.

多当代学者未能认识到儿童能动行动中存在依赖性和不成熟性。采用本质主义能动概念的一个结果是，儿童具有依赖性，例如有缺陷的儿童或非常年幼的儿童，在"新童年社会学研究"中大部分被排除在研究之外。显然，需要像这样的研究来纠正这种不平衡。与能动作为个人基本占有的概念相反，李（2001）提出我们将能动重新定义为"依赖网络"的新兴属性。这是一个更具背景性、分布式和关系性的关于能动的观点，强调相互依赖的重要性。它也有助于我们理解有时儿童行使能动，而在其他场合他们不这样做。同样，基于她对有沟通困难的儿童的实证研究，科穆莱宁（Komulainen 2007)① 认为"声音"不是等待发现的个人财产或本质，而是社会互动和谈判过程的新兴属性。

综上所述，在现阶段，许多曾经认为相互排斥的类别之间的界限变得模糊。儿童和成人既是正在成为者（becomings），又是现存者（beings），是依赖的和自主的，是参与者，也是非参与者，并且不断地在这些位置之间转换和移动。将儿童的传统形象——发展和社会化的不成熟和被动对象，取代为有能力的积极参与者的新形象，简单地再现一个同样本质和稳定的主体。因此，研究人员需要抵制童年的二分法结构，这种结构将儿童（和成人）的融合性最小化，容忍这种模糊性，并将其视为未来研究的场所。童年的建构使成年人对儿童参与的态度产生深远的影响。普劳特（2001）认为，"为了让儿童的声音真实地被听到，即使制度安排为其创造了一个概念空间，也需要改变对儿童的看法"②。

第二节　儿童参与权的观念历史

儿童参与权是儿童的一项权利，因此，在理解儿童参与权之前，有必要

① Komulainen S. The Ambiguity of the Child's［J］. Childhood A Global Journal of Child Research，2007，14：11 - 28.

② Prout，A. Participation，Policy and the Changing Conditions of Childhood［C］. Hearing the Voices of Children：Social Policy for a New Century，Abingdon：Routledge Falmer，2003：11 - 25.

对儿童权利进行简要回顾。儿童的权利是一个相对较新的观念。许多世纪以来，儿童被认为是父母（尤其是父亲）的个人财产或延伸，很少或没有合法权利①。事实上，儿童作为一个单独的社会范畴的概念化是社会中相对较新的现象（Verhellen，2015）②。在 19 世纪，童年的概念化作为一个独特而脆弱的生命时期发生了重大变化。这种转变之后是试图给予儿童保护并确保他们的权利，包括公立学校教育、保健和免受父母忽视和虐待的权利（Hart，1991；Alaimo，2002）③。虽然这一突破导致了对儿童权利的认可，但它是基于儿童是被动、脆弱和易受伤害的生物的观点，这些生物主要需要保护（Hallett 和 Prout，2003）④。在此期间，儿童被视为"正在成人的人"，并且不被认为是拥有自由和权利的完整人类（Alaimo，2002；Verhellen，2015）⑤。

来自不同部门和社会各阶层的人出于各种原因，对尚未存在的状况提出了挑战。这个被称为"儿童权利运动"的思想流派的主要目的是承认儿童是全面公民。根据这一运动，儿童应被视为拥有自己人权的个人，并且有能力独立行使这些权利（Verhellen，2015）⑥。直到 20 世纪后期才出现了一种更自由的儿童自主观（Alaimo，2002）⑦，Martin（2000）证实，儿童不再满足

---

① Stearns, P. N., History of children's rights〔C〕. Handbook of Children's Rights: Global and Multidisciplinary Perspectives, London: Routledge, 2017: 361.

② Verhellen, E. The Convention on the Rights of the Child: Reactions from a historical, Social policy and educational perspective〔C〕. Routledge International Handbook of Children's Rights Studies, London: Routledge, 2015: 731.

③ Hart S N. From property to person status: Historical perspective on children's rights〔J〕. American Psychologist, 1991, 46（1）: 53 – 59.

④ Hallett, C. and Prout, A. Hearing the Voices of Children: Social Policy for A New Century〔M〕. London: Routledge, 2003: 481.

⑤ Verhellen, E. The Convention on the Rights of the Child: Reactions from a historical, Social policy and educational perspective〔C〕. Routledge International Handbook of Children's Rights Studies, London: Routledge, 2015: 733.

⑥ Verhellen, E. The Convention on the Rights of the Child: Reactions from a historical, Social policy and educational perspective〔C〕. Routledge International Handbook of Children's Rights Studies, London: Routledge, 2015: 752.

⑦ Alaimo, K. Historical Roots of Children's Rights in Europe and the United States〔C〕. Children as equals: Exploring the rights of the child, Lanham,: University Press of America, 2002: 332.

于被视为二等公民，社会和法律必须接受儿童作为拥有权利的国家和全球公民①。

儿童参与权思想主要是关于儿童是否有参与权、有什么样的参与权的看法，近现代的儿童参与权思想主要起源于西方。因此，本研究主要以西方儿童参与权思想的历史演进为线索，但也会就中国古代的儿童参与权思想做一些分析。

一、古代儿童参与权思想

在古代社会，儿童的权利主体地位并未确立，儿童不享有权利的思想是这一时期的主流，儿童参与权作为儿童的一项权利，概莫能外。但也应注意到，在这一时期，也有一些有识之士主张儿童应享有某些权利。

在古希腊城邦国家中，儿童被斯巴达人认为是国家的财富，是城邦战争和国家强大的重要条件，因此，一个婴儿出生后需经过两次严格检验，一旦发现有身体孱弱或畸形残疾的婴儿即不准养育，而被冻饿至死，只有健壮的初生婴儿才被保留下来②。儿童的生存权会因为先天体质孱弱而被剥夺。在古罗马，儿童被视为家庭的财产，父母可以主宰儿童的一切，包括生命。如古罗马第一部成文法《十二铜表法》的第4表"父权法"第1条中规定：对被认定为出生畸形的婴儿，应立即杀之③。与此同时，也有一些哲学家在其论著中体现出重视儿童某些权利的思想，如，柏拉图在其《理想国》一书中写道："一切事情都是开头最为重要，特别是生物。在幼小柔弱的阶段，最容易接受陶冶，你要把他塑造成什么形式，就塑造成什么形式。"④ 这体现出其对儿童教育的重视。亚里士多德认为，教育是国家的重要事业，因此，国家应立法规定儿童按照其年龄阶段必须进行相应的教育。古罗马教育家昆体良也重视儿童的游戏权利，反对对儿童实行体罚。在欧洲中世纪，基督教

---

① Martin, F. The Politics of Children's Rights [M]. Cork：Cork University Press, 2000：551.

② 单中惠，刘传德. 外国儿童教育史 [M]. 上海：上海教育出版社，1997：29.

③ 译自 E. B. Conant. The Laws of the Twelve Tables [J]. Washington University Law Review, 1986, 13 (4)：234.

④ 柏拉图. 理想国 [M]. 郭斌和，张竹明，译. 北京：商务印书馆，1986：71.

教义占据着思想观念的统治地位，其"原罪"教义给儿童带来的更多是压迫。儿童被看作是"小大人"——即形体上缩小的"成人"，原罪观念加上对儿童特殊性的忽视，对儿童的教育中体罚现象盛行，儿童虽被视为"小大人"，但是其权利的主体地位却未得以确立。

在中国古代的律法及其实施中也体现出儿童权利保护的思想。保护儿童权利政策和措施方面，春秋战国时期，据《国语》记载："生丈夫，二壶酒，一犬；生女子，两壶酒，一豚；生三人，公与之母；生二人，公与之钱。令孤子、寡妇、疾疹、贫病者，纳宦其子。"① 体现出社会政策对儿童生存权的重视。到宋朝，实行"慈幼恤孤"政策，政府设立了专门收养机构——慈幼局，明清时期设立了救助婴儿童的专门机构——育婴堂和保婴会等；在法律保护儿童权利方面，汉代《二年律令》第八十六条记载："吏、民有罪当笞，谒罚金一两以当笞者，许之。有罪年不盈十岁，除；其杀人，完为城旦舂。"② 儿童犯罪可以免于肉体刑罚，和成年犯罪区别对待。

从总体而言，中西方古代儿童仍未被视为权利的主体，很大程度上被视为弱者。出于国家利益或人道主义等原因，需要对儿童进行保护，儿童并未有自主参与社会政治的权利。

二、近代儿童参与权思想

1640 年英国资产阶级革命成为世界步入近代史的标志，经由文艺复兴和启蒙运动，人从神的桎梏下解放出来，人的理性力量得以彰显，逐渐形成了古典自然法权利思想，对儿童权利的认识随之得到加深。

自然法思想代表人物洛克主张，儿童是人，应享有人的权利，但在未成年之前，父母代为行使其权利，父母有抚养儿童的义务，儿童在未成年之前应服从父母。在儿童成年之前，未能行使权利，因此，儿童需要得到保护，父母知晓儿童的最佳利益。儿童在未成年之前的自由体现在其父母的自由，"一个儿童是依靠他父亲的权利、依靠他父亲的理智而自由的，他父亲的理

---

① 尚学锋，夏德靠译注. 国语 ［M］. 北京：中华书局，2007：311.
② 朱红林. 张家山汉简《二年律令》集释 ［M］. 北京：社会科学文献出版社，2005：38.

智将一直支配着他，直到他具有自己的理智时为止"①。洛克的想法显然是
理想化的，不是所有的父母和成人都能知晓儿童的最佳利益。

卢梭是一位自然法权利代表者，在卢梭看来，自然法是"真"和"善"
的完美结合，在这种自然法支配下，人是自由的，人与人之间是平等的，年
龄、健康等因素造成的差异不具备道德意义。"成年人之所以是一个很强的
人，儿童之所以是一个很弱的人，不是因为前者比后者有更多的绝对的体
力，而是就自然的状态来说，成人能够自己满足自己的需要，而小孩则不
能"②，儿童和成人在这一点上是平等的，但他同样认为，儿童在其理性能
力成熟之前，也不能享有参与社会的权利，只是对父母而言，应该尊重儿童
的天性，不能用成人世界的需要要求儿童。在其《爱弥儿》一书中，卢梭指
出"如果你能够采取自己不教也不让别人教的方针，如果你能够把你的学生
健壮地带到十二岁，这时候，即使他还分不清哪只是左手哪只是右手，但你
一去教他，他的智慧的眼睛就会向着理性睁开的"，在这里，卢梭认为：人
的理性成熟是以 12 岁作为分界点，在 12 岁之前，儿童由于理性能力不足，
无法参与社会契约的制定，自由行使其权利。

在康德看来，权利来自于人先天的自由，权利的本体是自由，有限理性
的存在是人的本质。康德认为，"自由是独立于别人的强制意志，而且根据
普遍的法则，它能够和所有人的自由并存，它是每个人由于他的人性而具有
的独一无二的、原生的、与生俱来的权利。"③ "儿童作为人，就同时具有原
生的天赋权利——有别于单纯的继承权利——而获得父母的细心抚养，直到
他们有能力照顾自己为止。"④ 在康德看来，这是儿童绝对的自由权利，和
人的身份、地位等无关，儿童也不应成为父母的附属物。因为父母对儿童保
护和抚养的义务是儿童权利的来源，且儿童缺乏恰当的理性能力，所以，父

---

① ［英］洛克. 政府论：下篇 ［M］. 叶启芳，瞿菊农，译. 北京：商务印书馆，
　　2005：38.
② ［法］卢梭. 爱弥儿：上 ［M］. 李平沤，译. 北京：商务印书馆，2009：90.
③ ［德］康德. 法的形而上学原理——权利的科学 ［M］. 沈叔平，译. 北京：商务印
　　书馆，2005：50.
④ ［德］康德. 法的形而上学原理——权利的科学 ［M］. 沈叔平，译. 北京：商务印
　　书馆，2005：98.

母有发展儿童心智和道德的义务，这一义务直至儿童理性能力成熟时才得以解除。虽然父母有保护、抚养、发展儿童道德和理性能力的义务，但也有免受父母专横干涉的权利，国家也负有保护儿童的义务。

在这一时期，学者对从人权的角度关注儿童权利，认为儿童有人的权利，儿童与成人有很大的区别，相比较以前而言，这是巨大的进步，但是，儿童在他们成年之前无法行使这些权利，因为他们的理性能力不足以让他们行使这些权利。在儿童未到成年之前，其权利由父母代为行使，在儿童权利内容上，主要关注儿童的生存权和受教育权，并未认可儿童的参与权，这与学者们认为参与权需要成熟的理性能力有关。

三、现、当代儿童参与权思想

一般而言，现、当代指的是 19 世纪末 20 世纪初至现在。随着社会政治、经济、文化及科学技术的进步，人们对教育功能认识的进一步加深，儿童权利越来越得到社会的重视。发达国家纷纷颁布义务教育法律法规，制定相应的教育政策以加强对教育的控制，如，1852 年美国马萨诸塞州颁布义务教育法令、1870 年英国颁布《初等教育法》、1872 年德国颁布《普通教育法》、1881 年至 1882 年法国颁布《费里法案》、1886 年日本颁布《小学校令》等①，与以往相比较，这在客观上保障了儿童的某些权利。在此期间的两次世界大战、种族冲突给儿童带来了深重灾难，儿童权利问题成了时代的重要主题之一，学者们对儿童权利开展研究，政府及民间团体开展形式多样的儿童权利保护实践。

在儿童权利的理论研究方面，这一时期的学者从文艺复兴、启蒙运动学者的进步主义权利思想及理论出发，尤其深受卢梭的自然法权利思想影响，结合教育学、心理学、社会学等学科研究成果，对儿童权利展开全方位的研究。其中，又以蒙台梭利、杜威等人对儿童权利思想的影响为甚。

蒙台梭利（Maria Montessori）虽然未直接论述儿童权利与儿童参与权，但她的儿童观对当时的儿童权利观念产生了巨大的影响，因为，儿童观与儿

---

① 王本余. 教育中的儿童基本权利及优先性研究［D］. 南京：南京师范大学，2007：40.

童权利观有着直接的联系。蒙氏认为，每个人都有一个独特的"心灵胚胎"——"包藏在肉体中的精神"①，个体的能力和个性心理品质在此基础上得以发展，"人们面临的最大问题之一，就是他们没有认识到，儿童拥有一种积极的精神生活。尽管儿童当时并没有表现出来，而且他也必须过相当长的一段时间来秘密地完善这种精神生活"②，与成人不同，儿童有潜意识学习的智慧，正如蒙氏所言："它是一种不可思议的智慧，儿童那奇妙的创造工作就是借这种潜意识心智完成的。"③ 同时，蒙氏认为，婴儿童时期的教育在个体发展中非常重要；蒙氏认为，人的成长是一个持续性和阶段性相统一的过程，0-6 岁是儿童心理功能和个性形成阶段，即儿童发展的第一个阶段。蒙氏把生物学中的"敏感期"概念引进到儿童发展研究中，认为儿童发展过程中也存在敏感期，"正是这种敏感性，让儿童有强烈接触外部世界的欲望。在这一时期，他们对一切都充满了好奇，他们的大脑中充满了活动和激情，并能轻松学会一些技能。每个成就都表明他们能量的增强，只要实现了这个时期的目标，他的疲劳与麻木感才会随之而来。当这种激情耗竭后，另一种激情又被点燃。儿童很平稳地由一种敏感期过渡到了另一种敏感期。就这样构成了他快乐、幸福的童年。而当敏感期消失后，经过不断的思考与积极的努力、不倦的研究，他的智力便得到了发展"④，错过儿童的敏感期，将对儿童产生不可逆的伤害。蒙氏对儿童的理解和研究，对人们认识儿童的独特性，给儿童权利思想和实践产生了巨大的影响，这些影响也体现在儿童参与权观念的形成上。

福禄贝尔（F. W. A. Fröbel）受费希特（J. G. Fichte）、谢林（F. W. J. Schelling）等人的哲学思想及基督教神学思想的影响，在儿童教育教学方面受到裴斯泰洛齐（J. H. Pestalozzi）的影响。在其《人的教育》一书

---

① ［意］玛丽亚·蒙台梭利. 发现儿童［M］. 胡纯玉，译. 北京：中国发展出版社，2006：13.
② ［意］玛丽亚·蒙台梭利. 童年的秘密［M］. 金晶，孔伟，译. 北京：中国发展出版社，2006：28.
③ ［意］玛丽亚·蒙台梭利. 有吸收力的心灵［M］. 高潮，薛杰，译. 北京：中国发展出版社，2006：19.
④ ［意］蒙台梭利. 童年的秘密区［M］. 爱立方，译. 北京：北京理工大学出版社，2015. 322

中展现出独特的儿童观，虽未直接论及儿童参与权，但其思想对儿童权利及儿童参与权的规范化带来了间接影响。福禄贝尔以自然界的"进化"比拟儿童发展的阶段性特点，他认为："每一个后继的阶段以一切和个别的先行的生命阶段的强有力的、完全的和特有的发展为基础。①　"变内部为外部，变外部为内部，并把两者协调统一地表现出来。②　这表明了他对儿童天性和环境关系的看法，即，儿童的天性和环境的矛盾运动是儿童发展的动力，儿童作为上帝创造性的产物，本身也具有积极主动探索世界、积极创造的特性。与蒙台梭利一样，福禄贝尔也认为儿童发展具有明显的阶段性，他指出，"人的力量、天赋及其发展方向、四肢和感官活动，是按照他们本身在儿童身上出现的必然的次序发展的"③，儿童发展阶段可以分为婴儿期、儿童期、少年期和学生期 4 个阶段，四个阶段依次展开。其中，儿童时期的儿童开始意识到自我的存在，借助语言和游戏，向成人展现自己的能力。在儿童教育中，福禄贝尔强调游戏的价值，他指出"它是儿童时期最纯洁、最神圣的活动"④。为此，他为儿童直观观察世界、促进儿童智力发展设计了一套"恩物"。福禄贝尔基于对儿童发展动力的认识，认为家庭教育对儿童发展至关重要，他认为"他同他们一起，构成一个就本质上完整的、不可分割的统一体"⑤，因此强调父母的教育，也强调家庭和学校一起，共同为儿童发展创设良好环境，形成教育合力，他指出"使家庭与学校生活一致起来，乃是这一时期里人的教育所绝对不可缺少的要求"⑥。福禄贝尔对儿童特殊性，以及对儿童发展和环境之间的关系研究，不仅指导了儿童教育实践，对儿童权利——如游戏权及儿童参与与自身利益相关活动的权利——的研究产生了深

---

① [德] 福禄贝尔. 人的教育 [M]. 孙祖复，译. 北京：人民教育出版社，2001：20－21.

② [德] 福禄贝尔. 人的教育 [M]. 孙祖复，译. 北京：人民教育出版社，2001：119.

③ [德] 福禄贝尔. 人的教育 [M]. 孙祖复，译. 北京：人民教育出版社，2001：31.

④ 单中惠. 西方教育思想史 [M]. 北京：教育科学出版社，2007：366.

⑤ [德] 福禄贝尔. 人的教育 [M]. 孙祖复，译. 北京：人民教育出版社，2001：38.

⑥ [德] 福禄贝尔. 人的教育 [M]. 孙祖复，译. 北京：人民教育出版社，2001：186.

刻的影响。

杜威作为"进步主义教育"的倡导者、实用主义哲学重要代表，强调"儿童中心"的教育思想。其儿童观对儿童权利思想与儿童参与权思想影响巨大。杜威认为，与成人已经形成固定的观念和行为模式不同，儿童是发展中的人，在发展中完善自身，儿童的特殊性在于"未成熟"①，它"是一种积极的势力或能力——向前生长的力量：……生长并不是从外面加到活动的东西；而是活动自己做的东西"②。主动发展是儿童的另一特性，杜威认为，"在儿童本性的发展上，自动的方面先于被动的方面；……对于这个原理的忽视，便是学校工作中大部分时间和精力浪费的原因。儿童被置于被动的、接受的或吸收的状态中，情况不允许儿童遵循自己本性的法则；结果造成阻力和浪费"③；再者，杜威认为，儿童活动的创造性是儿童的第三个特性，"在教育上可以得出的一个结论就是：一切要考虑到从前没有被认识的事物的思维都是有创造性的。一个三岁的儿童，发现他能利用积木做什么事情；或者一个六岁的儿童，发现他能把五分钱加起来成为什么结果，即使世界上人人都知道这种事情，他也是个发现者。……如果创造性一词不被误解的话，儿童自己体验到的快乐，就是理智的创造性带来的快乐"④。就此，他也批评了以往"创造性是少数人的特性"的观点，认为儿童的创造性具有个体独特性，因此，横向比较是不合理的。杜威的"儿童中心"思想，以及对儿童独特性、创造性、儿童学习过程的认识，是儿童权利的正当性，以及儿童参与周围环境、与周围环境互动的必要性的重要依据，对儿童权利、儿童参与权的理论和实践有极其重要的意义。

① ［美］杜威．民主主义与教育［M］．王承绪，译．北京：人民教育出版社，1990：46.

② ［美］杜威．民主主义与教育［M］．王承绪，译．北京：人民教育出版社，1990：46.

③ ［美］杜威．我的教育信条［C］．现代西方教育论著选，王承绪，赵祥麟 编．北京：人民教育出版社，2001：12.

④ ［美］杜威．民主主义与教育［M］．王承绪，译．北京：人民教育出版社，1990：169.

第三节　《儿童权利公约》中的儿童参与权

梅尔顿（Melton, 2006）① 认为，《儿童权利公约》通常强调儿童参与权的两个方面。首先，参与是一个总体原则，它指的是一系列权利和自由：言论自由（第13条），思想自由，良心和宗教（第14条），结社自由和和平集会（第15条），隐私权（第16条）和获取大众媒体（第17条）。第二，儿童的参与权也是一项独立的权利，如第12条所述：缔约国应向能够形成其自己观点的儿童保证其在影响儿童的所有事项中，自由表达这些观点的权利，根据儿童的年龄和成熟程度给予儿童相应的重视。

第12条被认为是公约中最具争议和影响最深远的方面之一（Stearns, 2017）②。这对儿童来说是一项独特的权利，因为它承认尽管他们依赖于父母和其他成年人，但他们仍然有权作为拥有人权的人受到尊重，并有权参与影响他们的决定（Lansdown 等人，2014）③。由于第12条以抽象的术语提出了参与权，因此需要更具体的描述，以便更好地理解何时何地应当给予儿童参与权。

《公约》第12条规定，每个儿童都有能力形成观点，并有权在影响他们的所有事项中自由表达这些观点，并且必须根据其年龄和成熟程度给予相应的重视。这是人权法中的一项独特规定。它承认，虽然对于儿童而言，与成人不同，没有自动推定支持自主或独立决策，然而，他们作为人有权受到尊重，有权参与影响他们的决策。因此，一方面，它为儿童参与他们自己的生活提供了平衡，另一方面，它为儿童在儿童时期获得额外保护的权利提供了

① Melton, G. B. Background for a General Comment on the Right to Participate: Article 12 and Related Provisions of the Convention on the Rights of the Child [C]. Clemson University, 2006: 79.

② Stearns, P. N. History of children's rights [C]. Handbook of Children's Rights: Global and Multidisciplinary Perspectives, London: Routledge, 2017: 552.

③ Lansdown G, Jimerson S R, Shahroozi R. Children's rights and school psychology: Children's right to participation [J]. Journal of school psychology, 2014, 52 (1): 3 - 12.

平衡。

重要的是要弄清楚第12条做什么和不做什么。第12条没有赋予儿童完全自主的权利。它不赋予他们控制影响他们的所有决定的权利。它没有赋予他们以凌驾于他人权利之上的行为权利，不管其他人是学生、教师、家长，还是行政人员。然而，这确实意味着，在做出有关他们的决定时，应该让儿童参与进来，应该提供空间来阐明对他们来说重要的问题，并且成年人应该根据他们的年龄和成熟程度，来重视儿童所说的话。儿童权利委员会（以下简称委员会）是负责监测各国政府履行《公约》义务进展情况的国际机构，它就各国政府如何解释和执行第12条向各国政府提供了详细的指导（联合国儿童权利委员会，2009年）。

一、适用于所有年龄的儿童

首先，必须将第12条理解为适用于所有年龄的儿童（联合国儿童权利委员会，2009年，第20、第21段）。委员会强调，非常年幼的儿童有自己的意见并能够与他们交流。因此，成年人的责任在于创造必要的时间和空间来学习倾听儿童不同的表达方式，无论是通过非语言交流，如肢体语言、游戏，还是绘画。第二，第12条既适用于作为个人的儿童，也适用于作为一个群体或区域的儿童（联合国儿童权利委员会，2009年，第9段）。因此，被倾听的权利既与在学校被欺负的个别儿童有关，也与想要参与制定或完善学校政策以解决适当的学生行为，欺凌和受害的整个学生团体有关。委员会认为，确保儿童能够在"影响儿童的所有事项"（第4条，第12条）上表达自己的义务，意味着必须非常广泛地提出第12条的范围。它涉及影响儿童的政策和决定的许多方面，超越了教育、健康、儿童福利、游戏和娱乐等更明显的问题（联合国儿童权利委员会，2009年，第26、第27段）。第12条规定了儿童在任何影响他们的程序中发表意见的权利（联合国儿童权利委员会，2009年，第32—34段）。这项权利适用于刑事和民事诉讼及任何可能影响其生活的决策的行政诉讼。行政程序可能包括，关于学校选址、停学或被学校开除的程序或有关提供额外教育支持的评估。

二、给予儿童意见与其成熟相应的重视

委员会非常明确地表示，仅仅听取儿童的意见是不够的，还必须根据年龄和成熟程度认真考虑他们的意见（联合国儿童权利委员会，2009 年，第28—31 段）。例如，加拿大的年轻人在一次关于政治权力的会议上提出，"发言权就是被倾听的权利；实际上，在说话和被倾听之间是有差距的"[1]。儿童的观点，无论是个人还是集体问题，都必须给予应有的重视。因此，如果无法在任何决定或随后的行动中反映这些意见，则应努力向儿童传达做出决定的原因及如何考虑他们的意见。

《公约》承认父母和其他负责儿童的人，包括教师，在为儿童提供引导和指导方面发挥的重要作用。然而，第 12 条还包括承认儿童不断发展的能力，这是解释权利实现的原则。显然，学龄前儿童参与决策的能力明显不同于 17 岁的儿童。因此，它要求以承认发展因素的方式提供任何引导或指导，以便随着儿童年龄的增长，他们变得更有能力为自己承担责任。换言之，应该给予一切机会让儿童参与他们关心的事情，并且当他们获得为自己做决定所必需的理解和成熟时，应该使他们能够这样做。显然，儿童能够开始对决策承担责任的程度将取决于儿童的能力水平、所涉及的决策类型及其对自己和他人的影响。

三、《公约》中的其他规定

《公约》还体现了言论、宗教、思想和良心、结社自由及信息和隐私权，从而承认儿童是有权形成自己的观点和选择的个人。例如，第 3 条要求在所有涉及儿童的行动中，必须以儿童的最大利益为首要考虑。委员会强调，在确定儿童的最大利益时，必须根据年龄和成熟程度考虑他们的意见。事实上，它认为"如果不尊重第 12 条的组成部分，就不能正确适用第 3 条"（联合国儿童权利委员会，2009 年，第 70—74 段）。

最后，关于第 29 条概述的教育目标，委员会明确表示重视参与：

---

[1] The Landon Pearson Resource Centre for the Study of Childhood and Children's Rights, 2007，p. 5.

儿童不会因为通过校门而失去他们的人权。因此，例如，提供教育的方式必须尊重儿童的固有尊严，并使儿童能够根据第 12 条第（1）款自由地表达自己的观点并参与学校生活……应当促进儿童参与学校生活、创建学校社区和学生理事会、同伴教育和同伴咨询，以及儿童参与学校纪律程序，作为学习和体验权利实现过程的一部分。[（联合国儿童权利委员会，2001 年，第 9 页）]

所有这些将儿童视为自己生活中的积极代理人或公民的权利，一直被概念化为"参与"（联合国儿童权利委员会，2009 年）。当然，儿童在社会中一直以多种方式参与，例如，在社区一级，通过游戏和艺术，以及他们对家庭的经济贡献。然而，在"公约"的范围内，参与一词已经发展，现在被广泛用作描述儿童表达意见和认真对待儿童观点的过程的简写。参与可以被定义为儿童表达的持续过程，并积极参与涉及他们的事务的不同层次的决策。它需要儿童和成人之间在相互尊重的基础上进行信息共享和对话，并确保充分考虑儿童的意见，同时考虑到儿童的年龄和成熟程度（Lansdown，2011）①。

总体而言，儿童参与权是在"儿童观←→儿童权利"的基础上形成的。对儿童的总体看法和观念决定着儿童权利予否，也决定着儿童有什么样的权利。儿童权利规范化之后，又会影响人们对儿童看法和观念。从儿童观的历史梳理可以看出，人们对儿童的看法和观念在不断加深，儿童权利的正当性也是一个从无到有的过程。在儿童权利逐渐确立的基础上，蕴含在儿童观众中的儿童参与权观念也在逐渐明朗化。

---

① Lansdown, G. GLOBAL: A framework for monitoring and evaluating children's participation (2011) [R/OL]. [2018 - 7 - 12] http: //www. crin. org/resources/infoDetail. asp? ID = 25809&flag = report.

第三章

儿童参与权的存在与理解

相比较于成年阶段的参与权而言，儿童参与权有其独特性，而这种独特性来自儿童阶段的身心发展特点。虽然在目前的实在法体系中，儿童参与权有了一席之地，儿童参与权的正当性似乎成了不证自明的命题，但是，诸多对儿童具备参与权的质疑仍然在提醒我们，应该进一步就儿童参与权的正当性进行论证，更需要我们就其正当性展开讨论，以正视听。

对儿童权利的正当性讨论主要存在于权利哲学中，不同学者基于不同的理论假设、学术传统论证儿童权利的正当性，其围绕的中心问题是"儿童有没有权利？如果有，有什么样的权利？如果没有，为什么没有？"。对儿童参与权而言，存在同样的争论。从儿童参与权利的应有层面分析，不仅有利于进一步认识儿童参与权的正当性，而且能引起人们对儿童参与权的实有问题深入思考，进而引领实践的变化。

第一节　人权理论与儿童参与权

人权往往被定义为人应该享有的权利①。人权作为人的应有权利，需要在人权的来源正当性上给出令人信服的回答。基于不同的理论假设与学术传统，不同学者对人权来源与正当性问题进行了不同的回答。纵观西方人权思想历史，我们大致上可以看出，西方人权思想经历了诉诸自然法、法律、道德、人权多样性的思维向度为人的权利正当性寻求辩护的过程，这一逻辑演

---

① 张文显. 二十世纪西方法哲学思潮研究［M］. 北京：法律出版社，2006：430.

进具体表现为张恒山（2013）"在人类思想史上，对权利的解释实际沿着两个思路展开，一是自然法学思路；一是实证法学思路。自然法学解释权利的思路特点是跳出既有的国家法律规定去解释权利。实证法学解释权利的思路特点是在国家法律的既有规定之内解释权利"①。以下对这一人权思想逻辑演进进行分析，目的在于透过人权思想对权利正当性的回答，把握人权理论会如何看待儿童权利、儿童参与权正当性问题。

一、人权理论与权利观

（一）自然法思想与人权

古希腊词"自然"（phusis）表达的是与习俗（nomos）对立的一个概念，"自然"一词表达的是自然界确定不变的规律，把这一概念引入人类社会，人类社会也被认为类似自然界，被确定不变的规律所支配。人们对"自然"的理解引申到对社会法律法规的理解，形成了自然法思想。自然法的权利思想发轫于古希腊和古罗马，形成于中世纪，发展繁荣于近现代，每一阶段的权利思想又有各自的特点，这本身反映了人类权利观念的演进逻辑。

1. 早期自然法思想与人权

早期自然法思想可以追溯至古希腊人对于正义的思考。古希腊人认为，自然有其自身的运行法则②，自然的秩序和规则本身就包含着某种超人的智慧和神圣性（自然神），从而赋予自然规律以正义的属性。自然和正义结合，从而形成了自然公正观念③，这种自然秩序提供的客观且外在于人的价值立场，能对法律和政治做评判性评价。这样的权利思想无疑带有"天赋"的色彩。在"自然秩序"的引领之下，人所要做的就是运用理性去认识自然正义。斯多葛派认为，自然具有理性，且把这种自然理性归结到自然神的高度，在他们看来，自然受绝对规律的支配。人的本性是理性的，且人属于自然，因此，在这一点上，人人都是平等的。学派创始人芝诺（Zeno）宣称：

---

① 张恒山. 由自然自由到正当自由 [J]. 江苏行政学院学报，2013（4）：116.

② 吕祥. 希腊哲学中的知识问题及其困境 [M]. 长沙：湖南教育出版社，1992：20-2f.

③ 申建林. 自然法理论的演进 [M]. 北京：社会科学文献出版社，2005：25.

"与自然相一致的生活，就是道德的生活，自然指导我们走向作为目标的道德。"①

2. 中世纪西方自然法思想与人权

到中世纪，斯多葛学派的自然理性被基督教吸收，演变成神学自然法。代表人物阿奎那（Thomas Aquinas）基于早期自然法思想与奥古斯丁（Saint Aurelius Augustinus）神学法律思想，认为：法由永恒法、自然法、神法（《圣经》）和人法四种构成，永恒法是上帝对宇宙秩序的合理安排，指导整个宇宙的规范，是上帝对创造物的合理领导，是万物运动规律和所有人类思想智慧的总和，只有上帝才知道作为整体的永恒法，凡人无法把握永恒法的整体，只能通过人的理性不断对其认识。自然法是理性动物对永恒法的理解和参与②，体现出了永恒法与理性动物之间的关系。是永恒法在人类社会的体现，是人类社会的法，人的理性局限性导致人难以完全把握自然法。神法，即神圣的法律，是上帝恩赐给人类的一份礼物，是上帝无限的永恒法在人间部分的具体化③。主要有基督教圣经，包括新旧约全书，它是自然法和人法的补充，禁止各项罪恶的安排，是用来指导人类精神生活的。人法，即人定法，人法从属于自然法，是一种以公共利益为目的、合乎理性的法令，它是由负责治理社会的人制定和颁布的，所关注的是人的外部行为表现，通常不关注人的内心世界，神法用以防止人法不能惩罚人的一切恶行。

由此，神学自然法把自然理性上升至上帝具备的理性，人的理性是上帝理性的复本，既然上帝是绝对独立的、圆满的，世界理性作为上帝的智慧就不再是模糊不清的假设，而是确定而真实存在的④。由此，人在自然理性面前的人人平等转变成在上帝理性面前的人人平等。

---

① ［古希腊］第奥根尼. 名哲言行录［M］. 马永翔，赵玉兰，译. 长春：吉林人民出版社，2003：87.
② Thomas Aquinas. treatise on law［M］. translated by R. J. Regan, Indianapolis/Cambridge, 2000：9.
③ 王四新. 与上帝对话——阿奎那法律思想浅论［J］. 四川理工学院学报（社会科学版）》，2006（4）：35－39.
④ 申建林. 自然法理论的演进［M］. 北京：社会科学文献出版社，2005：67.

3. 古典（近代）自然法思想与人权

近代自然法思想诞生于"启蒙运动"时期，是资本主义市场经济发展要求的产物。文艺复兴和宗教改革张扬了人的理性、人的独立、人的价值，这直接促进了自然权利观念的发展①。理性主义是近代自然法思想的根本特征，近代自然法思想家致力于把人从神与自然的禁锢下解放出来，对人权予以脱离神学的诠释。它汲取早期自然法和中世纪神学自然法学说中的理性主义因素，否定早期自然法与神学自然法在人之外寻求人权合理性的做法，并用人的理性直接阐释自然法。格劳秀斯认为，自然法是正当理性的命令，它既调整人类意志之外的事物，也调整由人类有意识的行为所导致的后果②。

近代自然法思想把"自然"看成是人的理性，因此，自然法并非是外在于人的"自然"法，而是理性之法，人的理性正是人能够把握自然法的前提。霍布斯（Thomas Hobbes）第一次从抽象的人性原则出发来阐释自然权利理论。洛克（John Locke）主张："理性，也就是自然法，教导着有意遵从理性的全人类：人们既然都是平等和独立的，任何人就不得侵犯他人的生命、健康、自由或财产。"③ 洛克相信，自然法是一种理性的要求，是适用于所有人的永恒规则，但是他反对每个人都可以成为自然法执行者的说法，主张建立社会契约（实在法）来执行自然法④。这些古典自然法思想家由此建立平等与自由的价值，形成了包括自由、安全、财产等方面的权利体系，人权的来源脱离了神学的桎梏，理性成了人权的合法来源。

4. 现代自然法学思想与人权

随着资本主义经济由自由经济走向垄断经济，古典自然法学提倡的个人自由、争取权利和平等理念已经无法适应当时的经济和政治要求，实证主义法学思想对自然法学思想的冲击，导致自然法学思想式微。这种境况到19

---

① ［美］博登海默. 法律学——法律哲学与法律方法［M］. 邓正来，译. 北京：中国政法大学出版社，1999：49、51.

② Hugo Grotius, De Jure Belli Ac Pacis Libri Tres［M］. London：Oxford，1925：39 – 40.

③ ［英］洛克. 政府论：下篇［M］. 叶启芳，瞿菊农，译. 北京：商务印书馆，1964：6.

④ John Locke, Two Treatises of Government［M］. Cambridge University Press，1988：270 – 277.

世纪末 20 世纪初逐渐改观，出现充满人文精神的"复兴"自然法思潮。其中有复兴神学自然法思想的"新托马斯主义"和摒弃实在法之上永恒不变的自然法、强调法律和道德相结合及正义和权利的世俗自然法思想，前者以马利坦（Maritain, Jacques）等人为代表；后者以罗尔斯（John Bordley Rawls）、施塔姆勒（RudolphStammler）、德沃金为（Ronald M. Dworkin）为代表。

新托马斯主义的代表人物马利坦认为"从哲学的角度出发，寻找对人权的论述，考察人权的问题，就必须先认识自然法。"① 这体现了他从哲学的角度看待人权和自然法的关系，也是马利坦的人权哲学基础。马利坦所谓的自然法是阿奎那的神学自然法思想，在理解人和上帝的关系上，马利坦认为，人是上帝创造万物中的一部分，必须遵守"自然的秩序"、上帝的旨意，如果不遵守，就是非正义，就会遭受惩罚；人是世界万物中唯一具有理性的自然物，这一属性决定了人可以分享上帝的神圣理性，是上帝赋予人类独立和尊严，并且由于人具有的理性是上帝赐予的，所以人能凭借理性按照良心行事，除非认定实在法与理性相符，否则不能影响人的良心。马利坦认为"人所拥有的每一权利，都依靠上帝所拥有的那种智慧的秩序并在一切人身上被每一种智力所尊重、服从和爱戴的权利，因为上帝是纯粹的正义"②，因此，人权的唯一来源就是自然法。

新康德主义代表人物施塔姆勒以康德的先验论为出发点，认为存在人通过观察无法获得的先验认识范畴和形式。法律观念由"法律概念（the concept of law）"和"法律理念（the idea of law）"构成。"法律概念"是结合意志，即纯粹理性，必须包含所有可能的法律实现方式，可以表述为"法律是不可违反、独断的集体意志"；"法律理念"是一种实践理性，它是法的目的，即实现正义。同时，他还认为"法律的理念"就是自然法③。按照施塔姆勒的自然法思想，人权的来源在于先验的理性存在。

---

① Jacques Maritain. the Rights of man and natural law ［M］. New York. 1943：59.

② ［法］雅克·马里旦. 人和国家 ［M］. 沈宗灵，译. 北京：中国法制出版社，2011：83.

③ 王四新. 与上帝对话——阿奎那法律思想浅论 ［J］. 四川理工学院学报（社会科学版），2006（4）：35－39.

罗尔斯在《正义论》一书中，以公平的正义为核心概念，将古典自然法学的自然状态发展为自己的原初状态。即"它是一种其间所达到的任何契约都是公平的状态，是一种各方在其中都是作为道德人的平等代表，选择的结果不受偶然因素或社会力量的相对平衡所决定的状态影响"①。他所谓的原始状态要满足五个条件：（1）资源相对匮乏使个体之间合作成为必要和可能；（2）个体是理性的以做出理性的选择；（3）个体只关心个人利益；（4）个体在"无知之幕"下做出选择；（5）纯粹的程序正义予以保障。个体在这样的原初状态下，必然达成正义原则。关于社会契约方面，罗尔斯最基本的假设不是基于人有权拥有某些在洛克看来很重要的自由权利，而是认为人有平等地相互尊重和在设计政治制度时同等被关注的地位②。罗尔斯正是将原始状态和社会契约作为一种纯粹的假设条件，以消除人类的偏私等本性对理性的桎梏，使人类的理性能够客观地选择对所有的人都是公平的"应有的"正义或人权方案③。

自然法思想指导下所谓的人，并非是所有生物意义上的个体。在古典人权理论中，人权主体并不是自然人，而是理性人、文化人、性别人、肤色人、种族人、财产人、身份人和政治人④，才具有在奴隶社会，甚至到"启蒙运动"时期，人人平等中的"平等"，也并非包括奴隶。格劳秀斯虽然主张平等权，但是他同时也认为，奴隶制虽然违反自然，但是由社会契约、战争而造成的奴隶是符合自然正义的，普遍人权是人权主体在长期的斗争中逐渐形成的⑤。这样的状况直至奴隶制退出人类历史舞台。自然法思想认为，只有理性的"人"，才具备"人"格，"理性"女性在自然法思想指导下，获得的地位比奴隶好不了多少，在人类历史很长的时期内，女性被视为男性的财产。这点在早期启蒙运动时期，乃至文艺复兴末期，仍未得到彻底的改

---

① 罗尔斯. 正义论 [M]. 何怀宏，译. 北京：中国社会科学出版社，1988：115.
② 邓布兰. 罗尔斯正义论的自然法倾向 [J]. 重庆广播电视大学学报，2004（4）：30－32.
③ 钱福臣. 从洛克到罗尔斯：人权正当性的历史证成与价值证成 [J]. 昆明理工大学学报·社科（法学版），2008（7）：11－13.
④ 徐显明. 人权法原理 [M]. 北京：中国政法大学出版社，2008：105－106.
⑤ 徐显明. 人权研究：第一卷 [M]. 济南：山东人民出版社，2001：8.

善，妇女被简单地认为是非理性的代名词，不能拥有"人"权资格。从儿童观的演变历史中也可以发现，在"发现儿童"① 思潮兴起之前，儿童并未获得独立的个体身份，而是家庭的"财产""小大人"、成人的"依附物"，被排除在享有"人"格的范畴之外。因此，法国国民公会 1793 年规定"儿童、精神病人、未成年人、妇女和恢复权利之前的罪犯，不是公民"，就是合乎逻辑的，一点也不"违背原则"②。这样的情形直至《世界人权宣言》（1948）、《日内瓦儿童权利宣言》（1924）、《儿童权利宣言》（1959）、《儿童权利公约》（1989）等国际性约定出现之后才得以改善。

由上可以看出，在自然法思想之下，权利之基建立在人之外的"自然秩序"、先验的"上帝"或人的理性上，难以辩护人的权利的正当性。人权的历史变化表明，人权是人权主体不断斗争的结果，并非在社会之外，人权恰恰来自人自身，是人的需要和社会变化的契合物。因此，自然法思想遭到后来分析实证主义权利思想的驳斥。

（二）分析实证主义权利思想与人权

兴起于 19 世纪 30—40 年代以孔德（A. Comte）实证主义哲学影响到学者对法的研究。实证主义哲学主张以感觉经验为出发点，通过对现象的归纳来认识事物，这一主张体现在分析实证主义权利思想上，主要表现为：首先，法理学应该研究"实然"法，而不应该研究"应然"法，即从实在法中抽象出一般概念和原则，澄清和阐释实在法的概念和结构，运用逻辑推理的方式探求法的知识；其次，逻辑演绎是法的适用过程的基本要义。

作为分析实证主义权利思想提出者边沁（Jeremy Bentham）以功利主义作为其法律思想的核心，即以人的"快乐"和"痛苦"经验为基础，而非建立在虚无缥缈的自然法先验假设基础上。由此，边沁提出"法的命令"即主权者意志的符号群。根据文本，将其法律"命令"剥离开，主要有两个要

---

① 一般认为，"发现儿童"指的是 18 世纪以卢梭等为代表的自然主义教育家认识到儿童区别于成人的道德价值，以区别以往把儿童当成"小大人"，从而形成了新的儿童观。

② ［瑞士］胜雅律. 从有限的人权概念到普遍的人权概念：人权的两个阶段［C］. 王长斌，沈宗灵，译. 西方人权学说（下）［M］. 成都：四川人民出版社，1994：256－257.

素：主权者"命令"或意志的符号群。在此基础上，边沁明确对"应然"法和"实然"法进行了区分。边沁认为："法律是由国家的主权者提出或者采纳的意志表示总和，涉及在一定情况下，受主权者权利管辖的人或集团必须遵循的行为规范；这种意志表示旨在说明某种情况下，人的行为将产生的结果，这种期望将给那些实施某种行为的人一定刺激。"①《独立宣言》《人权宣言》有关整个自然权利与天赋的不可剥夺的权利之观念的言论，荒诞无稽；自然权利是胡言乱语；"自然而不可剥夺的权利是理论上的扯淡——踩着高跷的扯淡"②，在权利和法律的关系上，法律优先于权利，权利是法律的产物。

受边沁影响的实证主义法学先驱的奥斯丁（John Austin）肯定了将法律研究限定在实在法范围内，排除了他所谓的"上帝法""社会道德"和"隐喻的法"。他认为："法的存在是一个问题。法的优劣，则是另外一个问题。"③ 判断法律好坏由伦理学去做，法理学的任务是研究按照法律程序而实际存在的法，不过也由此引发了"恶法亦法"的讨论。奥斯丁认为，法律是主权者的命令，它由义务和制裁等基本要素构成。分析研究法律时，用伦理的标准将某些实在法排除在法理学之外是错误的。而在法律的内容上，奥斯丁认为权利和义务是其基本内容，讨论权利，也只能从实在法之内去讨论才有意义。

纯粹法学开创者凯尔森（Hans Kelsen），基于对事实和价值相分离的观点，认为正义是人的理性永远难以把握的理想，因此，在法律研究上，主张纯粹地研究法律内部结构问题，即，追求法的科学而非法的正义与否，人们能追求的是真实、可能之法，而非正确之法。深受语义分析哲学影响的哈特（Herbert L. Hart）在纯粹法学研究之路上走得更远，他更加强调以辑实证主义的概念与语言分析法对法律的语言逻辑形式进行分析，但他并未完全否定

---

① Jeremy Bentham, Of Laws in General ［M］. University of London, The Athelne Press, 1997：1.

② ［英］哈特. 法理学与哲学论文集 ［M］. 支振峰，译. 北京：法律出版社 2005：196、200.

③ ［英］奥斯丁. 法理学的范围 ［M］. 刘星，译. 北京：中国法制出版社，2002：208.

道德与法律的关系，有向自然法思想靠拢的倾向。

按照分析实证主义权利思想，人权也只能通过解释国内、区域、国际层面上的法律规范或者准法律文献，认定哪些是人不可让予、不可剥夺的权利。这从 20 世纪 50 年代以来不少人权研究者基本不再热衷于在法律法规之外探讨人权问题了，而是直接根据诸如《世界人权宣言》《公民权利与政治权利国际公约》《经济、社会、文化权利国际公约》及其他全球性的、区域性的、国家性的法律文献来说明人具有哪些权利，以及种种权利的具体内容有哪些。

二、人权理论与儿童参与权

（一）自然法思想与儿童参与权

基于早期的自然法思想，儿童权利的正当性难以得到辩护，因为在自然法思想看来，儿童是"非理性"的，其地位不过是成人世界的附属物，甚至作为家庭的财产而存在，因此，儿童并不能享有"人"的权利，这一点和"发现儿童"晚于自然法思想盛行是分不开的，但至少表明一点，早期自然法思想不但不能为儿童参与权的正当性提供辩护，某种程度上，早期自然法思想是反儿童参与权的。

文艺复兴运动中，启蒙思想家致力于把"人"从"神"的统治下解放出来，人的理性光辉得以焕发。在这一过程中，也孕育出与以往不同的儿童观，如：卢梭（Jean - Jacques Rousseau）提出尊重儿童自然本性，归还儿童自由。洛克的"白板说"强调后天理性教育的重要性。随着 18 世纪工业革命的到来，经济繁荣的同时也带来贫富差距的加剧，贫困问题引发一系列危及儿童的问题，贫困儿童的悲惨境遇引起社会对儿童问题的关注，政府和民间机构纷纷推动对儿童的救助行动，出现了诸如"儿童拯救运动（Child - Saving Movement）"及政府出台保护儿童的法令，如英国在 1889 年出台的《预防虐待儿童和保护儿童法》。与此同时，出现了许多心理学、教育学学者对儿童及青少年问题的研究。这些学者通过研究对传统儿童观进行批判，强调儿童的特殊性、尊重儿童天性等。后期的"女权运动"对儿童权利的保护也起到推波助澜的作用。

第一次世界大战的爆发，儿童成为战争的主要受害者。1919 年，"救助儿童会"在英国成立，1924 年该会起草的维护儿童权利的宣言在国际联盟得以通过，即《日内瓦儿童宣言》。虽然这时还是强调儿童的生存权和受保护权等消极权利，儿童的独立法律地位未得以确立，但毕竟以权利的方式对儿童的道德地位进行了确认，这一境况直到第二次世界大战结束前仍未得到改观。20 世纪 50 年代后，对儿童的研究由思辨式研究转向多种方法手段相结合，促使对儿童本质的认识更加系统化、科学化，儿童的主体性和能动性得以确立，儿童的主体地位也更加明朗化。1948 年联合国通过并颁布的《世界人权宣言》，推动了 1959 年联合国颁布的《国际儿童公约》，公约里体现出来的不断继续强化儿童消极权利，也不断促进儿童积极权利的理念，目的在于实现儿童利益的最大化。国家为儿童提供福利，体现国家责任。但对儿童的主体性认识还有待加深，儿童被认为是有限理性能力的主体，其利益最大化还需要成人加以甄别。20 世纪 80 年代以来，在后现代多元化哲学及对儿童研究成果的影响下，人们对儿童权利主体地位有了进一步的认识。在 1989 年颁布的《儿童权利公约》中，列出的儿童权利清单里明显体现出对儿童权利主体地位的强调，如儿童的参与和自决，不仅关注儿童的将来，也关注儿童当下的价值所在，其目的在于实现儿童最终的自由。

从儿童权利变化过程中可以发现，随着人们对儿童主体理性能力和价值的认识加深，现代自然法权利思想对儿童权利正当性的辩护也在加强。其辩护策略大致有这样的逻辑思路：基于现代心理学、脑科学、教育学等学科对儿童的研究成果，即儿童是人成长过程中的早期阶段，不仅有全部人类生物性特征，也有自己精神和文化的特质，对成人世界而言，也具备独特的价值。基于对儿童是"人"这样的基本认识，那么儿童就应该有人权，并且，儿童有人权这一论断也不需要实在法的确证，因为自然法权利思想首先考虑的是权利的应然问题，儿童权利在应然层面得到确证，那么，它对实在法起到的是引领作用。

随着对儿童价值的进一步认识，现代自然法权利理论证明了儿童权利的正当性。儿童权利的实现除了外在的保障之外，还需要儿童积极参与与他们自身利益相关的决策及决策的实施。儿童在活动中充分的参与对他们当下和将来参与意识、参与能力的形成有极其重要的意义。正是在这一点上，现代自然法权利思想对儿童参与权的正当性能给以恰当的证成。

现代自然法权利思想对儿童权的证成方面体现出它积极的一面，如，消除年龄给身份带来的差异，对儿童与成人平等的道德地位予以充分肯定，确证儿童参与权。当然，由于自然法权利思想自身的论证方式，把拥有理性作为拥有人权的前提，由于儿童身心不成熟是不争的事实，所以，无论是理论还是实践，对儿童参与权的态度呈现犹疑的态度，在《国际儿童公约》中对儿童的参与权的限度中也得到体现。因此，儿童参与权的限度问题也成了人们热议的焦点问题，因此对儿童身心发展的特殊性认识变得尤为迫切。再者，人是否具有自然权利这一自然法权利思想的核心立论，在人权理论中也备受争议，这点在前面关于自然法权利思想的剖析中已经有所论及。

（二）分析实证主义权利思想与儿童参与权

前面已经赘述了分析实证主义权利思想的主要理论主张，分析实证主义法理学认为，只能限于既有的法律法规来讨论权利，而不能从道德正义层面讨论权利。因此，在儿童权利方面，分析实证主义权利思想也主张从现有法律法规中有关儿童权利条款内容进行讨论，澄清和阐释与实在法中与儿童相关权利的概念和结构，运用逻辑推理的方式探求儿童权利的知识。依此思路，不少学者致力于从现有的有关儿童权利的法律法规中去寻找儿童权利的正当性，如对《国际儿童公约》《儿童权利公约》等主要法律规范中关于儿童权利进行研究，而非对公约本身的正当性进行讨论。在《儿童权利公约》中把儿童参与权作为儿童一项重要的积极权利确立了下来，并且对儿童参与权的具体内容进行了解释。那么，儿童参与权也应限于从现有关于儿童权利的相关法律规范中进行研究，而不应从应然的角度进行研究，虽然儿童参与权在《儿童权利公约》中得以确定，也能确证3—6岁儿童参与权，但公约中所指儿童较为宽泛，对于3—6岁儿童而言，并没有特别说明，如果按照诸如现有《儿童权利公约》等有关儿童权利的法律规范中的儿童参与权相关的法律规范内容去研究儿童参与权，其适用性值得怀疑。

第二节　主体能力与儿童参与权

在绪论部分，我们认识到，不少权利学者把权利看成是个体拥有的一种资格（qualification），拥有资格意味着有权向他者提出要求，同时也要求自身具备特定的条件。在本章第一节中已经提到，自然法权利思想中对于权利主体理性能力的重视，他们往往把权利主体的理性能力作为权利资格的必要条件。本节主要探讨不同哲学思想基于理性能力的权利观念。

从现有权利理论来看，西方哲学非常重视把个体理性能力作为拥有权利的重要条件，这一观念在文艺复兴、启蒙运动时达到高潮，人们以人的理性为武器，冲破神的束缚之后，对理性的高度赞扬，甚至崇拜。莎士比亚在其剧作《哈姆雷特》中写道："人是一件多么了不起的杰作！多么高贵的理性！多么伟大的力量！多么优美的仪表！多么文雅的举动！在行动上多么像一个天使！在智慧上多么像一个天神！宇宙的精华！万物的灵长！"① 理性也被看成是人区别于动物的根本特质，也是人具有人权的重要条件。正是在此基础上，儿童不具备足够行使权利的理性能力成了否定儿童权利或承认有限权利的理由。

在西方哲学中，自古希腊以降，理性（Reason）一直是西方文化的基本精神之一。"理性"原本是指人心中区别于"感性"（或"感受性"）的"自发性"或"能动性"，具有"超越性"与"规范性"双重品格。如果作词源的考据的话，理性的这双重品格正源自古希腊超越的"努斯"（Nous）精神与规范的"逻各斯"（Logos）精神。"努斯"是指生命冲动的力量，"逻各斯"则是指逻辑规范的力量。努斯和逻各斯是西方理性概念的渊源所在②。近代以来，人们对"理性"这一概念从不同层次和意义上进行解释。本节提到"理性能力"中的"理性"主要是从价值论层面进行理解，即王炳书、张玉堂（1999）所指"人们根据工具理性提供的知识，从主体需要和意志出发进行价值活动的自控能力和规范原则"③。

一、儿童理性能力不足与儿童权利论

霍布斯（Thomas Hobbes）受到早期自然法权利思想的影响，把自然法

---

① ［英］莎士比亚. 莎士比亚经典全集（悲剧）1601—1605 ［M］. 朱生豪，译. 武汉：华中科技大学出版社，2014：50.
② 张伟胜. 实践理性论 ［M］. 杭州：浙江大学出版社，2005：4.
③ 王炳书，张玉堂. 价值理性简论 ［J］. 青海社会科学，1999（5）：56－61.

权利思想和基督教《圣经》融合起来，形成神学自然法权利思想。他把出发点假设在了人性自私为特点的自然状态，这种自然状态类似于"丛林法则"支配的战争状态。而"自然使人在身心两方面的能力都十分相等，以致有时某人的体力虽则显然比另一人强，或是脑力比另一人敏捷；但这一切总加在一起，也不会使人与人之间的差别大到使这人能要求获得他人不能像他一样要求的任何利益，因为就体力而论，最弱的人运用密谋或者与其他处在同一种危险下的人们联合起来，就能具有足够的力量来杀死最强的人"①。既然人所处的自然状态使人"人人自危"，每个人的能力又是相对平等的，人的自然人性最根本的特性是保全自我的利己动机，在这种情况下，只有激情（倾向和平的）、理性（提示自然律）才能建立和平。人的自然权利来自于理性对自然法的认识，自然权利本质上是自由的，只有理性的人才配享有自由，才能公平合理追求自身利益，才能形成世界和平。他在《利维坦》一书中写道："不能运用理智的儿童、白痴和癫狂者可以由监护人或管理人加以代表，但除开他们恢复理智并由监护人或管理人判断为理智人的时期以外，不能成为监护人或管理人所做出的任何行为的授权人。"② 由此可见，儿童在霍布斯看来等同于不具备理性的动物，儿童在获得理性成熟之前是没有自然权利的，只能从属于父母和君主。

　　洛克的自然法权利思想也从对自然状态的假设开始，他在《政府论》一书中声称："人类原本生活在一种完美的自由状态，人们根据自然法的规定，用自己的方式为人处事，不需要听从任何人的指教。"③ 在这种自然状态下，支配人行为的是理性，因此他指出"自然状态有一种为人人所应遵守的自然法对它起着支配作用；而理性，也就是自然法，教导着有意遵从理性的全人类：人们既然都是平等独立的，任何人就不得侵害他人的生命、健康、自由

---

① ［英］霍布斯. 利维坦［M］. 黎思复，黎廷弼，译. 北京：商务印书馆，1985：92.
② ［英］霍布斯. 利维坦［M］. 黎思复，黎廷弼，译. 北京：商务印书馆，1985：125.
③ ［英］洛克. 政府论·下篇［M］. 牛新春，罗养正，译. 天津：天津人民出版社，1998：240.

或财产"①。人与动物最根本的区别在于人有理性，思考并处理自身和自身与世界关系的能力。在他那里，自然法不是来自自然固有确定的规则，而是来自理性。自然状态是一个理性支配的世界（社会），人在理性的支配下规范自己的行为，人通过理性维护自己的权利，理性是自然法的唯一来源，生命、自由、财产等权利是自然法的主要内容，是理性维护的天赋人权。人所拥有的理性，导致人在自然状态下，是平等无疑的。对此他认为，在自然状态下"人们享有的一切权利和执行权都是相互的，每个人的权利都是相等的。……相同种族和相同地位的人生来就享有相同的自然条件，拥有相同的能力，理应相互平等。人和人之间不存在从属和被从属关系，除非大家共同的意志以某种形式表达出来，愿意把一个人置于其他人之上，明确地把无可置疑的统治权和主权交给这一个人"②。因此，在源于理性的自然法面前，人人生而平等，享有和他人一样的权利，但与此同时，不得损害别人的权利，人人都是执法者，都有权对违反自然法的个体惩罚。但在其论述中，把年龄和理性能力联系在一起，他指出，"我们是生而自由的，也是生而具有理性的；但这并不是说我们实际上就能运用此两者；年龄带来自由，同时也带来理性。由此我们可以看出，自然的自由和服从父母是一致的，两者都是基于同一原则的。一个儿童是依靠他父亲的权利、依靠他父亲的理智而自由的"③，我不得不承认，儿童一出生就不是处在完全平等的状态里，尽管他们生来就应该是平等的。在儿童出生和出生后的一段时间里，他们的父母对他们就有一种统治权和管辖权，但这只是临时的④。显然，在洛克看来，儿童在其出生到理性成熟之前，尽管享有作为人的自然权利，但权利的自主实施必须等其理性能力成熟之后，在此之前，其权利由其父母代为行使，儿童有服从父母的义务。

① ［英］洛克．政府论·下篇［M］．牛新春，罗养正，译．天津：天津人民出版社，1998：240.

② ［英］洛克．政府论·下篇［M］．牛新春，罗养正，译．天津：天津人民出版社，1998：240.

③ ［英］洛克．政府论：下［M］．叶启芳，等译．北京：商务印书馆，2009：38.

④ ［英］洛克．政府论·下篇［M］．牛新春，罗养正，译．天津：天津人民出版社，1998：255.

深受洛克和霍布斯影响的卢梭也是一位自然法权利代表者，但他和洛克、霍布斯的自然法权利思想又有所不同。卢梭对人的权利论证也基于对自然状态的假设，不过其假设与洛克、霍布斯的有所不同。洛克认为，在自然状态下，"漂泊于森林中的野蛮人，没有农工业、没有语言、没有住所、没有战争，彼此间也没有任何联系，他对于同类既无所需求，也无加害意图，甚至也许从来不能辨认他同类中的任何人。这样的野蛮人不会有多少情欲，只过着无求于人的孤独生活。所以他仅有适合于这种状态的感情和知识。……他的智慧并不比他的幻想有更多的发展"①。在自然状态下，卢梭认为，人是自由的，独立的。人和动物的区别在于"动物之行为完全受自然的支配，而人是一个自由的主体，他可以把受自然支配的行为与自己主动的行为结合起来。动物只能根据他的本能来决定对事物的取舍，而人却可以自由地选择什么或放弃什么"②。而且，在自然状态下，人也是平等的，"每个人都会理解，奴役的关系，只是由人们的相互依赖和使人们结合起来的种种相互需要形成的。因此，如不先使一个人陷于不能脱离另一个人而生活的状态，便不可能奴役这个人"③，"在那种状态中，每个人都不受任何约束，最强者的权力也不发生作用"④。

卢梭认为，应该从人的原初状态来认识自然法，"先寻求一些为了公共利益，最适于人们彼此协议共同遵守的规则，然后把这些规则综合起来，便称之为自然法"⑤，"关于这个法则，我们所能了解得最清楚的就是：它不仅需要受它约束的人能够自觉地服从它，才能成为法则，而且还必须是由自然

---

① ［法］卢梭. 论人类不平等的起源和基础 ［M］. 李常山，译. 北京：商务印书馆，1962：106.

② ［法］卢梭. 论人与人之间不平等的起因和基础 ［M］. 李平沤，译. 北京：商务印书馆，2007：57.

③ ［法］卢梭. 论人类不平等的起源和基础 ［M］. 李常山，译. 北京：商务印书馆，1962：108.

④ ［法］卢梭. 论人类不平等的起源和基础 ［M］. 李常山，译. 北京：商务印书馆，1962：109.

⑤ ［法］卢梭. 论人类不平等的起源和基础 ［M］. 李常山，译. 北京：商务印书馆，1962：66.

的声音中直接表达出来的，才能成为自然的法则"①。在卢梭看来，自然法是"真"和"善"的完美结合，在这种自然法支配下，人是自由的，人与人之间是平等，年龄、健康等因素造成的差异不具备道德意义。"成年人之所以是一个很强的人，儿童之所以是一个很弱的人，不是因为前者比后者有更多的绝对的体力，而是就自然的状态来说，成人能够自己满足自己的需要，而小孩则不能"②，儿童和成人在这一点上是平等的，可以说发现儿童、提倡顺应儿童天性是卢梭划时代的贡献。但他同样认为，儿童在其理性能力成熟之前，也不能享有参与社会的权利，只是对父母而言，应该尊重儿童的天性，不能用成人世界的需要要求儿童。在其《爱弥儿》一书中，卢梭指出，"如果你能够采取自己不教也不让别人教的方针，如果你能够把你的学生健壮地带到十二岁，这时候，即使他还分不清哪只是左手哪只是右手，但你一去教他，他的智慧的眼睛就会向着理性挣开的"，在这里，卢梭认为，人的理性成熟是以 12 岁作为分界点，在 12 岁之前，儿童由于理性能力不足，无法参与社会契约的制定，自由行使其权利。

分析实证主义权利思想提出者边沁（前已赘述其自然法权利思想）提出了"最大多数人的最大幸福"作为判断社会立法和个人行为的根本标准。边沁认为个体是判断幸福与否的绝对主体，但儿童由于理性能力不足，他们不具备这样的权利能力，在其《论道德与立法的原则》一书中，对此做了说明："如果有时候一个人处于另一个人的体力保护之下对自己有好处，那一定是由于前者在智力或（用同一意义的不同表达）知识或理性方面存在某种明显的而且十分重大的缺陷。人们知道，这种明显缺陷在以下两种情况下会发生。它们是：（1）一个人的智力尚未达到能够指导自己追求幸福之意愿的程度：这是幼年期的情况。（2）由于某种特殊的已知或未知的状况，其智力或者是从未达到那个程度，或者是达到后又退化了，精神错乱就是这种情况。"③ 这里边沁明确认定儿童并没有足够的理性能力，未有判断幸福与否

---

① ［法］卢梭. 论人类不平等的起源和基础［M］. 李常山，译. 北京：商务印书馆，1962：66 – 67.

② ［法］卢梭. 爱弥儿：上［M］. 李平沤，译. 北京：商务印书馆，2009：90.

③ ［英］杰里米·边沁. 论道德与立法的原则［M］. 程文显，等译. 西安：陕西人民出版社，2009：199.

的权利和能力。

康德法哲学思想体系中，权利观是其重要的核心思想。在康德看来，权利来自于人先天的自由，权利的本体是自由，有限理性的存在是人的本质，这是康德权利哲学思想的基础。为了证明这一点，康德从人的理论理性、实践理性和判断力三个方面予以证明。首先，在实践理性方面，康德认为，"理性是一种原则的能力"①，从因果性概念出发，得出自有规律支配着本体和现象之间的关系，自由作为本体，是现象的根据；其次，在实践理性方面来看，康德所谓的实践理性指理性规定意志的能力——道德能力，从自由律出发，自由的客观实在性可以从自由律的客观实在性得以确证；再次，在判断力证成自由方面，康德认为"一般判断力就是把特殊思考作为包含在普遍之下的能力"②，康德以自然目的概念为基础，推断出自由是自然目的的终极目的。

在对权利的本体是自由这一基础命题论证的基础上，康德把权利分成"公共权利"和"私人权利"。私人权利又划分为"对物的权利""对人的权利"和"有物权性质地对人权"③，与后天权利不同，自由是人与生俱来的权利，康德解释道："自由是独立于别人的强制意志，而且根据普遍的法则，它能够和所有人的自由并存，它是每个人由于他的人性而具有的独一无二的、原生的、与生俱来的权利。"④ 儿童正是凭借其与生俱来的自由而获得独立和尊严。

儿童所具有的权利来自父母对子女的保护和抚养义务，"儿童作为人，就同时具有原生的天赋权利——有别于单纯的继承权利——而获得父母的细心抚养，直到他们有能力照顾自己为止"⑤，在康德看来，这是儿童绝对的自由权利，和人的身份、地位等无关，儿童也不应成为父母的附属物。康德

---

① ［德］康德. 判断力批判［M］. 邓晓芒，译. 北京：人民出版社，2005：254.

② ［德］康德. 判断力批判［M］. 邓晓芒，译. 北京：人民出版社，2005：13.

③ 王本余. 儿童权利的观念：洛克、卢梭与康德［J］. 南京社会科学，2010（8）：130－136.

④ ［德］康德. 法的形而上学原理——权利的科学［M］. 沈叔平，译. 北京：商务印书馆，2005：50.

⑤ ［德］康德. 法的形而上学原理——权利的科学［M］. 沈叔平，译. 北京：商务印书馆，2005：98.

指出，"从儿童具有人格这一事实，便可提出：无论如何不能把子女看作是父母的财产"①。因为父母对儿童保护和抚养的义务是儿童权利的来源，且儿童缺乏恰当的理性能力，所以，父母有发展儿童心智和道德的义务，这一义务直至儿童理性能力成熟时才得以解除。虽然父母有保护、抚养、发展儿童道德和理性能力的义务，但也有免受父母专横干涉的权利，国家也负有保护儿童的义务。

教育（带有强制性色彩）的目的是实现儿童的自由，康德认为，儿童的学习可以分成"被动服从"和"学会在法则之下运用思考能力和他的自由"两个阶段，教育对儿童的强制性在前者体现为"机械性强制"，在后者体现为"道德性强制"。当儿童能正当使用自由权利且与他人自由权利并存时，就允许儿童自由，否则，就应对儿童施以强制，目的在于使儿童与他人自由权利并存。通过以上对康德权利思想的分析可以看出，康德承认儿童有天赋自由的道德地位，不过儿童拥有的自由权利和成人存在差别，所以儿童早期阶段，由于儿童理性能力不足，某些强制还是必要的。

罗尔斯在《正义论》一书中指出，正义是社会制度的首要价值，平等、自由在正义的社会中是不可动摇的，社会的整体利益也不能以牺牲个人利益为代价。罗尔斯基于"无知之幕"的假设初始状态，提出了正义的两大原则。但在儿童权利方面，罗尔斯不认为儿童与成年人具有同等的自由，因为在其假设的原初状态中对个人预设的条件阐明：个体是拥有人格能力的道德主体，个体必须具有获得正义感和善的能力，而儿童"力量是尚未发展的，不能合理地推进他们的利益"②，"实际上，儿童完全没有证明某件事情是正当的这种概念，这种概念是后来获得的"，"社会的年轻成员们在他们的成长过程中逐渐获得正义感"③，如果成人不采取措施，儿童就会由于儿童理性能力不足而受到伤害。

---

① ［德］康德．法的形而上学原理——权利的科学［M］．沈叔平，译．北京：商务印书馆，2005：101.

② ［美］约翰·罗尔斯．正义论［M］．何怀宏，等译．北京：中国社会科学出版社，1988：247.

③ ［美］约翰·罗尔斯．正义论［M］．何怀宏，等译．北京：中国社会科学出版社，1988：465.

　　"理性"把人从神的禁锢下解放出来发挥了至关重要的作用，推动了社会进步。但是以理性能力作为衡量多样化特点的人，是否具备权利或者具备何种程度的权利就会带来一系列的问题。尤其是按此思路的社会制度设计，使不同群体认同自己的身份、权利地位，如对妇女、儿童、出身，甚至肤色、种族等在理性能力上独断论性质，做出理论能力不足或者没有理性能力的判断，由此出现的斗争波澜壮阔，正如前面所述，人权的历史是一部斗争的历史，如女权主义为权利所做的斗争。

　　理性能力是拥有权利的必要条件，在这样的前提下，儿童权利的命运变得命运多舛。从对以上权利论者的观点分析可以看出，不同的权利理论构建者普遍认为，儿童身心脆弱和易受伤害、缺乏理性能力以致不能理性决策、无法判断儿童自身最佳利益。因此，出于为了儿童利益而干预儿童的自由的目的，作为儿童代理人的成人行为在道德上是合理，似乎成人总是理性能力成熟，知晓儿童最佳利益，总会为儿童最佳利益考虑，让成人对儿童的干预和保护具有道德合理性，那么，儿童不能和成年人享有平等权利也在情理之中。这种所谓的合理干预主要体现在选择权的剥夺上，因为儿童理性不成熟，而被认为是没有选择能力，因此，儿童的权利需要其父母或者监护人代为行使，儿童拥有的仅仅是因为父母有保护、抚养子女的义务而产生的受保护权。

二、儿童具备理性能力与儿童权利

　　借助心理学、教育学及其他相关学科对儿童的研究，一些主张儿童具有理性能力且拥有和成人一样权利的学者。证明儿童具备理性能力的努力主要集中于儿童认知发展上。在关于儿童认知发展的理论贡献中，皮亚杰（Jean Piaget）的认知发展理论影响深远，他所谓的认知有思维和智力之义，认知发展实质是个体对环境的不断适应，儿童的认知能力正是在这个过程中得以发展。皮亚杰根据其研究发现，可以把个体认知发展分成四个阶段，在儿童到第四个阶段，其理性和道德能力发展完全，具备了成熟的理性能力。有学者从知识价值论角度出发说明儿童经验区别于成人理论，如：奥德森（Alderson）和古德温（Goodwin）认为，通常人们对专业的理论知识赋予更高的价值，但是个体的经验知识反而被贬低。这种做法的后果是，由于忽视了儿童由个体经验所产生的知识和智慧所具有的价值，儿童因而被认为是无知的、无能力的①。萨缪尔·斯托利亚（Samuel Stoljar）基于儿童的发展，认为儿童即为未来社会的成年人。社会必须在一段时期内更换其公民来维持其生存，因而依赖儿童作为持续的新成员的来源。儿童缺乏能力通常与拥有权利联系在一起，因此社会赋予他们权利以保护他们作为社会潜在（有能力）成员并确保社会持续存在。正是儿童的潜能而非他们的局限性，使他们成为权利持有者②。

与质疑儿童理性能力并认为儿童不能享有和成人相同权利的论调相比，认为儿童具备理性能力的学者更倾向于认为，儿童并非如成人想象的那样无知和非理性。儿童具备无限的发展潜能，并且知晓自己的最佳利益，儿童的参与和决策的自主性有助于促进儿童的利益，成人基于自身对儿童有限的理解，并非总能考虑儿童最佳利益，以爱之名干预儿童的自由和权利，甚至伤害儿童的事例在现实中也不在少数，如以自身未实现的理想而产生遗憾，并把未实现的理想加诸子女，或者在教育子女上毫无理性地从众，而不顾子女自身的价值需要，这种干预是对儿童内在价值的无视，在道德上不具备正当性，只有儿童具备同成人相等同的权利，儿童的最佳利益才能实现。

有些学者从能力的相对论角度出发来理解儿童的理性能力，彼彻姆（Beauchamp）与齐尔德雷斯（Childress）区分了七种能力不足的水平。一是缺乏一种表现或选择提供证据的能力，二是缺乏理解一种情景或者相关类似情景的能力，三是缺乏理解公开信息的能力，四是缺乏给出理由的能力，五是缺乏给出一个合理理由的能力，六是缺乏权衡风险和利益时给出理由的能力，七是缺乏获得合理决定的能力，例如通过一个理性人的标准进行判断③。不管是成年人还是儿童，都可能在缺乏这七种能力的某一水平上，成人的理性能力不一定比儿童高。

理性能力的重要方面之一是智能（intelligence）。加德纳（Gardner 1983）

----

① Alderson P, Goodwin M. Contradictions within concepts of children's competence ［J］. The International Journal of Children s Rights, 1993, 1（3）: 303 - 313.

② Samuel Stoljar. An Analysis of Rights ［M］. New York: St. Martin's Press. 1984: 120.

③ T. Beauchamp and J. Childress. Principles of Biomedical Ethics ［M］. Oxford: Oxford U-niversity Press. 2001: 66.

将人的智能表述为 7 种: 语言智能、数理逻辑智能、视觉 – 空间智能、音乐智能、身体动觉智能、人际关系智能、自我认识智能。1999 年,他又在这个名单上加上了三个"候选": "自然智能 (natural intelligence)、精神智能 (spiritual intelligence) 与存在智能 (existential intelligence)。"① 个体智能的多样性是多元智能理论的重要观点之一,儿童和成人相比较,在这些多元智能的各个方面也呈现出不同的差异,即儿童在多元智能的某一、某些方面比成人要好,在这一点上,成人认为自身比儿童更具备理性能力是站不住脚的。成人对儿童理性能力不成熟的论断往往只是多元智能的某一、某几个方面,儿童对事物的理解往往不为成人所了解,往往在于儿童的语言表达能力不足和理解成人表述能力的不足造成的,换言之,成人如果能帮助儿童表达并且理解儿童的表达方式,可能就不会得出儿童理性能力绝对低于成人的结论了。

三、儿童不断发展的能力与儿童参与权

《儿童权利公约》首次在国际人权条约中引入了儿童的"不断发展的能力"的概念。《公约》第 5 条规定,父母或其他负责儿童的人提供的指导,必须考虑到儿童为自己行使权利的能力。这一原则对儿童的人权有着深远的影响。它被描述为国际法中一个新的解释原则,承认随着儿童获得增强的能力,相应地对指导的需求减少,对影响他们生活的决定承担责任的能力也增强。《公约》承认,在不同环境和文化中,面临不同生活经验的儿童将在不同年龄获得能力,而他们对能力的获得将因情况而异。它还考虑到,根据行使权利的性质,儿童的能力可能有所不同。因此,儿童需要不同程度的保护、参与和机会,以便在不同背景和不同决策领域实现自主。

发展能力的概念对于《公约》所体现的平衡至关重要,即承认儿童是自己生活中的活跃分子,有权在行使权利时得到倾听、尊重和给予日益增强的自主权,同时,还有权得到与他们的相对不成熟和幼稚相一致的保护。它为确保适当尊重儿童机构提供了框架,而不过早地让他们承担通常与成年有关的全部责任。

---

① Gardner, H. Intelligence Reframed. [M]. New York: Basic Books, 1999: 47.

第 12 条主张，缔约国"应向能够形成自己意见的儿童保证，有权在影响儿童的所有事项上自由表达这些意见，儿童的意见应根据儿童的年龄和成熟程度给予应有的重视"。在过去十年中，人们相当重视理解和寻求实施这一原则。事实上，儿童权利委员会已将第 12 条确定为《公约》的核心基本原则之一，要求从根本上改变将儿童视为成人保护性护理的被动接受者的传统做法。相反，它要求承认儿童是积极的行动者，有权参与影响他们生活的决定。

所有能够表达观点的儿童都有权这样做并得以考虑。第 12 条不限制使用正式语言的表达。观点可以用许多方式表达，例如，通过情感、绘画、美术、歌唱、戏剧。很小的儿童，甚至婴儿，以及学习困难很大的儿童，都能表达自己的观点。在决定应该给儿童的观点增加什么样的权重时，需要更高的能力门槛。在此，第 12 条明确指出，儿童的年龄和能力越大，就越应认真考虑他们的意见。

第 5 条进一步强调父母或其他照顾者在根据儿童不断发展的能力，为儿童行使其权利提供引导和指导方面的作用。换言之，这意味着将负责任的成年人的决策责任移交给儿童，因为儿童获得了能力，当然也愿意这样做。第 5 条没有提及年龄是决定能力水平的一个因素，从而认识到展示必要的技能、知识和理解对行使权利至关重要。这种将行使权利转让给儿童的过程包括承认他们自然而然的自主权。自主的概念是民主传统的基础的和得到高度重视的，并且被包含在那些由国家保护个人自由的公民和政治权利中。法律主张个人的人格和身体完整，尊重人们做出自己的选择、表达自己的观点、对自己的生活负责。然而，对自治权的承认依赖于对个人做出充分知情、明智选择和决定的能力的推定。这样的推论一般不会延伸到儿童身上。相反，父母被赋予代表儿童做出决定的权利，或者直到他们认为将责任移交给儿童合适的时候，或者直到法律规定的规定年龄限制。《公约》第 5 条没有推翻对儿童无能的推定，但确实赋予缔约国确保尊重儿童能力的责任。因此，它为自治原则更充分地扩展到儿童提供了更大的潜力，同时继续提供必要的保护框架以避免剥削、伤害或虐待。

四、理性能力与权利关系的再思考

理性能力是权利的充分条件？还是理性能力只是权利的必要条件？如果理性能力是权利的充分条件，随着对儿童发展研究的不断深入，儿童的理性能力越来越得到认可，这在上述彼彻姆与齐尔德雷斯及加德纳对理性能力的研究中可以得到充分说明，从这方面而言，儿童是享有和成人一样的权利的，儿童的权利应该得到充分尊重。

有些学者也主张，理性能力只是权利的必要条件，并非具备理性能力就可以得到具有权利的结论。这一回答主要基于对权利的不同理解，特别是权利资格论者，他们认为，享有某种权利，意味着具有某种要求外界的资格，要具备这种资格，必须具备一定的理性能力，但具备一定的理性能力并不确定一定具有这种资格。

有些学者走得更远，否认理性能力和权利之间具有某种必然的联系，因为"成熟"——什么年龄能承担责任——这一观念往往和特定社会文化相联系，在不同文化中，成人基于可观察的社会能力，成人对"成熟"的界定标准也不一样，如城市、农村或者发达国家和发展中国家对成熟的界定差异。很难精确界定个体需要具备什么样的能力能够谓之成熟，也很难找到成人能全部通过、儿童都不能通过的"成熟"测试，因此，"成熟"这一观念是成人建构的，它并不能适用于所有的儿童。已有研究表明，儿童是关于他们自身的专家，康诺利（Connolly 1990）认为"儿童理解他们所关心的，而且知道如何看待他们的未来"[1]，艾哈迈德（Ahmed et al, 1997）在其研究中写道："我开始认识到，儿童对于他们自身以及身处的环境是有足够理解的"[2]。

凯瑟琳·费德勒（Katherine Federle）认为："拥有一项权利意味着有权获得尊重、可以提出诉求并使他人听到。但是如果拥有权利取决于一些特

---

[1] Connolly, M. Surviving the streets' in AIDS Action ［M］. London, Ahrtag, 1990 (11)：11.

[2] Ahmed, S., Brown, J., Guga, E., Kitunga, D., Mgulambwa, A., Mtambalike, P., Mtunguja, L., and Mwandayi, E. children in special protection measures：A Tanzanian stusy ［J］. Dar es Salaam, UNICEF Tanzanian Country Office 1997：12.

征，如能力，那么拥有权利就变成了排斥性的、排他性的。因此，只有那些特定群体（有能力的）的诉求才将被认可，反之，这种权利话语的限制效果非常明显：那些不具备权利必要特征的群体所提出的权利不需要被认可，而强化现有等级的诉求才能被认可。在历史上，在专制国家中发展出的受排斥的群体提倡需要保护弱者与被忽视者，承认他们的能力与自治性，这也是女性与有色人种的经历。然而，儿童不能重新将自己界定为有能力的个体，因此，有权力的精英决定他们承认哪些由儿童提出的诉求。"① 基于此，与以往以能力为中心的权利不同，费德勒把权利看成是对权利拥有着的限制，以此创造一种相互尊重权利的空间，她的"Rights Flow Downhill"充分肯定了那些理性能力不足而被认为没有权利群体的权利。

人是理性的存在，这一命题得到了先哲们的论证，然而，理性能力并非与生俱来就拥有的，而是在后天的社会生活中逐步形成的，有合适的环境和训练机会是理性能力得以形成的重要条件。由于先天禀赋、环境和训练机会的差异，理性能力在正常的个体身上也各有不同，身处人生不同阶段的个体，也会体现出阶段性差异。

五、理性能力权利论之于儿童参与权

通过上述对理性能力权利论的梳理可以看出，主张理性能力是权利的充分条件观点的人会认为儿童的参与权是有限的，儿童的理性能力不足是事实，儿童并不能总是对所有涉及自身的事情做出理性的判断，因此，儿童并不全然知晓他们的最佳利益，儿童的意见有时可以忽略不计。大多数的决策都应由成人做出，这一点在当前部分成人对儿童参与权的看法中可以得以体现。我们应该看到，随着相关学科对儿童研究的推进，我们对儿童所具备理性能力的认识也在不断加深，《儿童权利公约》中体现出来的观点——儿童是他们自身的专家，即为我们对儿童理性能力认可的明证。

而主张理性能力是权利必要条件观点的人会认为，儿童虽然是事实上的理性能力不足者，但是，权利本身并不和理性能力直接相联系，因为对什么

---

① Katherine Hunt Federle. Rights flow Downhill［J］. International Journal of Children s Rights，1994（2）：63.

是理性能力成熟、什么年龄的人才算理性能力成熟等问题，答案本身和特定的社会情境相联系，即"理性能力成熟"概念是情境性的。儿童理性能力的不足，并不能否认儿童有参与权，如果权利和理性能力之间有必然联系，那么，儿童在其中的参与权遭到横加干涉就是合理正当的，为了避免这种情况的发生，肯定儿童的参与权是必然的选择，正如自然权利论者所持观点，儿童作为人，其权利是自然存在的。在活动中，儿童能充分理解自身所处情境，也能充分知晓自身最佳利益，也有权利参与与其自身相关事务的决策和管理。

本研究认为，儿童虽然理性能力不足是既存事实，但不代表儿童没有理性能力，因此，儿童具有参与权，有权就涉及自身的利益做出判断和决策。成人也应时刻警惕着我们对"理性能力成熟"界定的合理性，时刻反思我们是否全然从成人角度来理解"理性能力成熟"。从儿童的视角去理解事务或许会让我们更加合理看待儿童参与权。

第四章

儿童参与权的基本意蕴

本研究在第二章已经讨论了儿童参与权何以存在的问题，并尝试从儿童需要出发论证儿童参与权的正当性。在本章中，本研究意欲从探讨儿童参与权的价值基础开始，进而探讨儿童参与权的性质、内容、限度等问题，目的在于确立本研究在儿童参与权问题上的价值立场，厘清儿童参与权的内涵，为本研究第四章分析儿童参与权实现状况打下基础。

第一节 儿童参与权的价值基础与价值

一、儿童参与权的价值基础

根据对儿童参与权正当性的分析可知，儿童参与权来自于儿童指向"善"的需要。前文已论及，在需要的满足过程中，形成一系列的社会规则，权利从这一意义而言，就是规则的外在化表现，这一点正如分析实证主义权利思想所言。阿德勒在《六大观念：真善美、自由、平等、正义》一书指出："……自由、平等和正义这一组观念。它是以一个整体的形式阐释别的一些观念。这三个观念是我们生活中时时碰到并作为行为准则的观念，它们代表了绝大多数人为自己及子孙后代而努力加以实现的理想。"① 在这里，社会规则实指阿德勒所谓的"行为准则"。根据儿童参与权的特性与价值，

---

① ［美］阿德勒. 六大观念：真善美、自由、平等、正义［M］. 陈珠泉，扬建国，译. 北京：团结出版社，1989：20.

本研究认为正义、平等和自由是儿童参与权的价值基础。

（一）正义之于儿童参与权

正义是权利的逻辑基础，它表示"正当""应该"等①。在阿德勒看来，正义与自由、平等一起构成人行为准则的观念②，在这三者之中，正义居于支配地位③。儿童参与权作为儿童的一项权利，我们要对其进行理解，也首先应对其逻辑基础——正义——进行理解。

在中国传统文化中，正义主要体现在个人道德、修养及社会制度方面，但更多体现在个人道德、修养方面。在西方文化中，"Justice"最初指正义女神"Dike"用以衡量事物合适、适当、公平与否的标尺。总体而言，中西方的"正义"都包含着"正当、正直"之意。

纵观"正义"的历史变化，可以发现，从形而上学层面追求普遍的、国家和社会对个体的正义是西方正义观重要线索。在古希腊，人们以自然法中的"秩序"为核心理念给正义设定唯一、普遍的标准，即凡是符合自然"秩序"的就是正义的，如苏格拉底和柏拉图认为正义就是符合秩序，即，个体得其应得。在欧洲中世纪，普遍、唯一的正义是体现在《圣经》中上帝的旨意，平等与自由在正义概念中无容身之地，凡是符合上帝旨意的就是正义的，否则为非正义，神学代表奥古斯丁和阿奎那都是这一思想的代表。在文艺复兴和启蒙运动时期，人脱离上帝的桎梏，理性成为人们的信仰，也成为评判正义与否的标准，个人权利成为正义的核心，如卢梭等一批自然法权利思想家对"人"权的理解。在近代，康德提出了"义务论"正义观，他认为理性是人的本性。正义就是出于理性的、服从意志的、为尽义务而尽义务的按绝对命令行事，不讲功利，不讲效果，以人为目的，自己为自己立法④。边沁与密尔为代表的功利主义则认为，个人行为能否增益公共、社会、人类

---

① 夏勇. 人权概念起源：权利的历史哲学 ［M］. 北京：中国政法大学出版社，2001：27.

② ［美］阿德勒. 六大观念：真善美、自由、平等、正义 ［M］. 陈珠泉，扬建国，译. 北京：团结出版社，1989：20.

③ ［美］阿德勒. 六大观念：真善美、自由、平等、正义 ［M］. 陈珠泉，扬建国，译. 北京：团结出版社，1989：20.

④ 何善平. 3－6岁儿童受教育权保护研究 ［D］. 西安：陕西师范大学，2013：45.

利益是正义与否的评判标准。当代的罗尔斯以公平的正义为核心概念，基于人的"原初状态"和"无知之幕"，从国家和社会的立场，提出正义两原则。桑德尔（Michael J. Sandel）等社群主义论者认为，不能从理想，甚至空想的人性假设出发来认识正义，而应从真切之现实出发来认识正义，公共善作为社群的共识，指导着个体行为的选择，因此公共善应优先于个体权利，而正义是社群成员基于本社群的文化和历史传统、本人对社群的认同和情感基础建构出来的共识。①

但是，在历史长河中，普遍的、国家和社会对个体的正义并非具有唯一性，也不符合历史事实，其原因在于每个国家和地区政治、经济、文化、传统的差异性与多样性，在这一背景下，人的实践的多样性所形成的"前结构"的影响，用普遍的、国家和社会对个体的正义去统摄多样化的实践显然是值得怀疑的。尤其是在价值多元、注重个体权利的今天，个体对国家和社会的正义更值得人们去思考。基于此，诺齐克（Robert Noick）提出基于个人权利的正义观，即，个人或国家行为正义与否的标准在于个人或国家是否侵犯个人权利。与以往基于"分配"的正义研究不同，关系正义论代表扬（Young, I. M）认为，以往的分配正义理论存在两个问题，其一，它"忽视了决定物质分配的制度背景"，其二，它"无法处理非物质物品和资源的问题"②，从关系的视角来看，正义是"有关社会关系的本质和排序的问题，包括在宏观和微观上的主导社会成员互相对待的正式的和非正式的规则"③，从分配关系正义入手，是解决社会正义问题的前提。

沃尔泽（Michael Walzer）在对一元主义分配正义批判的基础上，以整体主义本体论、"知识的情景化"为认识论，提出多元主义分配正义论的三大原则，即自由交换原则、应得原则、满足需要原则，社会不同物品应遵循不同的分配原则。沃尔泽把用于分配的"善"，分成一般善和特殊善，对于一

---

① 冯建军编. 中国教育哲学研究——回顾与展望［M］. 北京：北京师范大学出版社，2015：401.

② Young, I. M. Justice and the politics of difference［M］. New Jersey：Princeton University Press, 1990：18.

③ Gewirtz S. Rethinking Social Justice：A Conceptual Analysis［M］// Sociology of Education Today. Palgrave Macmillan UK, 2001：49 – 64.

般善不宜用"满足需要"分配原则进行分配，而对于特殊善——尽管这种善也稀缺——应该用"满足需要"分配原则进行分配。沃尔泽所谓的特殊善指那些根本上会影响人之为人的意义，以及人的最基本的生活、生存的善，沃尔泽宣称，"从来没有一个政治共同体不提供，或不试图提供，或不主张提供其成员已达成共识的需要，也从来没有一个政治共同体不将其集体力量……投入这项事业"①。沃尔泽所谓的特殊善包括安全保障、处于社会底层无法保障生存者需要的国家福利、教育，其中，教育作为一种特殊善，尤其是基础教育（区别于专业教育②），是儿童成为未来公民的必备条件。沃尔泽说，"在基础教育情况下，把儿童聚集起来的理由是需要。这里至关重要的是每个儿童都需要在这个民主共同体中长大，并成为胜任的公民"③。其实，沃尔泽所谓基础教育是特殊善，也就是基础教育是儿童的需要，是儿童成为未来公民的必备之物，这一需要的满足对于儿童而言是正义，反之为非正义。

儿童参与权乃是基于儿童的需要，亦即沃尔泽所谓的特殊善的一种，其需要得到满足是正义的（在本研究第二章已经论述，不再赘述），这一点是确凿无疑的，因为需要是人的一种自然的存在，自然的存在是正义成立的逻辑前提和基础④。刘焱（2015）把儿童的需要分成三个层次九种需要，如图1所示。儿童的三个层次九种需要要得以满足，无不以儿童有活动参与权为前提，因为儿童的这些正是在参与中得以满足，也是儿童对相关利益、主张、资格、权能、自由诉求的实现，其需要得以满足也是正义之所在，那么，儿童拥有参与权也是正义之所在，这一点也是确凿无疑的。正是在此意义上，正义成为儿童参与权的基础。

---

① ［美］沃尔泽．正义诸领域——为多元主义和平等一辩［M］．褚松燕，译．南京：译林出版社，2009：74.

② 沃尔泽认为"专业教育必然由有才能的人，至少是那些在任何特定时候都最有能力发挥他们才能的人垄断"。详见［美］沃尔泽．正义诸领域——为多元主义和平等一辩［M］．褚松燕，译．南京：译林出版社，2009：248.

③ ［美］沃尔泽．正义诸领域——为多元主义和平等一辩［M］．褚松燕，译．南京：译林出版社，2009：255.

④ 何善平．3—6岁儿童受教育权保护研究［D］．西安：陕西师范大学，2013：47.

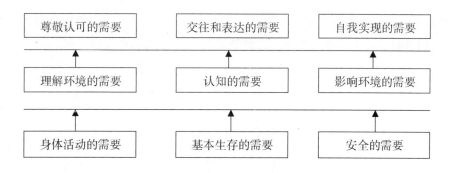

图 1 儿童的基本需要①

（二）自由之于儿童参与权

自由（Freedom 和 Liberty）是哲学、伦理学、法学等学科的核心概念之一，也是人类历史上不断发展充实的概念，正因为多学科、多领域的不同视角，想给自由下一个普适性的概念是相当困难的。本研究无意于梳理自由观念的历史，在此借助于西方思想家对自由观念的分类，来把握自由的核心价值观念。

最早对自由观念进行历史划分的是贡斯当（Benjamin Constant），他在1819 年《古代人的自由与现代人的自由之比较》演讲中说明了古代与现代人自由的不同，即古代人的自由主体体现在对公共事务的参与上，在私人关系中并不存在所谓的自由，而现代人的自由主要体现在个人自由上，对公共事务参与的自由非常有限②；米勒（David Miller）沿袭了英国政治哲学传统，他把西方思想史上的自由观念分成三类：第一种是共和主义的（republican）传统，类似于贡斯当所指的古代人的自由。第二种是自由派的传统。在这里，自由是个人行为的某种状态，即不受其他人制约或干预的状态，政府具有保障和威胁个人自由的功用。第三种是唯心主义的（idealist）自由传统，其注重点从个人生存的社会制度转移到决定个人行为的内在力量上。一个人只有在自主的时候才是自由的，即当一个人遵循自己的真正欲望，亦即他自

---

① 刘焱 . 儿童游戏通论［M］. 福州：福建人民出版社，2015：172.
② 详见［法］贡斯当 . 古代人的自由与现代人的自由之比较［C］. 李强，译 . 载自由与社群［M］. 北京：三联书店出版社，1998：321.

己的理性信仰时，他才是自由的①。康德最早明确把自由分为消极自由，即"有意选择的行为不受感官冲动或刺激的决定"；积极自由，即"纯粹理性实现自己的能力"②。伯林（Isaiah Berlin）1958 年在牛津大学发表了题为《两种自由概念》的就职演说，在这篇演说中，伯林沿用康德对自由的划分，深入探讨了积极自由（positive freedom）和消极自由（negative freedom），消极自由指"某一个主体（一个人或一群人），可以或应当被容许，做他所能做的事，或成为他所能成为的角色，而不受到别人的干涉"③，通常用"be free from…"表示，而积极自由则与回答"什么东西或什么人，有权控制或干涉，从而决定某人应该去做这件事、成为这种人，而不应该去做另一件事、成为另一种人"④，通常用"be free to…"表示，这在逻辑上非常清晰地区分了这两种自由的差异与发展。

阿德勒认为，"自由、平等和正义这三个价值都是实在善"⑤，只有正义才是不受任何限制的实在善，而自由和平等是受条件限制的。在正义、自由、平等三者关系上，阿德勒指出："只有在正义的制约下，自由和平等才能协调地达到它们各自的最大限度，只有认识到这一点，我们才能纠正自由意志论和平均主义的错误。"⑥

在阿德勒看来，自由有三种主要形式。第一种是人性之中固有的自由，我们生来就拥有它，如同理性思考或概念性思维和综合说话能力，这种自由是人类特有的，因此，我们可以适当地称之为天生的自由，用以指我们拥有它的方式，它存在于我们的意志自由中，即人区别于动物的选择自由。第二种主要形式是与智慧和美德相联系的自由。只有那些在其个人发展过程中已

---

① 详见李强. 自由主义 [M]. 北京：中国社会科学出版社，1998：173–174.
② 康德. 法的形而上学原理——权利的科学 [M]. 沈叔平，译. 北京：商务印书馆，1991：13.
③ 以赛亚·柏林. 两种自由概念 [C]. 陈晓林，译. 载 公共论丛 [M]. 北京：三联书店出版社：1995（1）：200.
④ 以赛亚·柏林. 两种自由概念 [C]. 陈晓林，译. 载 公共论丛 [M]. 北京：三联书店出版社：1995（1）：200–201.
⑤ ［美］阿德勒. 六大观念：真善美、自由、平等、正义 [M]. 陈珠泉，扬建国，译. 北京：团结出版社，1989：140
⑥ ［美］阿德勒. 六大观念：真善美、自由、平等、正义 [M]. 陈珠泉，扬建国，译. 北京：团结出版社，1989：142.

经获得了一定程度的美德和智慧的人才拥有这种自由。因此，我们可以称之为后天自由，它存在于我们对某种意志的拥有。自由的第三种主要形式完全依赖于有利的外部环境。每一个人对这种自由的拥有情况会因时因地而有所不同，它完全取决于他的外部环境对他是有利还是不利。每一个人会不同程度地拥有或被剥夺这种自由，但在天生自由和后天自由的情况中就不存在这种程度差异。因此，我们可以适当地称这种自由为环境自由①。在环境自由中还有一种（第四种）特殊的自由，即政治自由（它和环境自由的主要形式不同，它不是在正义制约下为所欲为的自由。相反，它是这样一种自由：在立宪政府下，已经成年的、享有公民权的人所拥有的选举权和参政权，在制订法律时他们拥有一定的发言权，他们并不是暴君独断意志下的臣民②）。阿德勒指出，自由的三种主要形式之中，只有第三种——为所欲为的环境自由——需要由正义来加以制约，因为一个人自己希望做的事情有时可能会对别人有所伤害，它可能是一种违背正义法则的行为，它可能违背他所在社会的最大利益。天生自由和后天自由是自然或上帝给予我们的善，道德自由完全在我们控制范围之内，我们能够要求于社会的唯一自由，是在正义限制之下做自己想做的事的自由，即政治自由，这种自由的实现依赖于我们生存的社会，它的机构和体制，它的政府形式和法律。

通过以上对自由观念的历史分类可以发现自由内涵之丰富，但至少包含了以下核心价值观念：自主是自由的灵魂，是自我决定、不受他人干预的状态，人只有在自主状态下，才能算得上自由；自由既包括个人自由，也包括政治自由；自由包括消极自由——不受他人干涉的自由，也包括积极自由——按自己所确立的理性目标生活的自由；自由中的天生自由和后天自由不受正义制约，因为这两种自由和正义一样，都具有善的本质，而环境自由却应受正义的制约，因为，相对于个人而言，环境自由对个人对自由的拥有而言是不确定的，应该通过正义对环境自由进行制约以实现个人自由，这种正义的制约具体可以通过道德、习俗和正义的法律等具体形式来实现。

---

① ［美］阿德勒. 六大观念：真善美、自由、平等、正义［M］. 陈珠泉，扬建国，
译. 北京：团结出版社，1989：144.

② ［美］阿德勒. 六大观念：真善美、自由、平等、正义［M］. 陈珠泉，扬建国，
译. 北京：团结出版社，1989：149.

从"自由观念"到"自由"确切的概念而言，申林认为，西方政治思想史上主要的自由概念有四种，它们分别是：自由是一种免于强制的状态；自由是参与公共事务的权利；自由是一种精神状态，主要表现为对欲望的克制；自由是一种能力，特别是与必然有关的能力——或是对必然的认识，或是对必然的改造，或独立于必然①。石中英（2007）在对自由进行历史考察之后，从规定性的角度分析自由的内涵来把握自由的含义，他认为"自由是指人们在私人和公共生活领域中自主地思考和采取行动的一种权利或状态"。这一定义包含四种内涵："第一，自由不仅涉及私人领域，而且也涉及公共领域；第二，自由不仅是一项社会权利，也是一种思想、活动或情感状态；第三，自由的核心就是自主，既包括免于压迫，也包括按照自己的意愿或计划去做某事，因此自由既是消极的，也是积极的；第四，自由不是少数人的政治特权，而是每一个人广泛的社会权利与基本的存在需要。"② 这一界定对自由的内涵做了很好的描述。

如前所述，儿童参与权作为儿童的一项权利，来自于儿童指向善的需要，儿童的先天自由和后天自由具有上的本质，这也是儿童参与权的重要基础。儿童自由意味着儿童是自主的，是不受他人任意干涉的，这也是儿童在活动中行使参与权的前提和基础，没有儿童自由的参与，参与就异化成强迫，是对自由的剥夺，对儿童参与权的剥夺。儿童的自由也意味着儿童参与权具有积极权利和消极权利的属性，从积极权利而言，意味着儿童根据自身需要，有权参与，成人有责任为儿童参与创设良好的条件；从消极权利而言，意味着儿童有根据自身需要自主选择参与还是不参与的权利，而不是因为外在的任何力量使然。儿童参与权还有先天自由和后天自由的属性，因为儿童是人，人在本质上是社会的，意味着儿童天然地具有参与周围世界的自由和权利，这是其人之为人具有的天生的自由，儿童对其参与周围世界自由和权利的具体体现，因此，儿童参与权具有天生自由的特性；儿童在其发展过程已经获得的美德和智慧，相对于成年而言，儿童身上的美德和智慧即使

---

① 申林．西方政治思想史上的自由概念［J］．湖北工程学院学报，2007（4）：33－37．

② 石中英．教育哲学［M］．北京：北京师范大学出版社，2007：195－196.

不成熟，儿童同样具有这种后天自由；儿童在活动中对环境自由的拥有和实现完全依赖于有利的外部环境，因此，参与儿童教育的其他人，以及物质环境会对儿童的环境自由产生直接影响，如直接参与儿童教育的其他人对儿童的教养态度、物质环境、规则、舆论、人际氛围等，都会对儿童的环境自由的实现、参与权的实现产生积极或消极的影响。当然，作为儿童参与权基础的自由并非无边界，因为自由本身就有边界，其边界就是道德、习俗、法律等规范及客观物质条件所能提供的条件，以自由作为重要基础的儿童参与权同样受到相应边界的限定，这一点将在本章第四节详细阐述。

（三）平等之于儿童参与权

如前所述，正义与自由、平等一起构成人的行为准则，其中，正义在支配着自由和平等，也可以说，正义借助自由、平等等概念及之间的关系来表达。这三者一起构成权利的基础，前已对正义和自由作为儿童参与权的基础做了阐释，那么，平等又如何成为儿童参与权的基础呢？

平等作为伴随人类文明至今，涉及政治学、哲学、社会学、经济学等学科，历史上，各个领域学者基于不同角度对平等进行理解，到目前为止，关于平等的含义，仍是众说纷纭。虽说如此，我们可以从"平等"本身所蕴含的要素和由此引发的讨论来对平等及平等观进行理解。

"平等（equality）"自身隐含"比较"之意，即社会对可得的有形或无形事物"分配"形成"所得（gains）"之比较。在这里，分配的范围、规则或标准、途径具有重要的意义，其中，分配的规则或标准具有道德意义。"自然"和"社会"是形成不平等事实的两大因素。在"这两大因素影响下，采取什么样的标准或规则进行分配才能导致平等？"成了平等研究的核心问题。

西方平等思想大体经历了古希腊时期特权共同体内部的平等、中世纪上帝面前带着"原罪"的平等、自然法权利思想下的平等到近现代的权利平等。从古希腊到近代的平等思想主要表现为人性尊严的道德主张，即"为什么平等"，而非就"如何平等"进行探讨，当然也有在这些主张之下的实践。"平等"对于现代西方政治、社会制度而言，有着非凡的意义，在古代、近代平等思想基础的基础上，西方就"如何平等"展开了丰富多彩的争论，形成了不同的主张。

功利主义主张"最大多数人的最大幸福",为了财富平等分配,提出了两条原则,即:平等待人原则(每个人的幸福都是平等的)和边际效益递减原理(随着所获得财富或其他物品的不断增长,人们的满意度就会不断降低),由此,就如何实现平等这一问题上,功利认为,把富人的财富合理分配给穷人,以实现财富平等。基于消极自由的自由至上主义,在自然权利之内的个人自由是神圣不可侵犯的,政府和他人行为的边界在于不能侵犯个人在自然权利的个人自由,个人有权任意处理合理所得,国家无权实行功利主义主张的强制福利再分配,自由至上主义从另一意义上强调人的平等和尊严。在批判功利主义平等思想基础上,罗尔斯的机会平等以"原初状态"和"无知之幕"的假设出发,推导出"两条正义原则",即:"第一个原则:对于由平等的基本自由所组成的最完整的体系,每一个人都将拥有平等的权利,并且这一体系与所有人享有的类似自由体系相容。第二个正义原则:社会和经济的不平等将是这样安排的,以便使它们(1)在与节省原则相一致的情况下,符合最不利者的最大利益,以及(2)在公平的机会均等条件下,职务和地位向所有人开放。"① 第一条原则是平等自由原则,第二条是机会平等和差别原则,在这条原则中蕴含着以有利于最不利者的平等精神,以及消除个体后天不平等的机会平等精神。德沃金(Ronald M. Dworkin)批判了福利平等的不可能性后,鉴于罗尔斯的平等理论中差别原则未考虑个人责任因素,德沃金提出"资源平等"理论,即"一个分配方案在人们中间分配或转移资源,直到再也无法使他们在总体资源份额上更加平等,这时这个方案就做到了平等待人"②。德沃金把资源进分为人格资源(个人的禀赋、健康、体格、技能等③)和非人格资源(可以转移的原材料、土地、房屋与现行法律制度许可的人利用自己财产的机会等资源④),在分配资源的过程中应该

① John Rawls. A theory of Justice [M]. Cambridge, MA: Belknap Presse of Harvard University Press, 1971: 302.

② [美] 德沃金. 至上的美德:平等的理论与实践 [M]. 冯克利,译. 南京:江苏人民出版社,2008:4.

③ [美] 德沃金. 至上的美德:平等的理论与实践 [M]. 冯克利,译. 南京:江苏人民出版社,2008:300.

④ [美] 德沃金. 至上的美德:平等的理论与实践 [M]. 冯克利,译. 南京:江苏人民出版社,2008:301.

实现"敏于抱负"（ambition‐sensitive）和"钝于禀赋"（endowment‐insensitive）①，前者强调自我选择，自我决定，如果不受个人不可控制的因素的影响，每个人就要为自己的志向和选择承担相应的责任，德沃金称之为"具体责任原则"②，后者指个人最终成就不受人格资源的影响，社会有责任对其进行补偿，德沃金称之为"重要性平等原则"③。为消除天赋和才能的差异所造成的资源占有不平等，德沃金设计了针对个人和社会的虚拟保险机制来对个人的人格资源和由此做出的选择进行保险；沃尔泽（Michael Walzer）批判罗尔斯、德沃金的"简单平等"分配理论，基于多元主义思想，沃尔泽提出了"复合平等"理论，沃尔泽认为，他不赞成"善事物"中有基本善，每一种善都有其社会意义，他指出："不同的社会善品应该根据不同的理由、不同的程序，由不同的行动者加以分配；所有这些差别都来自于对于社会善品的根本不同的理解——历史与文化的排他主义不可避免的结果。"④ 那么每一种善事物的分配应给予该善事物本身的社会意义，每种善事物的意义决定了分配的标准，只要不影响其他领域的平等，某一善事物所在领域允许不平等存在，进而，社会就会出现所谓的"复合平等"。

阿德勒认为，平等指的是"当一个事物和另一个事物相互平等时，它在某一方面不比另一事物多，也不比另一事物少。"⑤ 阿德勒把平等分为人类的平等或个人的平等与环境平等。人类的平等或个人的平等又可以分为天资（与生俱来）的平等与造诣的平等（人在生活中利用天资获得的成就）。所有的个人平等和不平等如果不是天然的，那就是后天获得的。环境平等或不平等可分为条件（最初起点）平等或不平等和机会平等或不平等，即使有机会

①　Ronald Dworkin Sovereign Virtue. The Theory and Practice of Equality ［M］. Cambridge, Massachusetts；Harvard University Press，2000：89.

②　［美］德沃金. 至上的美德：平等的理论与实践 ［M］. 冯克利，译. 南京：江苏人民出版社，2008：7.

③　［美］德沃金. 至上的美德：平等的理论与实践 ［M］. 冯克利，译. 南京：江苏人民出版社，2008：6.

④　Michael Walzer and Ronald Dworkin. Spheres of Justice：An Exchange ［J］，The New York Review of Books，1983：45.

⑤　［美］阿德勒. 六大观念：真善美、自由、平等、正义 ［M］. 陈珠泉，扬建国，译. 北京：团结出版社，1989：160.

平等，天资和造诣会影响到结果的平等或不平等，条件平等依赖于受社会控制的各种因素，而不是完全取决于个体自身。因此，在政治平等方面，阿德勒认为："一种不受机会平等（天资和造诣都不平等的人享有的机会平等）影响的条件平等，只有靠社会的强大努力才能达到，社会必须意识到应使它的所有社会成员都得到某种程度的这种平等。"①正义只有在环境平等和不平等的方面才具有制约作用，即，环境平等不平等才具有道德意义。我们作为人而有权拥有的平等是环境平等，即，地位、待遇和机会的平等，而不是个人平等。在经济平等方面，阿德勒基于正义提出了两条原则，第一，种的平等赋予每个人天生有权拥有每个人应该拥有的东西。两个限制条件为："（1）没有人拥有的比他足够达到目标（指生活得好）所需要的还少；（2）没有人拥有得比每一个人所能够拥有的还多。"② 第二条原则，"按照每个人创造的财富在所有人共同协作以创造的总财富中所占的比例进行分配（含两个限制条件）"③。

通过上述对平等观念的梳理与认识，我们能初步对平等的内涵做如下把握：（1）自然和社会是影响事实平等或不平等的重要因素；（2）有作为人"类"的平等，有作为有形无形之物分配的平等；（3）平等的分配规则是多向度的，有提倡机会、资源、复合、基于正义的平等等研究进路；（4）平等是人类的价值追求。斯坦福哲学大百科较为宽泛地把平等的实质做了解释："平等指在一群至少在某一方面——而非所有方面——具有相同性质的不同物品、人、过程或环境之间的一致性，即关于一个特定的特征，与其他特征上的差异。"④

从功利主义的平等观来看，儿童参与权对每一个儿童而言，都是儿童的需要，对儿童而言，是同等重要的，这平等意味着每个儿童的参与权都是一

---

① ［美］阿德勒. 六大观念：真善美、自由、平等、正义［M］. 陈珠泉，扬建国，译. 北京：团结出版社，1989：163.

② ［美］阿德勒. 六大观念：真善美、自由、平等、正义［M］. 陈珠泉，扬建国，译. 北京：团结出版社，1989：183.

③ ［美］阿德勒. 六大观念：真善美、自由、平等、正义［M］. 陈珠泉，扬建国，译. 北京：团结出版社，1989：185.

④ Online dictionary. Stanford Encyclopedia of Philosophyhttps［EB/OL］.（2018 - 3 - 3）［2018 - 3 - 3］https：//plato. stanford. edu/entries/equality/

样的，不能因为儿童性别、个性、性格、家庭等因素而有所差别；从自由至上主义而言，儿童的参与权具有积极权利的意味，是基于儿童需要的自然权利之下的儿童自由，它是儿童的一项基本权利，成人无权任意干涉。如果把儿童活动参与权作为儿童的机会权来看，根据罗尔斯正义两原则，每个儿童都平等地拥有参与权，在儿童参与机会上，每个儿童应该拥有平等的机会，如果有不平等，也应以保证最不利儿童利益的最大化为前提。根据德沃金的资源平等理论，儿童在活动中，如果不受个人不可控制因素的影响，儿童应在一定程度上对决定是否行使参与权负责，但是儿童的理性能力不成熟是天然的事实，在决定与否上更多受到个人不可控制因素的影响，因此，成人应更多地创造条件，对儿童行使参与权实行鼓励。就阿德勒的平等理论而言，机会平等对儿童参与权而言很重要，但儿童的天资和造诣也会影响到结果的平等或不平等，不受机会平等影响的结果平等，只有依靠成人的强大努力才能达到，成人必须意识到应使所有的儿童得到某种程度的平等并付诸有效的措施，基于正义的儿童需要使儿童天生有权拥有参与权，儿童参与权的环境平等是儿童所能要求的，即地位、待遇和机会的平等，因此，成人应平等看待每一个儿童，不应以儿童的性别、个性、性格、家庭等因素差别对待，赋予每个儿童参与儿童平等的机会。

二、儿童参与权的价值

全球接受这一看法，即，儿童生活中几乎每个领域，儿童参与权是最易被侵犯和被忽视的权利之一（Shier，2001）[①]。这可能与关于儿童参与概念出现的困境和关注有关，这有时会引起对儿童及其需求的深切忧虑。有些问题和困境源于这样的信念，即认为儿童的参与可能会限制和约束父母决定儿童福祉和发展的权利（Krappmann，2010）[②]。这些焦虑可能还与下述观点有关：儿童缺乏对决策做出知情贡献的能力，让儿童参与决策可能使他们处于危险之中，并且他们的参与将对家庭和学校生活产生不利影响（Lansdown

---

① Shier, H., Pathways to Participation: Openings, Opportunities and Obligations [J]. Children and Society, 2001 (15), 107 - 117.

② Krappmann, L. The Weight of the Child's View (Article 12 of the Convention on the Rights of the Child) [J]. The International Journal of Children's Rights 2010 (18), 501 -513.

等，2014）①。然而，过去20年来全世界儿童参与的经验提供的信息和见解，不仅揭示了这些问题是没有根据的，而且还表明参与有可能产生广泛的积极影响。正如塞拉利昂、加纳、埃及、尼加拉瓜、英国、瑞典和丹麦等国家的倡议所揭示的那样，发达国家和发展中国家的学校都可以发现同样的积极影响（Lansdown，2011a；联合国儿童基金会，2006年）②。虽然对这些举措和相关结果的广泛审查超出了本文章的范围，但Lansdown（2011a）提供了更详细的分析。此外，联合国儿童基金会（2006年）《儿童和青少年参与资源指南》提供了一份青少年参与指南，其中包含有关世界各地众多倡议的信息和链接。《儿童和青少年参与手册》③（Percy－Smith&Thomas，2010）包括对世界各国许多倡议的更详细讨论。此外，切科韦（Checkoway2011）④ 研究了有关青少年参与的当代知识，包括通过研究或实践证实的一般命题。事实上，据报告，根据她或他不断发展的能力，承认儿童表达观点和参加各种活动的权利对儿童、家庭、社区、学校、国家和民主有益。

（一）提升个体发展

实现被倾听和得到适当重视的权利有助于提高儿童的能力。越来越多的证据表明，在家庭、学校和其他环境中，经常考虑儿童的观点和经历，有助于培养儿童的自尊、认知能力、社交技能和对他人的尊重（Krénzl－Nagl & Zartler，2010）⑤。因此，它直接有助于《公约》所体现的教育目标。通过参与，儿童获得交流技能，获得成就感，并提升对自己能力的信心，扩展愿

① Lansdown, G. , Jimerson, S. R. and Shahroozi, R. Children's Rights and School Psychology: Children's Right to Participation [J] . Journal of School Psychology 2014 (52), 3 - 12.

② Lansdown, G. (2011) . Every child's right to be heard: A resource guide on the UN committee on the rights of the child [C] . general comment No. 12. London, England: Save the Children/United Nations Children's Fund.

③ Percy-Smith, B. , & Thomas, N. A handbook of children young people's participation: Perspectives from theory and practice [M] . London: Routledge, 2010: 55.

④ Checkoway B. What is youth participation? [J] . Children & Youth Services Review, 2011, 33 (2): 340 - 345.

⑤ Kränzl - Nagl, R. , & Zartler, U. Children's participation in school and community. European perspectives [C] . A handbook of children and young people's participation. Perspectives from theory and practice, London, England: Routledge, 2010: 164 - 173.

望，获得政治和社会知识，并认识到自己的权利和责任，促进其他权利的实现，有助于发展儿童和成人之间的积极关系，促进了社区内、专业人士和同龄人之间儿童的积极形象，促使成年人以尊重儿童和儿童的方式思考和行为，创造出一个良性循环。儿童参与越多，他们的贡献就越有效，对他们的发展影响就越大。儿童获得的能力直接关系到他们可用于对自己的生活进行代理的范围。的确，建立自信最有效的准备是为自己实现一个目标，而不仅仅是观看别人实现那个目标（Chawla&Heft，2002）①。

拉贾尼（Rajani R 2000）② 认为，越来越多的证据表明，在给予儿童参与机会的地方，他们获得了更高水平的能力，从而提高了参与质量。儿童不仅是环境刺激的被动接受者，而且以有目的的方式积极参与周围环境，甚至是从婴儿时期。罗戈夫等人（Rogoff et al1996）③ 宣称，儿童不是在有序、可预测的阶段中发展，而是通过自己与他人交流的活动来了解世界。与成年人和同龄人一起参与共同活动的经验（假设有能力成功完成任务）鼓励了儿童的发展。在任何特定文化中，儿童有效参与的能力直接受到成人支持水平、对待他们的尊重、对他们的信任及承担更多责任的机会的影响。儿童将获得与他们在自己生活中行使权力的范围直接相关的能力，而对自我效能感最有效的准备是为自己实现目标，而不仅仅是观察别人实现这个目标。维果茨基是该领域最具影响力的思想家之一，他认为儿童在获得帮助和不获得帮助的情况下所能取得的成就之间存在差距。这被定义为"最近发展区"，认知发展发生在这一区域内。通过一个被称为"脚手架"的过程，一个人、成人或儿童根据儿童的表现水平调整自己的帮助，儿童就可以完成自己无法完成的任务。换言之，培养能力的最有效模式是让儿童进行协作，每个人都作

① CHAWLA, Louise, HEFT, et al. Children's competence and the ecology of communities: A functional approach to the evaluation of participation [J]. Journal of Environmental Psychology, 2002, 22 (1－2): 201－216.

② Rajani R. Discussion paper for partners on promoting strategic adolescent participation [C]. A journey into the rights of children. The Unheard Voice of Children series, New York Reggio Children, 2000.

③ Rogoff B, Sellers MJ, Pirrotta S, Fox N, and White SH. Models of teaching and learning; participation in a community of learners [C]. The handbook of education and human development, Cambridge, Mass, Blackwell, 1996: 112.

为其他人的资源，并根据他们的理解和专业知识承担不同的角色和责任。

哥伦比亚的埃斯库拉－努瓦（Escuela Nueva）① 方案证明了参与建立儿童能力的有效性，该方案制定了使儿童能够作为民主社区发挥作用的结构。其中一所学校使儿童参与管理学校和当地社区的环境，成为学校作为社区民主学习中心的基本概念的一部分。他们开发了一个森林保护项目，在这个项目中，儿童正在寻求通过种植本地树种来拯救山坡。其中一个挑战是，儿童要教育当地村民如何使用木材进行食品加工和出售。儿童从现有的树木中收集种子，建立一个苗圃，最终将导致用本地树木重新种植所有斜坡。该计划的优势在于儿童所获得的各种能力，以及通过实践学习的机会。教育过程中的一个关键因素是，在成年人的支持下，儿童通过被尊重来承担项目的责任来学习。当儿童的权利受到尊重时，他们就会学会尊重他人的权利。

（二）强化决策和结果

成年人并不总是充分了解儿童的生活，所以就不能够在为儿童制定的立法、政策和方案时做出明智和有效的决定。许多权利只有在儿童的积极参与下才能有效地得到尊重和保护。为个别儿童创造听证机会对于确保就儿童的观点做出适当决定至关重要，例如，学校设置、离婚和分居案件中的监护、收养、安置再照料、少年司法、卫生保健或监测机构中的照料标准。儿童对于他们的生活、需要和关注有独特的知识体系，以及从他们的直接经历中得到的想法和观点。考虑儿童的观点需要告知影响他们生活的所有决策过程。充分了解儿童自身观点的决定将更有意义、更有效和更可持续。

有新的证据表明参与可以产生更好的结果（Lansdown，2011a）②。例如，英国政府的一项试点研究发现，当将优先考虑学生参与活动的中学与不优先考虑的其他类似中学进行比较时，参与（例如，学生参与学校治理和政策）

---

① Hart R A, Espinosa M F, Iltus S, et al. Children's participation : the theory and practice of involving young citizens in community development and environmental care ［J］. Land Use Policy, 1998, 15（2）: 176 – 177.

② Lansdown, G.（2011）. GLOBAL: A framework for monitoring and evaluating children's participation ［EB/OL］.（2012 – 7 – 12）［2018 – 3 – 5］. http: //www. crin. org/re-sources/infoDetail. asp? ID = 25809&flag = report

和16年的考试成绩之间存在正相关关系①。此外，尽管在发展的早期阶段，挪威的研究表明，学生的总体福祉、他们参与学习、学业自尊和某些科目的成就之间存在明显的正相关关系②。对 High Scope 早期儿童项目进行的研究发现，与其教师更关注学术成绩的照顾环境相比，在一个结构松散但支持性较强的环境中，教师应对儿童自我发挥作用的更多是参与性的环境和托儿所，以及儿童"计划，实施和审查"他们行为的 High/Scope 方法，更多地与长期的积极结果相联系③。几十年来的纵向数据表明，参与式环境中的这些积极结果包括上学期间需要治疗情绪障碍或干扰的百分比显著降低，计划上大学的百分比较高，从事志愿工作的人数增加及犯罪风险降低。教师们解释说，他们觉得倾听儿童会改善他们的教学实践。这种类型的参与式活动可以给经验较少的教师以信心，并重新激发更有经验的教师的积极性。布拉格等人（Bragg et al 2003）④ 讨论了记录其他好处的各种研究，例如改善学习环境中的关系，更好地尊重教师，增加学生的承诺和增强学习态度，从而提高出勤率，完成家庭作业。

联合国儿童基金会在联合国制定的强调尊重儿童权利（尊重学校权利）的学校方案（7、8和9学年）显示出与布拉格等人（2003）讨论的那些儿童方案类似的结果。这个方案教导和支持学校树立和尊重所有关系中的权利，包括教师和学生之间及学生之间的权利。一项对30多所学校的学生进行了长期比较的独立评估，全面介绍了这个项目，结果发现所有年龄段的学

---

① Hannam, D. (2001). A pilot study to evaluate the impact of student participation aspects of the citizenship order on standards of education in secondary schools ［EB/OL］. (2012 - 7 - 12)［2018 - 3 - 5］. www. csv. org. uk/csv/hannamreport. pdf

② Hannam, D. (2003). Participation and achievement. Examples of research that demonstrate associations or connections between student participation and learning, or other outcomes that support it. 英国伦敦：教育和技能部为公民部长顾问编写的未发表报告。

③ Schweinhart, L. J., Montie, J., Xiang, Z., Barnett, W. S., Belfield, C. R., & Nores, M. Lifetime effects：The HighScope Perry Preschool study through age 40［M］. Ypsilanti, MI：HighScope Press, 2005：44.

④ Bragg, S., & Fielding, M. Students as researchers：Making a difference［M］. Cambridge, England：Pearsons. 2003：643.

生在社会关系、行为和成就方面都有所改善（Sebba & Robinson, 2010）①。使用本课程的学生对他人更尊重、更有帮助，较少攻击性和破坏性。他们更尊重学校环境，更注意书籍、书桌和学校设备，更多地参与课堂和课外活动，如俱乐部和学校理事会，并且比那些没有参加这个课程的学生表现出更强的学术参与度和成就。这些学生还提高了批判性思维技能，对处理新任务表现出了更多的信心，提高了考试成绩，并表现出了较强的自律能力和意识，认识到他们所学到的责任是他们权利的伴随物。采用该方案的学校中的教师报告了尊重学校权利方案对其教学和学校内部关系总体的积极影响。他们还报告说，由于工作的直接结果，他们更少感到疲惫，在与学生打交道时感到更有活力，对教学经历的挫折感更少，并且报告说个人成就感随着多年的实施而增加。一项特别重要的发现是，经过多年的审查，尊重权利的学校方法的实施通过其对学生和教师的积极结果而变得自我延续。②

儿童具有独特的见解、观点、想法和经验。事实上，他们有很多东西可以教以成年人怎样他们的生活。例如，直到近几年，随着儿童开始行使其被聆听的权利，人们才开始了解暴力对儿童生活的程度、性质和影响。从历史上看，儿童在家里和学校所经历的暴力行为，没有受到负责保护儿童的成人社区的重视。然而，一次又一次的研究，包括对儿童的研究，揭示了这是儿童最关心的问题之一。

"孟加拉国"小学的儿童把没有体罚作为使他们能够学习和鼓励他们留在学校的最重要因素之一（教育改革/小学和大众教育部，2002 年）③。尼泊尔儿童在有机会就其最重要的问题采取行动时，优先考虑父母暴力和酗酒（Lansdown G 2004）④。从这些研究和许多其他研究中可以清楚地看到，儿童自己对理解他们的生活有着显著的贡献。

---

① Sebba, J., & Robinson, C. Evaluation of UNICEF UK's Rights Respecting Schools Award ［M］. London, England: United Nations Children's Fund, 2010: 221.

② Sebba, J., & Robinson, C. Evaluation of UNICEF UK's Rights Respecting Schools Award ［M］. London, England: United Nations Children's Fund, 2010: 221.

③ Education for Change/Department of Primary and Mass Education ［R］. Primary School Performance Monitoring Project, Dhaka, 2002: 15.

④ Lansdown G. Regional analysis of children and young people's participation in South Asia: implications for policy and practice ［R］. UNICEF ROSA, Kathmandu, 2004: 19.

　　世界上大多数国家都关心改善儿童的教育机会和标准。然而，很少有人采取措施从儿童身上了解教学方法的作用、课程是否相关、是什么因素导致辍学率和旷课率、如何提高出勤率、需要什么来促进女孩更好地融入、如何加强良好的行为和促进有效的纪律。然而，有一个明显的证据表明，确实涉及儿童和引入更多民主结构的学校可能更和谐，有更好的师生关系和更有效的学习环境。倾听在帮助成年人理解和回应婴儿的优先事项、兴趣、关切和权利方面同样重要。婴儿出生时就已经准备好寻找其他有趣的、值得交流的人。梅金等人（Makin et al2004）① 认为他们：

- 理解每天照顾他们的人；
- 想想他们周围发生了什么；
- 享受新事物和新体验。

　　因此，护理人员需要对这些能力做出反应。通过承认和回应婴儿的交流，成年人能够更好地满足他们的需求。

　　（三）保护儿童

　　表达意见并予以认真对待的权利是挑战暴力、虐待、威胁、不公正或歧视情况的有力工具。通过参与而获得的自尊和信心使儿童能够挑战侵犯其权利的行为。此外，成年人只有在被告知儿童生活中发生的事情时才能采取行动保护儿童，而且通常只有儿童才能提供这种信息。

　　传统上，儿童被剥夺了保护自己免受暴力、虐待和不公正侵害的知识，以及挑战这些弊病的机制。因此，在整个历史上，儿童的沉默和他们所经历的虐待对虐待者而非儿童产生了保护影响。这一模式生动地反映在英国在20世纪90年代为调查照护机构中的虐待儿童问题而设立的一系列调查委员会中②。爱尔兰政府于2000年成立的调查虐待儿童问题委员会进一步证明了这一点。该报告于2009年发表，揭露了儿童遭受的严重和持续的身体和性虐待严重程度，这些虐待能够持续多年，没有受到挑战，儿童无力保护自己〔儿童和青年事务部长办公室（Office of the Minister for Children and Youth Af-

---

① Makin L and Whitehead M. How to develop children's early literacy ［M］. Paul Chapman, London, 2004：339.

② Kirkwood, A. The Leicestershire inquiry, 1992 ［M］. Leicester, England：Leicestershire County Council, 1993：55.

fairs），2009 年]①。针对残疾儿童的性暴力和身体暴力的研究证据显示出同样的模式②。这些报告中的每一篇都雄辩地证明了文化造成的破坏性影响，在这些文化中，儿童被剥夺了发言权，没有能够报告或寻求帮助的机制，并且普遍存在儿童不说真话的假设。相比之下，如果鼓励儿童清楚地表达他们正在发生的事情，并提供必要的程序来提出他们的担忧，那么侵犯权利就更容易暴露（Willow，2010）③。如果儿童能够自己向有权采取适当行动的人讲述自己的故事，家庭、学校和青少年拘留中心对儿童的暴力或剥削性童工问题将得到更有效的处理。

有时有人认为，尊重儿童权利将有助于将他们置于成人保护之外——如果他们的意见得到倾听和认真对待，他们将以使他们处于危险之中的方式做出决定和采取行动，这将误解《儿童权利公约》所载权利的性质。该公约不赋予儿童完全的成人权利。相反，随着他们能力的发展，它使儿童有权被倾听，并逐渐承担更多的决策责任。

被鼓励表达自己观点的儿童不易受到虐待，而且能够更好地为自己的保护做出贡献。获取保护儿童所需的信息、参与关键决策过程的机会及鼓励他们大声发言可以使儿童有能力挑战虐待行为。相反，坚持被动服从使儿童容易受到剥削和虐待。伴随着家庭中儿童的性虐待而来的沉默只保护了虐待者。残疾儿童，其中许多人被彻底剥夺了权利，更难挑战虐待行为。他们经常以对自己所做的行动来体验生活，而不是作为一个有能力和力量影响自己生活的积极参与者。有许多因素使他们比许多其他儿童更不能挑战虐待：

- 他们更容易被社会孤立；
- 他们不太可能在托儿所或学校；
- 他们更依赖他们的照顾者，这些照顾者也可能是加害者；

---

① Office of the Minister for Children and Youth Affairs. Report of the Commission to Inquire into Child Abuse，2009：Implementation plan［R］. Dublin，Ireland：Stationery Office，2009.

② United Nations Children's Fund. The state of the world's children：Children with disabilities［EB/OL］.（2013 - 4 - 5）［2018 - 3 - 6］. http：//www. unicef. org/sowc2013/files/SWCR2013_ ENG_ Lo_ res_ 24_ Apr_ 2013. pdf

③ Willow，C.. The right to be heard and effective child protection［R］. Bangkok，Thailand：Save the Children Fund，2010.

- 他们可能需要密切关注，这使得区分可接受和不可接受接触的界限变得更加困难；

- 他们可能缺乏语言交流或行动能力；

兰斯多恩（Lansdown G 2001）① 认为，与非残疾儿童相比，他们受到了广泛的歧视，并且往往吸引的兴趣和关注较少。他2002年访问南非研究残疾儿童权利记录了这样的案例：

> 南非农村一所寄宿学校的失聪女孩多年来受到校长的性虐待。当其中一个女孩最终告诉她母亲时，案件来到了法庭，目的是起诉施虐者。然而，女孩唯一可以得到的签名人是校长本人。他告诉他们，如果他们对他提起诉讼，他们的手就会掉下来——这对完全依靠双手交流的脆弱女孩是一个毁灭性的威胁。他们撤回了指控，撤销了案件，校长继续留任。

如果认识到儿童有权挑战他们正在发生的事情，并建立了这样做的机制，那么这种虐待和侵犯权利的行为就更容易暴露出来。被鼓励谈话的儿童有权采取行动，挑战对他们权利的侵犯，而不仅仅是依靠成年人来保护他们。此外，成年人只有在得知儿童生活中发生的事情时才能采取行动保护儿童，而且通常只有儿童才能提供这些信息。只有让儿童自己能够向有权采取适当行动的人讲述自己的故事，才能有效地解决机构中对儿童的暴力行为、教师的虐待、学校中的种族主义及媒体中对儿童的歪曲。为儿童创造一个安全的环境，最好的办法是与他们合作。因此，有必要质疑成年人作为唯一提供者和儿童作为保护接受者的传统假设，并承认和培养儿童自身可以作为保护自己的资源发挥的贡献。允许儿童为自己的保护做出贡献，使他们有机会探索和了解他们面临的风险的性质，并为避免伤害承担越来越高的责任。

英国夏山学校（Summerhill School）说明了创造一种让儿童感到有信心挑战任何形式虐待的文化的重要性。这所20世纪初为4—18岁儿童设立的小型住宅学校是一个民主的环境。所有的规则都是由整个学校在每周的会议上

---

① Lansdown G. It's our world too! A report on the lives of disabled children ［R］. Rights for disabled children/Disability Awareness in Action, London, 2001.

制定和决定的。每一个儿童和老师都有权投票决定一切事情。当政府教育监察局最近批评该校没有引入正式的儿童保护程序时，它认为，其尊重儿童的哲学和精神是其儿童保护政策。在一个儿童有权影响其日常生活各个方面的环境中，以及在学校会议上可能出现的所有虐待或问题中，由此产生的透明度和信任确保儿童得到充分保护。

（四）包容和尊重他人

尊重儿童并为他们提供参与他们关心的事情的机会，是鼓励他们相信自己、获得信心和学习如何与他人协商决策的一种方式。儿童参与学校理事会、团体、俱乐部、委员会、非政府组织、理事会、工会和其他形式的组织为加强民间社会、学习如何为社区发展做出贡献，以及认识到有可能产生积极影响提供了机会。参与也为来自不同背景的儿童提供了建立归属感、团结、正义、责任、关怀和敏感性的机会。民主需要具有理解、技能和承诺的公民来建立和支持其机构。正是通过参与，儿童才能发展这些能力——从家庭内部决策谈判开始，通过解决学校冲突并为地方或国家一级的政策发展做出贡献。参与可以使儿童学会尊重差异，和平解决冲突，并增强他们达成双赢解决方案的能力。民主需要直接和间接的参与。儿童既可以直接参与，作为个人代表，也可以有代表他们参与的代表。这些代表必须有他们代表的小组的明确授权和对该小组的同样明确的问责制。从长远来看，支持儿童在幼年时得到被倾听的权利是培养公民权的组成部分。以这种方式，民主的价值观被嵌入儿童的生活方式中——这是一个比 18 岁时突然移交权力更有效的民主基础。通过积极参与的经验，儿童还认识到，人权涉及互惠和相互尊重，而不是满足个人需要和潜力的途径。

儿童需要有机会参与学校及其当地社区的民主决策过程，并学会遵守随后做出的决定。他们需要有机会了解自己的权利和义务，他们的自由如何受到他人的权利和自由的限制，以及他们的行为如何影响他人的权利。通过体验尊重他们的观点并发现他们尊重他人观点的重要性，他们获得了倾听他人的能力和意愿，从而开始了解民主的过程和价值。通过学习提问，表达意见和认真对待意见，儿童将获得发展思维的技能和能力，并在他们接近成年期时面临的各种问题中做出判断。虽然现在民主国家比以往任何时期都多，但民主仍然是脆弱的。在既定的民主国家和新成立的民主国家中，从最早的年龄开始，儿童就需要体验民主决策的影响，并获得非暴力冲突解决的能力。在那些面临威胁民主的内部冲突和紧张局势的国家，这种经历具有更大的意义。

在印度卡纳塔卡（Karnataka）的一项倡议说明了参与的好处①。儿童非政府组织"关注童工"（2004）被要求支持地方规划进程，以评估社区需要并制定五年计划，其支持者包括儿童积极参与。参与该倡议的儿童（6至18岁）致力于制定综合计划，包括统计和数据、准确和翔实的地图、村庄历史记录和资源退化的证据。所有的儿童计划都涉及教育和学校相关问题，包括复合墙、图书馆、无法进入高中、学校操场、饮用水、厕所、午餐和教师等问题。儿童的参与对规划过程产生了重大影响。人们普遍认为，他们的计划大大改善了成年人的计划，他们的参与使村委会恢复了活力，官员和当选代表对村民的需求和关切有了更深入的了解。它还加强了参与进程，儿童的热情和同情心导致整个社区对计划的更大的主人翁感。此外，预期那些在参与治理方面具有积极经验的儿童将带着这些经验进入成年，并可能继续参与社区治理。

第二节 儿童参与权的性质

《汉英双语现代汉语词典》将"性质"界定为：一种事物区别于其他事物的根本属性，其首要对应英文单词为"quality"②。进一步对此界定中的关键词分析，"根本"在此语境中指"主要的、重要的"，"属性"指"指事物所具有的性质、特点"③。以上分析表明，事物的根本属性一定是单数。儿童参与权的性质即儿童参与权的根本属性，根本属性不一定是单数，儿童参与

---

① Lolichen, P. J. Children in the drivers' seat ［J］. International NGO Journal, 2006. 1 （3）：32 – 40.

② 中国社会科学院语言研究所词典编辑室. 汉英双语现代汉语词典 ［M］. 北京：外语教学与研究出版社，2002：2151.

③ 中国社会科学院语言研究所词典编辑室. 现代汉语词典 ［M］. 5 版. 北京：商务印书馆，2005：464，1528.

权具有的性质正是区别于儿童其他权利的根本所在。权利性质的界定不但决定了该权利的行使方式及其产生的法律效力，同时还会影响权利人利益受保护的程度，以及权利人以外第三人受该权利行使影响的程度①，因此，对儿童参与权性质的分析与澄清有利于我们认清儿童参与权的本质，指导我们的实践。

一、作为儿童自由权的体现

不少情况下，自由和自由权被视为可以通用，但这两者之间存在着明显差别，自由主要指主体免除外界限制、自主作为或不作为的活动状态。而自由作为权利——自由权，除了指主体行为的自由之外，还指主体对于自由的主张、资格、权能，强调主体与主体之外的组织或他人的关系。

《布莱克法律辞典》对自由权的定义为："遵从个人的自由选择，指导个人外在行为不受他人约束、强迫、控制的意志的权利。"② 何孝元认为："自由权者，谓人就其活动，不受不当之拘束或妨碍之权利也。"③ 杨立新则指出："自由权是指公民在法律规定的范围内，按照自己的意志和利益进行行动和思维，不受约束、控制或妨碍的权利，包括政治自由权和民事自由权。"④ 从以上学者对自由权的看法都基本体现了自由权指主体不受不正当约束，按照主体意愿自我决定的权利。任何权利都有其边界，因此，从自然法和实在法的角度来看，自由权实指在自然法或实在法约束范围内，主体免除外界限制、自主作为或不作为的权利。在实在法中，自由权一般作为一类权利而出现，如，我国宪法上的基本权利可以分为政治权利（主要是选举权和被选举权）、平等权、自由权、受益权等几种类型，其中自由权包括财产权、言论、出版、机会、结社、游行、示威自由、宗教信仰自由、人身自由、人格尊严、住宅不受侵犯、通信自由和通信秘密。此外，批评、建议、

---

① 刘盼. 我国关于股东优先购买权性质与效力的理论与实践 [D]. 北京：中国政法大学，2013：3.

② Black's Law Dictionary [M]. West Publishing Co, 1979 Fifth Edition：827.

③ 何孝元. 损害赔偿之研究 [M]. 中国台湾：台湾印书馆，1982：139.

④ 扬立新. 人身权法论（修订版）[M]. 北京：人民法院出版社，2002：640.

申诉、控告、检举的权利也属于自由权。①

如前所述，儿童参与周围世界，与有益的周围世界互动是儿童成长的基本需要，如果儿童被剥夺了这种需要，儿童就无法成长为"人"。因此，这种需要的天然性特征使儿童的参与需要得以满足具有正当性。儿童的参与应该是自觉自愿主动的参与，而不是消极被动的参与，它是作为主体的儿童主动参与的权利。就其本质而言，就是儿童的自由权，因为儿童在活动中，儿童作为主体，主动参与到活动中，是儿童自主性的体现，源自于儿童通过参与，形成自主意识、自主能力和自我主张等自由权本应具备之品格，也是儿童发展成人的必要条件，这在《儿童权利公约》中提倡儿童参与权的精神理念是完全一致的。

从自由权涉及的主体范围来看，可将自由权分为独立的个人自由权和与其他人有联系的自由权②。具体到儿童参与权中，独立的个人自由权主要指儿童不需要与他人发生联系就可以行使或享有的自由权，如儿童在自由游戏中选择玩什么、怎么评价自己、处理私人物品等权利；具体到儿童参与权中，与其他人有联系的自由权指那些需要与主体儿童之外的其他人发生联系才能行使或享有的自由权，比如，儿童对别人的承诺、对他人或行为的评价、亲近或疏远他人等权利。他人不能任意剥夺和限制儿童的参与权，即不合理地剥夺或限制儿童参与权是对儿童自由权的侵犯，合理的限制也仅限于符合儿童根本利益这一前提。

二、作为儿童的一项积极权利

积极权利和消极权利有着积极自由和消极自由相类似的区别。我们先从积极权利和消极权利的思想传统上做简单梳理来把握这两种权利的不同主张，这有助于我们加深对儿童权利的理解。

从思想传统而言，我们可以把消极权利的源头追溯到自由主义权利思想。在近代自然法权利思想中，最初"人仅凭人的身份"而获得权利，到后来，权利来自于人的理性的观点变成了主流，如，以霍布斯和洛克为代表的

---

① 谢立斌. 自由权的保护义务 [J]. 比较法研究，2011，25（1）：35-42.
② 刘国. 论自由权及其限制标准 [J]. 广东社会科学，2011（6）：237-244.

古典自然法权利思想都认为人的权利来源于自由，正是这样的理解，使得自由有了消极自由的意味，即"be free from..."之意。由自然状态发展为社会，权利就带有关系性色彩，从这层意义而言，权利表现为"自由行为"与他人"行为自由"的关系①，在个人权利和国家权力关系上，他们也倾向于国家作为个人权利"守夜人"的角色而存在，即，不能超越个人权利的存在。现代西方自由主义权利思想从道德正当性上来论述消极权利，诺齐克（Robert Nozick）从权利的道德基础出发，论证在国家面前，个人正当权利的神圣不可侵犯性，国家的角色只能是个人权利的保护者，超出这种保护需要的国家行为是不正当的。罗尔斯在"正义两原则"中，平等自由是作为优先原则，承认权利的优先性，罗尔斯指出："尊重人就是承认人们有一种基于正义基础之上的不可侵犯性，甚至作为一个整体的社会的福利也不可以去践踏这种性质。正义的词典式顺序上的优先性表现着康德所说的，人的价值是超过一切其他价值的。"② 德沃金也从权利的道德正当性上说明个人权利的优先及不可侵犯性，为了说明这一点，德沃金宣称："在大多数情况下，当我们说某人有权利做某件事的时候，我们的含义是，如果别人干预他做这件事，那么这种干预是错误的，或者至少表明，如果为了证明干涉的合理性，你必须提出一些特别的理据。"③ 作为消极权利中的言论自由权，德沃金指出："即使政府认为公民要说的话所带来的害处大于好处，政府阻止他们发表言论也是错误的。"④ 通过简单梳理自由主义的消极权利观，我们可以发现，自由主义这种消极权利观是基于权利的道德正当性，凭借个人权利，个人有权要求他人提供实现这些权利的条件，或不阻碍个体实现这些权利。俞可平对消极权利的含义做了很好的总结，他认为："所谓的消极权利就是个人由于政府的无所作为而获得的权利，对于个人的这些权利政府无论如何也

---

① 王本余. 教育中的儿童基本权利及优先性研究 [D]. 南京：南京师范大学，2007：23.

② 罗尔斯. 正义论 [M]. 何怀宏，等译. 北京：中国社会科学出版社，1988：573.

③ 德沃金. 认真对待权利 [M]. 信春鹰，译. 北京：中国大百科全书出版社，1998：249.

④ 德沃金. 认真对待权利 [M]. 信春鹰，译. 北京：中国大百科全书出版社，1998：251.

不得加以侵犯，它只能消极地不作为。"①

与源自自由主义传统的消极权利观不同，积极权利源自社群主义权利观。社群主义权利观否认基于权利的道德正当性，社会共同体的法律是权利的唯一合法来源。个人行为的正当性来源于共同体的法律及规范，个人在道德意义上的正当要求与权利不是全然一一对应的关系。"是一种由法律规定的人与人之间的社会关系，是一种保护个人正当利益的制度安排，离开了一定的社会规则或法律规范，个人的正当行为就无法转变成不受他人干涉的权利。"② "共同体"是社群主义权利思想中的核心概念，桑德尔（Michael J. Sandel）认为："这个社会本身是否按照某种方式组织起来，以至于我们要用共同体来描述该社会的基本结构，而不仅仅是这一结构中的人的性情。对于一个严格意义上的共同体社会，该共同体必须由参与者所共享的自我理解构成，并且体现在社会制度安排中，而不仅仅是由参与者的人生计划的某种特征构成。③"自我存在于共同体中，离开共同体的传统和价值，自我就失去了意义，因此，共同体优先于个体。而个人权利的获得也是以成为某一共同体成员为条件，个人权利的实现必须以个人在共同体中获得特定能力为前提。从这里可以看出，社群主义主张的是积极权利，个人的这种权利来自于共同体的法律及规范，集体权利优先于个体权利。社群主义的这一主张看到了自由主义个人的消极权利在压制集体权利的同时，仅凭自身难以实现的现实。王本余在对社群主义权利思想分析的基础上认为："所谓积极权利，主要是指个体有要求从国家、社会和他人的积极行为中获益的权利，这些权利主要是指各种福利权，譬如工作权、受教育权、获得帮助和救济的权利等。"④

从对积极权利和消极权利的分析理解来看，儿童参与权是儿童在活动中的一项重要积极权利。作为积极意义上的儿童参与权，要求成人为儿童行使

① 俞可平. 社群主义 [M]. 北京：中国社会科学出版社，2005：107.
② 俞可平. 社群主义 [M]. 北京：中国社会科学出版社，2005：107.
③ [美] 迈克尔·桑德尔. 自山主义与正义的局限 [M]. 万俊人，译. 南京：译林出版社，2001：209.
④ 王本余. 教育中的儿童基本权利及优先性研究 [D]. 南京：南京师范大学，2007：192.

其参与权创设条件、提供帮助和指导。儿童理性能力不足是天然的事实，但不能截然否定儿童的理性能力，而且，我们对儿童理性能力的判断是基于成人视角做出的判断，我们对儿童发展的理解还远远不够，儿童理性能力的不足也不能成为成人任意干涉儿童参与的充分理由。因此，在活动中，成人应有意识地创造儿童参与的机会和条件，如有意识地多组织半结构和开放性活动，引导儿童积极参与。在活动中加强对儿童参与的指导和帮助。在规则制定等方面，引导儿童认识并参与一些活动规则的制定。对儿童参与行为持较为开放的态度，谨慎评价儿童参与中的"问题"。

第三节　儿童参与权的实现条件及其限度

一、儿童参与权的实现条件

参与是人与参与对象的互动行为，这种行为涉及行为主体、行为对象及实现成功参与的条件。对参与权而言，也涉及参与权的权利主体、权利对象及实现参与权的条件。阿德马克（Admark Moyo）[1] 认为，参与权包括"声音"（控制过程）和"选择"（控制决定）。它通常包括四个广泛的层次，其中包括：（a）被告知将要或已经做出的决定；（b）为表达观点而被征求意见；（c）有机会为影响成果做出贡献；（d）独立做出决定（包括否决他人已做出的决定的权利），条件是该儿童具有这样做的智力和情感能力。伦迪（Lundy，2007 年）[2] 认为，为了充分执行"儿童权利公约"第 12 条，必须满足四个条件：（a）空间：儿童必须有机会表达观点；（b）声音：必须促进儿童表达自己的观点；（c）受众：意见必须受到倾听；（d）影响：必须酌情

---

[1] Moyo, Admark. Child Participation Under South African Law：Beyond the Convention on the Rights of the Child? ［J］. South African Journal on Human Rights, 2015, 31（1）：173 – 184.

[2] Lundy, Laura. 'Voice' is not enough：conceptualising Article 12 of the United Nations Convention on the Rights of the Child ［J］. British Educational Research Journal, 2007, 33（6）：927 – 942.

对观点采取行动。受此启发，根据对儿童参与权性质的分析，以及从参与权实现条件的角度出发，本研究把儿童参与权划分为由知情权、自由表达权、意见受尊重权和监督权，这里并非认为儿童参与权与以上四种权利之间是种属关系，而是儿童参与权的实现以这四种权利为条件。这四种权利之间相互联系在一起，构成儿童参与权实现的条件，并以上述的正义、自由、平等为基础，其间关系详见图2：

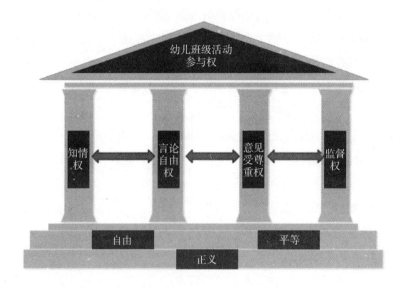

图2 儿童参与权构成

二、儿童知情权及其限度

知情权（the right to know），作为公民的一项基本权利和自由，由来已久。从1945年库珀（Kent Copper）首次提出，到1948年《世界人权宣言》也对人们"知"的权利有所描述，其中第19条规定："人人有权享有主张和发表意见的自由。此项权利包括持有主张而不受干涉的自由和通过任何媒介和不论国界寻求、接受和传递消息和思想的自由。"再到1950年签署的《保护人权与基本自由公约》第十条规定："每个人都有表达自由的权利。这一权利包括拥有观点及不受政府机关干扰，接收和传播信息和观点的自由。"1966年《公民权利和政治权利国际公约》第19条第2款规定："人人有自由发表意见的权利；此项权利包括寻求、接受和传递各种消息和思想的自由。"

知情权作为公民的一项基本权利得到广泛认可。在儿童的知情权方面，《儿童权利公约》第17条也做了明确规定，即："缔约国确认大众传播媒介的重要作用，并应确保儿童能够从多种的国家和国际来源获得信息和资料，尤其是旨在促进其社会、精神和道德福祉和身心健康的信息和资料。为此目的，缔约国回应：（a）鼓励大众传播媒介本着第29条的精神散播在社会和文化方面有益于儿童的信息和资料；（b）鼓励在编制、交流和散播来自不同文化、国家和国际来源的这类信息和资料方面进行国际合作；（c）鼓励儿童读物的著作和普及；（d）鼓励大众传播媒介特别注意属于少数群体或土著居民的儿童在语言方面的需要；（e）鼓励根据第13条和第18条的规定制定适当的准则，保护儿童不受可能损害其福祉的信息和资料之害。"基于法理或以上《世界人权宣言》《保护人权与基本自由公约》《儿童权利公约》精神对知情权的内涵展开探讨，巴伦（Jerome Barron）与迪恩斯（Thomas Dienes）认为："知情权是指自然人、法人及其他社会组织依法享有的知悉、获取与法律赋予该主体的权利相关的各种信息的自由和权利。"① 周楠认为"知情权泛指公民知悉、获取信息的自由与权利；狭义的知情权仅指公民知悉、获取官方的信息的自由与权利"②，在这些关于知情权的界定中，"获取"和"知悉"是两个关键词。

知情权作为手段性权利而言，其主旨在于通过保障公民获取、知晓正确的信息以摆脱无知、盲从，从而过上健康、理性的生活，从这层意义而言，知情权是行使、实现其他权利的重要条件，如自主决策权、监督权、选举权等权利的成功行使与实现。其构成要素包括权利的主体、义务主体（满足信息知晓权的主体）、应该公开的信息三者组成。

知情权对于民主社会而言是至关重要的，如果公民所处社会知之甚少，那么根本谈不上对社会的民主参与，这也绝非民主社会主旨所在，这一点如科恩（Carl Cohen）所言："如果民主国家中，不论间接或直接民主，有治理权的公民处于一无所知的状态，要想治理好这个国家是不可能的。"③ 日本

① 杰罗姆·巴伦，托马斯·迪恩斯．美国宪法概论［M］．刘瑞祥，译．北京：中国社会科学出版社，1995：11.
② 周楠．罗马法原论［M］．北京：商务印书馆，1996：886.
③ ［美］科恩．论民主［M］．聂崇信，等译．北京：商务印书馆，1988：159.

学者杉原泰雄对此也有类似的看法，他宣称："没有知情权的保障，民主主义就不可能得到真正实现。因为主权者不能获得有关政治的信息就不可能做出准确的判断。"① 因此，成功的民主社会，必定要为公民提供普遍参与管理和决策所需的信息，从这层意义而言，知情权是公民的一项基本权利。

知情权对民主社会至关重要，很重要的一点在于，民主社会以公民有效参与为前提，而有效参与的重要条件之一就是公民拥有知情权，对此，巴伦（Jerome Barron）与迪恩斯（Thomas Dienes）认为："在有关政治的理论研究和经验研究中，参与都是一个核心概念。它在对于民主分析中具有特别重要的作用。"② 由此可见，只有公民拥有知情权，对所要参与和决策对象有足够的了解，才能有效参与。

在民主社会，公民享有知情权也是民主社会之平等观念和制度的具体化。形式平等固然重要，但实质平等更加重要，如果公民没有知情权，无法掌握普遍参与管理和决策所需的信息，即使在形式平等层面，可以参与管理和决策，这种参与和决策大多也是无效的，最终跌入实质不平等的泥淖。经济领域里的"信息对称"理论，用到社会政治中，也具有一定的合理性。"信息对称"理论强调在市场条件下，要实现公平交易，交易双方掌握的信息必须对称，如果信息不对称，交易无法平等完成，乃至失败。在民主社会，公民具有知情权，掌握着与管理者对称的信息，不但是社会平等的表现，也是公民通过对称的信息，形成有效的管理和决策参与的条件。在公共生活中，知情权也是有边界的，这种边界在于知情权不能超越隐私权，即知情权不能侵犯隐私权的范围，主体隐私权的范围与隐私权的权利主体的社会角色有关，与在隐私权与其他权利冲突时，隐私权与其他权利带来的利益和道德衡量有关、是否与人格尊严有关。

儿童知情权是儿童的一项积极权利，即儿童有要求直接参与儿童工作的成人的积极行为中获益的权利。儿童的知情权作为手段性权利是儿童参与权行使和实现的重要条件，如果儿童不拥有知情权，儿童的参与权也将是空洞

---

① ［日］杉原泰雄. 宪法的历史——比较宪法学新论［M］. 吕昶，等译. 社会科学文献出版社，2000：190.

② ［英］戴维·米勒，韦农·皮格丹诺. 布莱克维尔政治学百科全书［M］. 邓正来，译. 北京：中国政法大学出版社，1992：563.

无效的，形式参与大于实质参与，这在我们当前的儿童中较为常见。儿童知情权也是民主社会的重要体现，因为，只有儿童享有充分的知情权，儿童才是真正意义的平等参与，信息不对称只能造成儿童参与的虚无化。根据对知情权构成要素的分析，儿童知情权的构成要素包括作为知情权权利主体的儿童、作为儿童知情权义务主体的直接参与儿童工作的成人、应该让儿童获取知悉的信息，前两个要素基本无疑义，"应该让儿童获取知悉的信息"主要包括的原因和目的、程序、规则等，以及儿童自身拥有什么权利等信息。儿童获取、知悉这些信息不但有助于顺利开展，更重要的是有助于儿童积极主动参与，形成参与意识和参与能力，从而形成民主意识、平等意识及权利意识。

在儿童中，儿童的知情权指的是获取、知悉信息的权利，儿童的这一权利要求成人能在活动开始或活动结束后以儿童能够理解的方式对为什么开展这一活动、对儿童有什么要求等进行讲解，目的在于让儿童在充分了解活动相关信息，使得儿童能更加有效参与到集体教学活动中，提高儿童参与的主动性和积极性。那种单纯的"不准式"① 教育对儿童而言，只会压抑儿童的自主性，儿童易形成一味服从、消极接受的人格；在生活活动中，儿童的知情权主要体现在儿童有权获取、知晓生活活动安排、安排的原因、注意事项及其他要求，特别是生活活动中很多与儿童发展、活动安全等方面的信息，应让儿童知晓并理解，一方面让儿童形成良好的生活习惯和节律，另一方面有助于儿童理解生活活动的意义、特定安排和要求的原因，让儿童更加积极主动参与到生活活动中，正所谓，要知其然，更要知其所以然；具体而言，在活动中，儿童的知情权在于，儿童能获取并知晓活动的目的、规则、内容等相关信息，成人应为儿童提供有关活动的充分信息，比如，活动的目的、程序、规则和注意事项等，如果成人能以儿童能理解的方式告诉儿童活动的目的，那么，儿童参与活动的积极性和主动性就会更有可能提高。儿童的知情权面对的是儿童的公共和私人生活，儿童的知情权的界限在于不侵犯其他权利的隐私权。

---

① "不准式"的规则教育指成人在儿童规则教育方面，一般以"不准——"的方式规则表达，如，"不准上课的时候讲闲话"等。

三、儿童言论自由权及其限度

言论自由权（freedom of speech）作为人的一项权利，可以追溯到古希腊的城邦政治中公民自由辩论、参与政治生活，在古罗马得到进一步发扬。文艺复兴和启蒙运动中，在自由、平等旗帜的引领下，言论自由权成为人权重要的一部分，是祛除蒙昧走向民主的重要武器，就此成为西方民主政治的重要基础。在现代的国际法中，言论自由作为人的一项基本权利得到普遍肯定，1948 年《世界人权宣言》第 19 条规定：人人有权享有主张和表达自由。这种权利包括持有主张而不受干涉的自由和通过任何媒介并不分国界寻求、接受和传递信息和思想的自由。1966 年《公民权利和政治权利国际公约》对表达自由的内涵及表达自由受到法律保护的范围给予了具体地明确。该公约第 19 条规定："1. 人人持有主张而不受干涉。2. 人人享有表达自由；该权利应当包括寻求、接受和传递各种信息和思想的自由，不论国界，也不论口头的、书面的或者是印刷的，采取艺术形式，或者是通过他所选择的任何其他媒介。3. 本条第 2 款所规定的权利的行使带有特殊的义务和责任，因此得受某些限制，但是，这些限制必须是由法律所规定的并且为下列所需：（1）尊重他人的权利或者是名誉；（2）保障国家安全或者是公共秩序，或者是公共健康或道德。"随着人们对儿童权利的承认与重视，儿童的言论自由权在国际法中也得到了体现，在《儿童权利公约》的第十三条规定："1. 儿童应有自由发表言论的权利。此项权利应包括通过口头、书面或印刷、艺术形成或儿童所选择的任何其他媒介，寻求、接受和传递各种信心和思想的自由，而不论国界。2. 此项权利的行使可受某些限制约束，但这些限制仅限于法律所规定并为以下目的所必需：（A）尊重他人的权利和名誉；（B）保护国家安全或公共秩序或公共卫生或道德。"

言论自由权的内涵富有争议，甄树青综合学者们的争议，做了较好的总结，他认为，狭义的言论自由即是从字面上理解的，最简单的言论自由；中义的言论自由则在狭义的基础上增加了新闻、出版和艺术表达自由；广义的言论自由更进一步，增加了结社、游行、集会、请愿、通信和信息自由，以及选举投票自由等①。言论自由权与知情权之间有着相辅相成的关系，言论自由权的存在，知情权才能实现，而知情权的实现，为言论自由权提供依据并扩大言论自由权的空间。

言论自由是公民成功实现民主参与的一项重要的基本权利，马克思指出，"发表意见的自由是一切自由中最神圣的，因为它是一切的基础"②，从这一层面而言，言论自由权具有工具性价值，如，言论自由有助于发现真理、促进民主。布兰代斯（Louis Brandeis）认为："言论自由对于发现和传播真理是必不可少的。如果没有言论自由，公共讨论将变得毫无意义，更无法抵抗邪说之散布。"③ 当然，言论自由权也具有目的性价值，即，言论自由权也是正义社会的构成要素，德沃金认为，言论自由之所以重要，不只是因为它所带来的后果，还因为它是一个正义的社会所应具有的"构成性"上的特征④，人作为社会动物，交流是人的基本需要，言论自由权体现着人性的尊严。爱默生（Thomas I. Emerson）认为，言论自由权的价值包括：（1）促成个人的自我实现；（2）作为获致真理的一种手段；（3）作为保证社会成员参与社会的包括政治的决策过程的一种方式；（4）维持社会稳定和变化之间的平衡。

事实上，从本质而言，言论自由权是民主社会正义价值的深刻体现，也是自由和平等价值观的直接体现。就言论自由权的性质而言，言论自由权既有积极权利的特点，也有消极权利的特点。从其积极权利意义而言，言论自由权的行使和实现要求国家及其他权力机关为其提供良好的条件；从消极权利意义而言，言论自由权的行使和实现要求不受其他权利主体的不合理干涉和限制。

正如其他权利一样，言论自由权也有其界限。绝对主义认为，言论有公

① 甄树青. 论表达自由［M］. 北京：社会科学文献出版社，2000：38.
② 中共中央马克思恩格斯列宁斯大林著作编译局. 马克思，恩格斯. 马克思恩格斯全集：第11卷［M］. 北京：人民出版社，1995：573.
③ 顾小云. 言论自由对个人、国家和社会的价值［J］. 理论探索，2006（6）：133 - 135.
④ 罗纳德. 德沃金. 自由的法［M］. 刘丽君，译. 上海：上海人民出版社，2001：284.

言论和私言论之分，公言论是政治生活等公共领域相关的言论，私言论则是与个人生活有关。对于公言论不应受到限制，而私言论则应该限制；相对主义则从权利与义务之间平衡的角度出发认为，不管是公言论还是私言论，只要言论自由权的行使会侵犯其他权利主体的合法权利，那么这一言论自由权就应受到限制。正如密尔（John Stuart Mill）所言："第一，如果一个人的言行举止并不会对其他人造成不利的影响，那么这个人就不需要就其言论承担社会责任；第二，如果这个人的言行对其他人的正当利益造成了损害，且法律法规或者公序良俗认为应该对其进行惩罚的话，那么这个人就应当对其不当言行承担责任。"① 相对主义进而提出了判断言论自由权是否该受到限制的原则，如，明显而即刻的危险原则（clear and present danger）②、"真实恶意"③ 原则与法益权衡④原则。

《儿童权利公约》与不少国内有关儿童的法律中明确了儿童在社会生活中的言论自由权。虽然《公约》所指儿童涵盖了3—6岁儿童这一阶段，但却未对具体年龄段的儿童的权利详细说明，只能作为实在法性质的依据。

儿童的言论自由权，既有言论自由权的一般特征，又有因为儿童这一特殊年龄群体的特殊之处。具体而言，儿童中的言论自由权指儿童在活动中，以道德、法律、习俗为边界，儿童享有以口头、绘画、表演等形式获取和传递信息、观点的权利，它包括三方面的自由：（1）获取信息的自由，即儿童通过向他人，如同伴、教师及其他媒介获取，接收信息的自由。（2）持有观点的自由，即儿童有权对人和事持有自己的看法。（3）以儿童能理解和使用的方式，如，语言、绘画、表演等方式传递信息，以及对人和事产生观点的自由。

---

① 密尔. 论自由［M］. 顾肃，译. 北京：译林出版社，2010：102.

② 美国宪法修正案中提出原则之一，意指言论自由权在造成一种明显而即刻的危险时，言论自由应该受到限制。

③ "真实恶意"原则源于1964年美国最高法院的"《纽约时报》诉沙利文案"，该原则最早由大法官布伦南提出。"真实恶意"原则要求具有政府官员身份的原告举证证明被告主观上具有"真实恶意"即明知陈述虚假或完全不在乎其真伪性才能请求损害赔偿。

④ 司法实践中，遇有法益冲突且无法两全之时，采用两益相权取其重，两害相权取其轻的方法，以损失较小法益来保全较大法益，最终实现社会利益的最大化。

儿童的言论自由权是儿童成功行使和实现参与权的重要条件，也是儿童发现知识、形成民主氛围的重要方式，就这一层面而言，儿童的言论自由权具有工具性价值；同时，儿童的言论自由权也具有目的性价值，即儿童的言论自由权也是儿童作为人——虽然是未成年人——价值和尊严的体现，在活动中体现着儿童作为主体的主观能动性。

儿童在活动中的言论自由权既具有积极权利的属性，也有消极权利的属性。从其积极权利意义而言，儿童在活动中的言论自由权的行使和实现要求成人为其提供良好的条件，如物质条件、民主宽松的人际氛围，以及适合言论自由的外在环境等；从消极权利意义而言，儿童在活动中的言论自由权的行使和实现要求不受其他权利主体，如其他儿童、成人对儿童个体不合理干涉和限制，在活动中，其他儿童和成人不能横加干涉某一儿童获取、传递信息，不能无理强迫要求儿童接受某一观点，也不能随意干涉儿童获取、传递信息，以及对人和事产生观点的自由。

儿童在活动中的言论自由权与其他权利一样，也有其界限，即在什么情况下，儿童在活动中的言论自由权应该受到限制？一般意义而言，道德、法律、习俗是作为一般权利的边界，与绝对主义的观点相比较，相对主义的观点显得更加务实。在儿童中，儿童的言论自由权的界限应该是：如果儿童的言论自由权不会对其他儿童等权利主体造成不利影响，那么，其言论自由权是不应该受到限制的；如果儿童的言行对其他儿童等权利主体的正当利益造成损害，那么，其言论自由权就应该受到限制。

四、儿童意见受尊重权及其限度

要理解意见受尊重权（children's views to be respected），首先应理解何谓"尊重"和"意见"。

"尊重"是哲学、伦理学、社会学及心理学等学科的重要概念之一。狄龙（Robin S. Dillon）在为《斯坦福哲学百科辞典》所写的"尊重（respect）"条目中对其有如下界定："一般而言，尊重是主体和客体之间的一种关系，在这种关系中，主体从某种角度、以某种适当的方式对客体做出回应。"① 在这一界定中，"尊重"包含着三个要素，即主体、客体及回应。这一界定较为宽泛，使"尊重"和其他概念区别开的是"回应"，即决定具体"回应"的主体对客体的认知、意志、评价和行为，首先，尊重意味着主体对客体的重视并严肃对待、努力认识与客体相关的事实；其次，尊重意味着某种动机，这种动机激励主体去认同客体的属性，即尊重包含着客体要求我们必须给予关注和适当回应的情感或意识②，当然产生激励作用的原因可能来自主体，也有可能来自客体；第三，尊重是主体由于对客体的重要性、权威性及优越性的体验而产生的积极评价；第四，以上三者外化为具体的行为表现，尊重意味着主体在面对客体时，会采取或避免某些行为，当然，主体对客体的尊重并不意味着尊重和尊重行为的一一对应关系。达尔沃（Stephen L. Darwall）把"尊重"分为"承认性尊重（recognition respet）"③ 与"评价性尊重（appraisal respect）"④，哈德逊⑤（Stephen D. Hudson）把"尊重"分为评价的尊重（evaluative respect），即由于主体认为客体的身份或某些特质符合主体理想要求而产生的尊重；阻碍的尊重（obstacle respect），即主体如果对客体的某些特质不予慎重对待，就会陷入不利或危险境地而产生的尊重；训诫的尊重（directive respect），即主体对被主体认为正当、合乎规律的

---

① Online The Stanford Encyclopedia of Philosophy（Fall 2003 Edition）［EB/OL］.［2018 - 3 - 2］. http：//plato. Stanford. edu/archives/fa112003/entries/respect/
② Birch T H. Moral Considerability and Universal Consideration ［J］. Environmental Ethics，1993，15（4）：313 - 332.
③ "存在着这样一种尊重，它的对象可以是各种不同类型的事物；这种尊重的中心义涵在于它是人们在懊思过程（deliberations）中对有关事物的某个特征给予适当考虑、并采取相应的行为的意向.……由于此种羊重主要涉及在考虑如何行动中给予对象的某个特征以恰当的考量或承认，我将其称之为承认性尊重"详见 Stephen L. Darwall，Two Kinds of Respect ［J］. Ethics，1997（88）1：36 - 49.
④ "它的唯一的一类对象是人、或者被认为表明了人的优秀之处或有助于追求某种具体目标的特征.……这样的尊重主要涉及到对人的一种积极评价的态度：对他作为人的积极评价，或者对他作为某种具体目标之追求者的积极评价. 相应地，能够充当这种尊重的基础的，就是人们显示了应当受到积极评价的那些品质.……因为这种尊重主要由对人或他的品质的积极评价构成，我将其称之为评价性尊重。"详见：Stephen L. Darwall，Two Kinds of Respect ［J］. Ethics，1997（88）1：36 - 49.
⑤ Stephen D. Hudson. The Nature of Respect ［J］. Social Theory and Practice，1980（6）：69 - 90.

指示性对象而产生的尊重，如被主体认为合理正当的规则、协议、法律或权利等；惯习的尊重（institutional respect），即主体对那些被认为合理正当的而制度或惯例、在制度和惯例中拥有位置、代表制度和惯习的人或物而产生的尊重。注重的是处理人与自然及不同主体之间关系的首要准则，也是人存在的需要，这一点体现在马斯洛及其他相关需要理论中。意见（view）是主体从自身出发，对与之发生联系的客体（人或事物）提出的观点，这些观点往往与主体的价值观、利益等直接联系在一起，带有较为明显的倾向性。

基于对"尊重"和"意见"的理解，意见受尊重权指在社会生活中，公民有从自身对生活各方面的理解出发提出自己的观点和看法，其他权利主体积极主动、严肃认真听取并对待的权利。意见受尊重权本质上是社会正义、自由和平等价值的深刻体现。很难想象，在一个非正义、不自由、不平等的社会中，公民的意见会得到充分的尊重。意见受尊重权是公民实现其他权利的重要条件性权利，从这一意义而言，意见受尊重权对公民其他权利而言具有明显工具性价值，当然，意见受尊重权的行使和实现对于权利主体而言也有本体性价值，即，由于意见受到尊重而产生的被尊重感，在马斯洛的需要层次理论中，尊重的需要也是人的"成长型"需要，在人发展中具有重要的地位。从意见受尊重权的性质而言，它是公民的一项积极权利，它要求社会应创造有利于意见受尊重权行使并实现的良好条件。

《儿童权利公约》第 12 条第 1 款明确指出："缔约国应确保有主见能力的儿童有权对影响到其本人的一切事项自由发表自己的意见，对儿童的意见应按照其年龄和成熟程度给以适当的看待。"这一条款明确表明儿童拥有意见受尊重的权利，其内容至少表明了以下四层意思：第一，享受这项权利的权利主体是有主见能力的儿童，这里的主见能力应是指有足够的理性能力；第二，儿童发表意见所指向的是与儿童本身有关的事项，即与儿童本身无关事项意见不在权利范围之内；第三，儿童这项权利的义务主体是成人及相关权利主体；第四，这项权利的义务主体有义务根据儿童的年龄和成熟度予以合理对待。

与公民权利相关法律相比较，《公约》中强调儿童有意见受尊重权基于两方面原因：其一，基于现实中儿童意见不受重视的现实，在现实中，不少成人认为儿童不具备成熟理性能力，其意见也带有先天的非理性，因此，儿童的意见不值得重视；其二，社会对儿童作为权利主体的承认，前已述及的儿童权利历史可以发现，儿童作为权利主体是从无到有的事实，在现代社会，人们对儿童作为权利主体基本达成共识。

虽然《公约》中的儿童涵盖了儿童这一群体，但就儿童的意见受尊重权而言，《公约》这一条款显得过于宽泛，这与《公约》本身面向的群体有一定的关系。《公约》中透露出来的理念也值得商榷，如以理性能力成熟度及年龄作为衡量儿童是否享有意见受尊重权的标准，这在儿童权利正当性论述中已做批判，而且《公约》中对儿童意见受尊重权的范围的界定也值得商榷，尤其对于儿童这一特殊群体而言，更是如此。

基于对"意见受尊重权"的理解，儿童在活动中的意见受尊重权，指在活动中，儿童有从自身对各方面的理解出发提出意见，成人积极主动、严肃认真听取并对待儿童意见的权利。从本质而言，儿童在活动中的意见受尊重权，是儿童作为权利主体的体现，即把儿童当成"人"来看待并予以尊重。廖加林认为："一切道德价值的基点在于对作为人格主体的尊重。这种对人的尊重，就是把人当人看，强调他人（包括自我）的人格尊严的不可侵犯性。"① 就儿童在活动中的意见受尊重权的性质而言，它是儿童在活动中的积极权利，要求成人为儿童这一权利的行使和实现创造良好的条件。

儿童在活动中的意见受尊重权实际是儿童在活动中言论自由权的延伸。儿童在活动中言论自由权包括："以儿童能理解和使用的方式，如语言、绘画、表演等方式，传递信息，以及对人和事观点的自由。"即在活动中，儿童有权表达自己对组织、管理、决策等提出自己看法的权利，而表达意见只是儿童言论自由权的表现，只有儿童的意见真正得到成人的尊重，儿童的思想和观念才能真正受到影响，真正体现了儿童利益，从这一层意义而言，儿童在活动中的意见受尊重权是实现儿童参与权的重要条件，如果在活动中，儿童的意见受尊重权得不到保障，儿童的参与也将是形式的、无效的。

我们从对权利本身的理解知道，任何权利都有限度，但是，儿童在活动中的意见受尊重权的限度有其特殊性，即儿童在活动中的意见受尊重权是无

---

① 廖加林. 尊重——公共生活的基础性道德价值 [J]. 道德与文明, 2008 (6): 23 - 26.

限的，其原因有二：首先，对儿童意见的尊重本身是一种"善"，因为儿童是人，这是无可辩驳的事实，儿童与周围世界的互动是其发展的内在需要，这种需要具有客观性和无可取代性，这一需要决定了儿童具有在与周围世界互动中发表自己观点和见解的权利。追求"善"的生活无论如何都是人的正当权利，因此，我们无论如何也不能说"善"已经足够多了，就这一层意义而言，儿童在活动中的意见受尊重权是没有限制的。其次，正如我们对这个世界认知的有限一样，我们对人的发展、儿童的发展规律的认知还远远不够，这一事实要求我们在对待儿童的意见上应始终持敬畏和审慎的态度，而不能止步于目前对儿童的了解，对儿童的意见妄加判断，这一点也体现了罗杰斯（Carl Ransom Rogers）提出的对受教育者"无条件积极关注（尊重）（Unconditional positive regard）"理念。罗杰斯认为："个人内在地拥有自我理解、改变自我概念及态度、自我指导行为的巨大资源。"①

儿童活动中享有意见受尊重权意味着成人有尊重儿童意见的义务。因此，首先，在活动中，成人应对儿童的意见持开放的态度，把儿童的所有意见都看成是其对世界的探索，给予儿童足够的尊重和自由。其次，儿童的理性不成熟是不争的事实，但我们对于什么才是理性成熟理解也存在局限，因此，我们单凭这一点并不能成为我们忽视，甚至轻视在活动中儿童发表意见的理由，理性与感性也不是截然能分开的事物，它们统一于儿童身上。第三，由于儿童表达能力与成人存在巨大的差异，成人可以通过完善的语言和文字等表达自己的意见，但儿童并不完全具备这一点，儿童更多的是借助语言、绘画、表演，甚至是肢体语言、表情等表达方式来表达他们的意见，因此，在活动中，成人应注意鼓励儿童采取这些方式来表达其意见。第四，儿童存在个体差异也是不争的事实，每个儿童的基本需要是一致的，但在某些具体的方面却存在巨大的差异，如个性心理特征，因此，成人应充分了解儿童由于个性心理上的差异导致在意见表达上的差异，在活动中，真正做到尊重每一个儿童的意见。第五，尊重儿童在活动中的意见受尊重权并非等同于全盘接受儿童的意见，但尊重却是接受的前提，接受意味着在活动活动中采

---

① Malikiosiloizou M. Carl R. Rogers：The client – centered approach to therapy ［J］. Epitheorese Koinonikon Ereunon，1980，38（38）：64.

纳儿童的意见并付诸实施。接纳与否的评判标准在于儿童的意见是否对儿童有利，如果对儿童有利，那么就应该在其他条件允许的情况下予以接受并充分肯定提出意见的儿童，如果对儿童不利，那么应该拒绝，但应该向儿童说明不采纳的理由。

五、儿童监督权及其限度

在《说文解字》中，"监，临下也"，引申为"由上至下察看之意"；"督，察也"，有"察看、监管之意"。在《周礼·地官·乡师》中出现"监"和"督"开始连用，"大丧用役则帅其民而至，遂治之"，汉郑玄注："治谓监督其事。"贾公彦疏："谓监当督察其事。"其意为"有大劳役，就率领民夫来到施工地，监督他们执行政令的情况。"自此，"监督"一词有"对现场或某一特定环节、过程进行监视、督促和管理，使其结果能达到预定的目标"。"监督"的英文对应词为"supervision"，该词由"super（在……上方）"和"vision（察看）"组成，其英文解释为"the work of making sure something is done properly and according to all the rules"，汉语意为"确保一切都按照规定、恰当地进行的工作"，"监督"的英文含义指"自上而下进行督察、管理"。在现代语境中，"监督"作为政治学的一个重要概念，与其以往的字面意义相距甚远。尤光付认为："所谓监督，主要是指人们通过自身的内部监督来约束和外部监督的参与等途径来达到维护军事、经济的发展，来完善政治和司法方面等其他目标，从而针对公共权力的资源、主体权责、运作效能等而相对独立地开展的检查、审核、评议、督促活动。"[①] 在民主社会，"监督"不仅仅是自上而下，还包括自下而上的意味，有权利主体之间实现彼此制衡的含义。本文所指"儿童在活动中的监督权"，即在此意义之列。

作为一项重要的公民政治权利，近代西方"权利主体之间实现彼此制衡"意义上的"监督权"往往与公民联系在一起。在古罗马时期，平民可以通过参与立法来限制行政长官权利，到资产阶级革命胜利后，代议制得以确立，西方国家把监督权作为公民一项重要权利确定下来，公民主要通过议会

---

① 尤光付. 中外监督制度比较［M］. 北京：商务印书馆，2003：1.

行使监督权，即通过议会对政府施政审查、人事监督、受理请愿等方式行使监督权，对国家权力进行限制。正是在这种"委托"过程中，公民监督权得以产生，这也是公民监督权在政治文明发展中的进步成果。之所以要对国家权力进行限制，孟德斯鸠指出："一切有权力的人都容易滥用权力，这是万古不易的一条经验。有权力的人们使用权力一直到遇到有界限的地方才休止……要防止滥用权力，就必须以权力约束权力。"①在现实中，对国家权力的制约方面，一是权力之间的相互限制，如西方的"三权分立"理论中"Checks and balances"式的制衡，二是通过公民拥有的权利对国家权力进行制约，即公民依据法律拥有的检举、申诉和控告权对国家权力及其实施者进行外部监督。我国《宪法》第41条中的六项权利提炼为公民监督权②，并认为"公民监督权与平等权、政治权利和自由、宗教信仰自由、人身自由、人格尊严、住宅不受侵犯、通信自由和通信秘密受法律保护等都是与民主权利密切相关的公民权利，是现代民主国家从宪法的高度赋予处于弱势地位的公民对抗国家权力不法侵害的权利。"③

通过对"监督"及本研究对于权利的阐释，监督权指依据道德、法律、习俗，权利主体对客体实施监督行为的利益、主张、资格、权能和自由。从这一界定中可以看出，监督权包含着"监督权主体、客体和内容"三个要素，在内容方面，主要包括权力拥有者运用权力的行为及结果的合法性、正当性和效率等。在我国宪法中，公民监督权主要通过批评、建议、申诉、控告、检举来实现监督权。公民监督权根本目的在于通过约束国家权力、保障公民免受国家权力侵害，实现社会的正义、民主、平等价值。在民主社会

---

① ［法］孟德斯鸠. 论法的精神［M］. 张雁深，译. 北京：商务印书馆，1961：154.

② 王月明把《中华人民共和国宪法》第41条"中华人民共和国公民对于任何国家机关和国家工作人员，有提出批评和建议的权利；对于任何国家机关和国家工作人员的违法失职行为，有向有关国家机关提出申诉、控告或者检举的权利，但是不得捏造或者歪曲事实进行诬告陷害。对于公民的申诉、控告或者检举，有关国家机关必须查清事实，负责处理。任何人不得压制和打击报复。由于国家机关和国家工作人员侵犯公民权利而受到损失的人，有依照法律规定取得赔偿的权利。"中公民的6项权利提炼为"公民监督权"，详见：王月明. 公民监督权体系及其价值实现［J］. 华东政法大学学报，2010，13（3）：38－44.

③ 王月明. 公民监督权体系及其价值实现［J］. 华东政法大学学报，2010，13（3）：38－44.

中，从其性质而言，公民监督权是实现公民基本权利的人权，它是由人类生存和社会生活需要所决定的，因为公民监督权本质上是一种与国家权力相互依存、相互对抗的力量，这一权利的行使和实现目的在于保护公民的其他权利。因此，公民监督权是公民的一项积极权利，需要国家创设良好条件以促进公民这一权利的行使和实施。

通过对公民监督权的含义、性质的理解，我们可以进一步理解公民监督权的价值，即公民监督权的正义、自由平等和社会良好秩序价值。首先，公民监督权的正义价值在于它通过对国家权力的制约、对公民权利的保障，平衡国家权力和公民权利以实现社会正义；其次，公民监督权的良好社会秩序价值在于：基于社会契约理论，公民让渡部分权利给国家，让渡的目的在于更好地实现公民权利，公民让渡出去的权利赋予国家管理社会的权力，使社会中各个权利主体各在其位、各司其职，实现对社会的有序管理。但对于让渡出去的这部分权利，公民有权进行监督使之不得被滥用，使国家对权力的使用符合程序正义和实质正义，这也是公民监督权的正当性之所在。最后，公民监督权是每个公民的基本权利之一，不应受到任何形式的非正义剥夺，是对每个公民自由、平等尊重的体现。只要不妨害其他权利主体合法权利，公民正是通过行使和实现公民监督权，最终才能实现公民的自由和平等。

正如前面所说，儿童期的生活就是大社会生活的"缩影"，是一个"小社会"，与外界的"大社会"一样，其间充斥着不同主体的"权利""权力""权利主体之间关系"。以上对"监督"和"（公民）监督权"的含义的分析，以及对公民监督权的要素、性质、价值的阐释，有助于本研究理解儿童在活动中的监督权。

儿童在活动中的监督权，是指在活动中，儿童有对活动中出现的诸如其他成员对活动规则遵守、对活动中的共同协议或决定的执行等进行监督的权利，有对违背规则、活动共同协议等的行为进行批评、建议和质询的权利。儿童在活动中的监督权的要素有作为权利主体的儿童，作为权利客体的儿童中的其他儿童和成人，权利的内容包括活动成员对活动规则的遵守、对活动共同协议或决定的执行情况。

在活动中，儿童的监督权是儿童生活中的一项重要权利，与成人在社会

127

生活中政治权性质的监督权不同，儿童在生活中的参与权来自儿童的当下和未来过上民主生活的需要，这一需要的满足具有明显的向善性，以正义、平等和自由为价值基础。与成人在社会生活中的监督权类似，儿童在活动中，也是把原本属于个人权利的部分让渡给集体，通过集体活动来满足儿童过好生活的需要，那么儿童就有权对由集体行使管理的权力进行监督。与成人在社会生活中的监督权不同的是，在活动中，儿童直接而非间接行使和实现监督权。儿童在活动中的监督权既有条件性权利的特点，即，儿童在活动中的监督权的行使和实现是儿童其他权利行使和实现的重要条件，如儿童在活动中的监督权之于儿童参与权；儿童在活动中的监督权也有目的性权利的特点，该权利自身即目的，儿童在活动中的监督权本身就有重要的意义，是正义、自由和平等价值的深刻体现。

儿童在活动中的监督权是儿童的一项积极权利，儿童有从该项权利的行使和实现活动中获益的权利，这种获益包括儿童自身权利的保障和实现，也包括从该项权利的行使和实现中过上民主生活的可能。正是通过这种积极权利的行使和实现，使得儿童的其他权利得以保障和实现，如对儿童的知情权、言论自由权、意见受尊重权的实现具有重要意义，反之，知情权、言论自由权、意见受尊重权也是实现儿童在活动中的监督权的重要条件。作为儿童在活动中的一项积极权利，这要求成人为儿童行使监督权创设良好条件，创设民主的活动氛围。在活动中，儿童的监督权作为一项重要的积极权利，但也有其界限，其界限在于儿童在行使和实现监督权的过程中不侵害其他儿童的权利。

儿童在活动中监督权的价值在于对儿童的成长及管理两个方面。首先，儿童在活动中的监督权的行使和实现对儿童形成民主、自由、平等观念及权力意识和权利能力具有重要意义。在活动中，儿童通过行使监督权，不但能理解自身权利意味着什么，也能理解他人的权利意味着什么，对集体生活的规则和管理也能有更加深刻的理解，同时，在监督权的行使和实现过程中，儿童形成民主参与及管理能力，为当下和将来过上民主、自由的生活提供可能。其次，儿童在活动中的监督权的行使和实现对形成民主的集体氛围、良好的秩序具有重要的意义。在活动中，儿童通过行使监督权，实现对规则、活动共同协议的遵守情况的监督，对违背规则、活动共同协议等的行为进行批评、建议和质询，使按照共同规则和协议运行，形成良好的秩序，形成民主的活动氛围。因此，成人应在制定规则时，强调儿童的监督权，并在活动中灵活采取措施和策略不断强化儿童的监督权意识，并在活动中鼓励儿童行使监督权，提高儿童行使监督权的能力，注重儿童的权利行使和表达方式。

第五章

活动领域中的儿童参与权

俗话说"儿童是用来看的，而不是用来听的（children are to be seen but not heard）"，反映了人们普遍接受儿童不适合在公共领域或家庭治理中发挥任何积极作用的看法①。斯特兰布（Strandbu 2004）② 在其研究儿童在决策过程中的互动时，经常看到，儿童在家庭和儿童福利事务中有发言权的机会被忽视。随着儿童权利、儿童参与权的确立，儿童在家庭、社会和学校的参与权得到了一定的重视和保障，但是，以往的旧观念的影响仍然很深刻。本章就儿童在家庭、社会和学校中的参与权进行讨论。

第一节　家庭中的儿童参与权

一、儿童在家庭中有参与权吗？

与大多数文化中的传统相比，承认儿童参与的权利需要更加重视家庭生活中的协商、妥协和信息共享。它确实挑战了父母对儿童生活的完全控制权和权威。在世界许多地方的家庭中，没有让儿童参与影响他们的决定的传统。相反，儿童应该按照他们被告知的做，而不是问问题。反对在家庭中提

---

① Woodhouse, Bennett B. Listening to children: Participation rights of minors in Italy and the United States [J]. Journal of Social Welfare and Family Law, 2014, 36 (4): 358 – 369.

② Strandbu, A. Children's Participation in Family Group Conference as a Resolution Model [J]. International Journal of Children and Family Welfare, 2004, 7 (4): 207 – 227.

倡儿童参与权会的理由涉及以下几个方面：

（一）这会让儿童无礼

这种担心建立在对参与概念的误解之上。承认儿童有权表达自己的观点并给予尊重并不意味着儿童有权无视他人的观点，或按自己的意愿行事。相反，要学会认真对待自己的观点，就必须听取别人的观点，尊重别人的意见。这样，儿童就有机会了解权利所产生的互惠和相互责任。此外，第12条不建议父母和其他看护人将决策责任移交给儿童。相反，这需要一种更民主的方式来做出这些决定，父母要对他们的儿童还不能做出的所有决定承担责任。

来自南亚的一系列案例研究记录了参与性举措，提供了令人信服的证据，证明给予儿童责任可以加强而不是削弱家庭关系①。他们发现尊重儿童所说的话不会导致对父母缺乏尊重。事实上，许多家长和儿童都提到改善了家庭关系，更加尊重父母，并为当地社区做出了积极的贡献。家长重视儿童日益增强的信心和技能，并表示参与为儿童打开了新的机会。在某些情况下，儿童觉得父母的态度发生了变化，导致了更少的体罚，而且由于这个项目，成年人对他们的态度也不那么严格，对他们友好。在马尔代夫开发的一个联合国儿童基金会项目中清楚地说明了这些好处，该项目旨在提高家长对倾听儿童的价值的认识，尤其是在犯罪率、药物滥用和家庭破裂的日益严重的背景下。该计划旨在帮助父母对儿童做出更积极的反应，并为他们提供必要的技能，使他们能够有效地对儿童做出反应。它还为年长的兄弟姐妹提供了如何通过交流和互动刺激较小的儿童成长和发展的想法：目的是让他们看到儿童需要的不仅仅是被监视。作为这项工作的结果，许多父亲和母亲都认识到了与他们的儿童对话和交流的好处，一些人遗憾的是，当他们的其他儿童还小的时候，他们不理解对话和交流的重要性。

（二）儿童不应承担不适当的责任

当然，儿童不应该参与超出他们能力范围的决定。但越来越多的证据表明，将儿童排除在家庭决策之外会导致更大而不是更少的焦虑和压力。例

---

① Lansdown G. Regional analysis of children and young people's participation in South Asia：implications for policy and practice［R］. UNICEF ROSA，Kathmandu，2004.

如，大量的父母没有和他们的儿童谈论即将到来的婚姻破裂。有人辩称这会使儿童心烦意乱。然而，对儿童的研究表明，他们对父母之间的矛盾非常敏感，经常完全意识到这些问题，并因未能被告知他们正在做出的决定而感到受伤、担忧和脆弱（有关最近研究的概述，请参见 Hawthorne 等人 2003）。

（三）让儿童参与进来是很费时的

毫无疑问，在短期内，不让儿童参与，决策会更快。然而，如果没有他们的观点，父母很难代表他们做出正确的决定。给儿童机会参与决策，让他们有机会学会平衡不同的观点，并对自己的行为承担更多的责任。

（四）这可能会给儿童带来危险

父母有责任促进儿童的最大利益。在这样做的过程中，他们需要平衡考虑儿童的愿望和感受与保护他们免受伤害的权利。例如，一个 2 岁的儿童不能被留下来决定去一条车水马龙的道路上跑步。儿童没有能力了解所涉风险的性质，允许儿童进行运动选择的后果将使儿童面临潜在的危害。但是，她或他可以根据天气和当天预期活动的信息，参与决定穿什么衣服。例如，决定是否穿外套上学，必须基于强迫儿童穿他或她认为限制性的衣服所造成伤害来计算，而不是儿童感冒的可能性（Miller 1999）①。在支持和信息的帮助下，非常小的儿童可以在风险阈值较低的情况下负责许多决策。帮助儿童权衡各种选择并了解不同选择的含义，是增强儿童做出明智和充分知情决策，以及对其行为承担责任的能力的一种手段。儿童从犯错、应对后果和为未来吸取教训中学习。

二、促进儿童在家庭中的参与权，我们做了什么？能做什么？

（一）相关法律制定颁布

在许多国家，家庭对国家干预其作用的抵制是可以理解的。家庭有权享有隐私，有权尊重他们在抚养子女时所做的选择。然而，家庭自治并非无限的。国家在引入支持家庭尊重儿童根据其不断发展的能力，参与影响其生活的决定的权利的立法和构建方面可以发挥作用。

---

① Miller J. All right at home? Promoting respect for the human rights of children in family life [R]. Children's Rights Of? ce, 1999.

　　这些法律起着两个作用。首先，他们引入了年龄限制，限制父母在儿童有能力之前代表他们做出具体决定——例如，最低结婚年龄。第二，它们向父母提出了更广泛的主动义务，要求他们根据儿童不断发展的能力与儿童协商，并让儿童参与影响他们的所有决定。在建立保护儿童的年龄限制方面已经取得了相当大的进展。然而，很少有国家在法律中引入明确原则，规定父母与子女协商，并在做出影响子女的决定时考虑他们的意见。

　　有人担心，立法赋予儿童参与权，限制父母的管束权利，会导致家庭内部的冲突和产生不尊重。许多这样的关注没有认识到尊重儿童的愿望需要在他人的愿望和需要的背景下进行。一些儿童希望做出的选择会强加给他人，例如，儿童希望继续受教育的愿望可能会强加给父母严重的经济负担[1]。有些选择会与他人行使权利相冲突，例如，希望继续接受教育的年长儿童可能会剥夺年幼儿童接受教育的权利。在这两种情况下，除了儿童的能力之外，其他因素必然会决定如何做出决定。儿童，像成年人一样，需要明白，不尊重他人，就无法行使权利。

　　在实践中，一些国家已经制定了赋予儿童参与家庭决策的权利的规定，这表明儿童没有滥用这一权利。在挪威，自1981年起实施了赋予儿童参与影响他们的决策权利的立法，其结果是积极的，正如以下观察所表明的那样："从总体上看，现代家庭生活似乎已经开放了儿童和父母之间的同情话语。很显然，过去通过父母和儿童之间的专制、父权关系进行的社会控制似乎正在解体，在这种关系中，父母和儿童的从属关系被制裁和惩罚所维持……这也意味着儿童开始把自己看成是一个拥有自己的权利人，需要被理解和以同样的方式看待。"[2] 赋予儿童参与权可增强儿童的能力和父母与儿童之间的相互尊重。

　　尊重儿童在家庭中不断发展的能力也必须承认父母角色的重要性。正如

---

① Lansdown, G., Taking Part: Children's participation in decision-making [M]. Institute of Public Policy Research, London, 1995.

② Dalhberg, G. Empathy and control: On parent-child relations in the context of modern childhood [R]. Symposium of Modern Childhood: On Everyday Life and socialisation of Young Children in Modern Welfare States, Minneapolis, 1991.

安德森（Alderson 1997）① 的研究表明，大多数儿童想要在影响他们的重要问题上发表意见，许多儿童希望能够自己做出决定，但他们希望在与家人协商并得到家人的支持下这样做。让儿童有机会对他们能够做出的决定负责，这并不能消除父母的责任。相反，它让父母和儿童都认识到决策是一个相互依存的过程。可以制定育儿方案，建立在家庭中相互尊重彼此权利的概念的基础上，并借鉴世界各地不同文化的积极养育方法。

（二）父母了解儿童的能力

来自联合国儿童基金会对南亚的一系列案例研究记录了参与性举措，并提供了令人信服的证据，证明给予儿童责任能够加强而不是削弱家庭关系②。有证据表明，尊重儿童的意见不会导致其对父母的不尊重。的确，许多父母和儿童都把改善家庭关系、更加尊重父母及对当地社区的贡献作为积极的结果。父母重视儿童增强的自信和技能，认识到参与为儿童提供了新的机会。例如，参加以学校为基础的儿童俱乐部的儿童开始努力改善学校条件，并为社区项目游说，其中之一是建造一座桥梁以缩短他们上学的路线，并且还提高了对令人关注的问题的认识，包括需要制止和防止家庭暴力。在一些情况下，儿童感到父母的态度已经改变，导致更少的体罚，这个项目的结果是，成年人对他们不那么严厉而更加友好了。

需要鼓励家庭认识到尊重儿童的重要和他们独特的能力——包括成年人所缺乏的许多能力，以及儿童对家庭生活的宝贵贡献：精力、幽默感和乐趣、想象力、创造力、自发表达爱，在争吵的父母之间调停，宽恕的意愿、学习新语言的速度、信息技术的技能。通过这些和许多其他方式，儿童将他们的技能和知识带给他们的家庭。这意味着家庭关系是建立在家庭成员相互依存的基础上，而不仅仅是基于儿童对成人依存的假设。

对父母来说，理解并承认儿童在生活中任何特定时期能力的局限性及不要强加给他们不适当的要求也很重要。儿童常常因为没有达到父母对行为或

---

① Alderson P. Changing our behaviour：Promoting positive behaviour by the staff and pupils of Highfield Junior School ［M］. Highfield Junior School/Institute of Education，London，1997.

② UNICEF，Wheels of Change：Children and young people's participation in South Asia ［R］. UNICEF，Kathmandu，2004.

理解的期望而受到惩罚。尊重发展的能力不仅包括尊重儿童能做什么，也包括尊重他们不能做什么。儿童有权得到尊严和尊重，不论其年龄和能力水平如何。例如，有学习障碍的儿童不会因为智力能力有限而丧失他们的权利和被尊重的权利。

（三）可能的行动

通过有效措施，转变家长观念，促进家长承认儿童有参与影响他们的所有决定的权利；承认和尊重儿童能力的重要性；儿童不应承担不适当的期望或责任；所有儿童的平等权利，不分性别、种族、民族或宗教身份或残疾与否；儿童根据其不断发展的能力行使权利的权利，让所有家庭成员有能力对他们能够做出的决定负责；参与影响他们的所有决定并认真对待他们的观点；认识到过度保护会使儿童增加脆弱性，赋予儿童责任并允许他们测试自己的界限，这可能是最有效的保护形式；认识儿童在家庭中所做的贡献，父母与儿童在多大程度上相互依赖，以及随之而来的相互尊重的家庭关系的必要性。

进一步制定和完善法律，承认家庭中的儿童有权根据其不断发展的能力参与影响他们的所有事务。当儿童在家庭中的参与权受到侵害时，儿童能够通过有效途径获得帮助。

第二节　社会中的儿童参与权

儿童作为一个社会群体，并没有被广泛认为在社会中有采取"公共行动"的地位。事实上，"公共行为"一词在儿童研究领域并不常见；相反，"参与"这一概念在政策和学术话语中占据主导地位。这表明，儿童的参与是以特定的方式被界定的，承认某些活动，同时排除其他活动。儿童与政府作为积极公民参与的能力往往不仅受到结构性障碍的阻碍，而且还受到童年主流理解导致的潜意识偏见的阻碍。在制定计划和政策时，儿童被广泛认为是工具性利益攸关方，而不是社会转型过程中的关键角色。然而，儿童已经在各种背景下证明了他们作为社会变革推动者的能力。

影响儿童生活的决定在很多机构内由许多不同的专业人士做出。许多儿童与法院、医院、住宅、刑罚和儿童保育机构接触，法官、警察、治安法官、医生、护士、精神病学家、儿童保育工作者、社会工作者、青少年工作者和行政人员都可以对他们行使权力。这种权力经常在没有适当地提及儿童能力的情况下行使。这种趋势是低估儿童的能力，在这样做时，既没有尊重儿童的权利，也没有利用儿童能够贡献的专门知识和观点。科比（Kirby 2002）① 回顾了大约27项参与式项目的评估，并得出结论认为青少年对公共决策的影响很小，尽管有证据表明"良好的参与式工作"可以提高年轻人的信心和技能，并为他们提供交朋友的机会。

（一）在地方和国家政治进程中的儿童参与权

在许多西方国家，人们担心年轻人对民主缺乏兴趣，但没有同时认识到给予他们正式表达政治观点权利的潜在好处。目前，波斯尼亚和黑塞哥维那、巴西、克罗地亚、古巴、尼加拉瓜、菲律宾、塞尔维亚和黑山及斯洛文尼亚的投票年龄为16岁。伊朗的投票年龄是15岁，在德国的一个州，16岁和17岁的儿童可以参加市政选举②。在世界其他地方，18岁以下的儿童被剥夺选举权，而这些儿童中有不少正在工作和纳税、是武装部队成员、已婚、对儿童负责、照顾其他家庭成员或学习。

儿童参与是促进儿童能力、自尊和自信的重要因素。各级政府也有义务努力提供必要的资源，保证儿童福祉和最佳发展的其他所需要素：足够的住房和生活水准、游戏和教育机会、获得康复的机会、保护和免受剥削和虐待。有证据表明，儿童和青少年希望有更多参与的机会。与英国儿童进行的一系列磋商表明，青少年对更多的政治参与机会相当感兴趣③。在一项针对

---

① Kirby, P. Measuring The Magic? Evaluating and Researching Young People's Participation in Public Decision Making [M]. London: Carnegie Young People Initiative, 2002.

② Children's Rights Alliance for England. The REAL Democratic Deficit, Children's Rights Alliance for England [R]. London, 2000.

③ Three UK surveys have been undertaken involving nearly 1,000 children: RESPECT, Article 12, London, 2000; It's not fair: Young people's reflections on children's rights, Children's Society, London, 2000; and We have rights Okay: Children's views of the UN Convention on the Rights of the Child, Save the Children UK, Leeds, 1999.

欧盟成员国儿童的调查中，儿童表达了更强烈的政治认同愿望①。1997 年在奥地利进行的研究中，800 名 13 至 17 岁的青少年被问及他们是否希望获得政治信息和参与。其中，93% 的人表示，他们希望了解本市计划何时开展新项目，65% 的人希望政治家有青少年开放的政治咨询时间②。

除了正式的代表权之外，还需要在地方和国家各级采取行动，促进更加尊重所有年龄的儿童表达他们对影响其生活的政策和服务的看法的能力。尽管一些国家的地方政府和国家政府在建立协商机制方面取得了一些进展，但儿童仍然被视为接受者、受抚养人、受害者、肇事者、捣乱者或辍学者。他们很少作为活跃的、能干的参加者参加公共场合。然而，儿童做出了不可估量的贡献，促进一种更加尊重儿童及其潜在贡献的文化符合儿童和政府的利益。这或许可以从意大利促进儿童在社会中的参与权，以及印度工业协会与Prem Nivas 合作在古吉拉特邦库奇区尝试建立儿童议会的做法中学到什么。

意大利儿童在社会中的参与权③（作者翻译）

与国际和地区人权法保持同步的意大利人早已认识到儿童参与社会参与的权利。欧洲部长委员会最近的指导意见是 2012 年关于参与和儿童参与评估工具的建议，旨在指导其成员评估其实现这些权利的进展（欧洲理事会，2012a，2012b）。最近意大利的倡议范围从将青少年的声音纳入社会科学研究到能够直接参与公民生活。这些不仅仅是休闲或非正式活动。第 285/1997 号法律题为"促进儿童和青少年权利和机会"，设立了一个促进参与倡议的基金，确定了要支持的倡议类型，并要求定期评价。第 285/1997 号法律援引"儿童权利公约"，呼吁采取积极行动，促进儿童和青少年的权利，行使其基本公民权利，改善未成年人享受自然和城市环境，改善福祉和未成年人的生

① Lansdown, G. Challenging discrimination against children in the EU: A policy proposal by Euronet［R］. Euronet, Brussels, 2000.

② Children's Rights Alliance for England. The REAL Democratic Deficit, Children's Rights Alliance for England［R］. London, 2000.

③ Woodhouse, Bennett B. Listening to children: Participation rights of minors in Italy and the United States［J］. Journal of Social Welfare and Family Law, 2014, 36 (4): 358 – 369.

活质量，尊重性别差异和文化种族多样性。

　　儿童的参与概念上是主动的和公开的，而不是被动的和私人的。除了教育儿童之外，活动还应使他们能够发表集体意见，并在公共领域行使自主权和代理权。根据这项法律，倡议必须包括儿童参与设计和执行，并且优先事项必须基于儿童自己的观点。

　　参与有三种基本形式：1）游戏/娱乐和表达；2）在项目中；3）在民间组织，青少年理事会和论坛。必须以适合年龄的方式征求儿童的意见。例如，用由7岁至11岁和11岁至14岁的儿童组成的重点小组来确定参与权对不同年龄组和个人意味着什么。并非问儿童抽象问题，而是从事角色扮演（例如，扮演检察官、辩护人和法官）。这些策略产生了具体的想法并引发了激烈的辩论。

　　游戏和娱乐项目的目标是增加儿童和青少年聚集和互动的公共空间，包括人为和自然空间，在这些活动空间里，儿童和青少年聚集和互动。为儿童准备的游戏中心、青少年中心、游乐场、博物馆和其他学习空间、日间营地、社区中心和公园——所有这些都是有待支持的场所，并在它们缺乏的地方创建，以便儿童可以自由"聚集"并进行互动。

　　第二类包括正式项目，如 Citta' dei Bambini（儿童城市）和 Citta' Sostenibili（可持续城市），这是环境部的一个项目。项目也可以是当地的，并侧重于特定村庄或城市中儿童特别重要的问题。青年参与要求儿童成为领导者而不仅仅是追随者。青年作为研究对象、作为家庭决策的参与者、作为与体育俱乐部和同龄群体有关的社会行动者，以及作为学校和社区治理的积极参与者提供投入。许多项目涉及为公共生活中的儿童和青少年保留空间。例如，一个名为 Partecipiamo（让我们参与）的项目让阿布鲁佐地区受地震影响社区的高中学生参与评估2009年灾难对他们生活的影响，并寻求能够满足青少年社会需求的解决方案。由于社会排斥和失去同伴支持，儿童经历了社区的迁移和离散。虽然重建旧社区的速度很慢，但需要立即采取行动，以减少青年友好空间——街道、广场和公园的损失。Partecipiamo动员学生与当地政府、学校和私人实体合作以设计构思、建立和运营新的和可访问的、对儿童和青少年友好的公共空间。

　　第三种主动、决策或政治参与，采取多种形式，但从比较的角度来看，其最显著的特点是它在法律上加强了将青年纳入机构决策的法律结构。例如,《中学生条例》(第 249/1988 号法律,经第 235/2007 号法律修改)援引意大利宪法和 CRC,确立了学生言论、思想、良心、宗教自由及尊重所有人的尊严的权利,而无论其年龄或社会地位。参与权在第 2 (4)和 (5)条中明确规定,学生有权参与教育机构的生活,并且必须有机会在决策中表达自己的观点。

法律结构也支持青年参与国家政策领域。Nazionale delle As. azioni Studentesche 论坛(全国学生组织论坛)(第 79/2002 号法律)动员独立的学生组织推选代表并与教育部合作(Nazionale delle As. azioni Studentesche 论坛,2002 年)。每个中学学生团体选举两名代表参加省立学生会(CPS)(省学生委员会)。他们必须定期与教育部会晤,讨论政策问题,并表达选民的意见。理事会成员也可以帮助那些有怨言、建议或问题的学生。这些倡议利用交互式网络技术,旨在促进青年直接和积极地参与,而不是被动地传递信息。例如,省学生会的门户 Spazioconsulte 包括一个新闻站点,该站点包含由青年为青年创建的文本和视频流。通过访问这个网站,青年可以无缝地跨越国界,访问欧洲联盟和联合国儿童基金会(儿童基金会)的材料和倡议。

在地方政府层面,许多城镇通过建立 Consiglio Communale dei Ragazzi 或 CCR(儿童市议会)来响应第 285/1997 号法律和"儿童权利公约"第 12 条(2014 年,Comiglio Comunale Ragazzi della Citta`di Udine)。Udine 是意大利北部一个拥有大约 10 万人口的城市,Udine 于 2000 年按照市政法成立了儿童市议会,详细规定其程序、职责和职能,它由 9 至 15 岁的儿童组成,由乌迪内公立学校的同龄人选举产生。该委员会有 22 名成员,男女相同数量,每年在市政厅举行八次会议,并有城市提供的预算和网页。其法定权力包括向市议会提出建议的权利。虽然会议记录和博客显示青年人正在计划一个体育日,但他们也参加了城市平等机会委员会的一个项目——新卡萨德尔·多恩(妇女中心)的开幕仪式。不是将女孩与女性隔离开来,而是鼓励女孩动员起来反对社会问题,例如打击性别定势观念和性暴力。

2008 年开始的经济危机对意大利青少年影响尤为严重。2014 年第一季度,15 至 24 岁青少年的失业率达到 46%(Iossa,2014)。意大利的年轻人对欧洲央行(European Central Bank)推行的政策影响进行了有力的权衡,衡量欧洲央行实施严厉紧缩政策，作为向挣扎中的欧盟经济体提供货币支持的条件。年轻人的教育、日常生活和未来都陷入了困境，而政客们却继续抵制早就应该削减的奢侈生活方式。意大利大学生有着悠久的社会活动和抗议历史，但今天的年轻学生也参与了倡导活动。2008 年，为了应对经济危机的影响，几个学生联盟聚集在 Rete degli Studenti Medi（中学生网络），利用街头抗议、发表公报及罢工，反对削减教育资源，抗议青少年缺乏机会。

儿童议会①

参与不仅是达到其他目标的一种手段，而且也可能是一个独立的目标。CIAI 完全致力于加强儿童的参与，为家庭、社区和学校中的儿童提供声音和权力。印度工业协会最近在这一领域开展了一项最具说明性和最成功的倡议。2011 年和 2013 年，与 Prem Nivas 合作实施了促进古吉拉特邦库奇区（古吉拉特邦）教育和健康权、增强和改善社区机会的项目，该项目旨在为古吉拉特邦农村地区的可持续发展进程和设施建设做出贡献。儿童议会是为确保儿童参与而推动的举措之一。

"儿童是建设未来国家民主的关键。因此，有必要提高儿童对其权利的认识水平，并教育他们在该国的责任。Prem Nivas 认为，建立和加强儿童议会是促进儿童参与确保受教育权利、学校和社会儿童的基本需要、保护环境及提高他们对经济治理结构的认识的一种手段。儿童参与了这一过程，以使他们能够了解自己在社会中的角色和责任，并拥有家庭、学校和社会，从而改善他们的生活，提高他们作为权利持有人的要求"。

2013 年底，31 个儿童议会成立，其中 347 名儿童在由普莱姆·尼瓦斯（Prem Nivas）创办的夜间补习中心学习。儿童议会成员接受了通过持续能力建设培训分配给他们的角色和责任。儿童议会的结构类似于印度议会下院直接选举产生的落沙巴（Lok Sabha）议会。因此，成员（总统和部长）是通过参与式选举产生的，议会每两个月在每个村庄举行一次会议。通过这种方式，儿童能够在项目团队成员、家长和社区成员面前讨论影响他们生活的问题（如教育、健康、村设施、环境问题）。根据会议提出的问题，向儿童提

---

① Francesca Parigi. Guides On Children's Participation［M］. CIAI, 2015.

供了适当的指导方针，以选择适当的战略来解决问题（例如，写请愿书、为入学运动举行集会、纳入边缘化儿童和家长）。此外，儿童每六个月发行一期"Bal Sansad"（儿童议会）杂志，在 Prem Nivas 项目组的协助下由儿童全面筹备。该杂志的目的是确定议会取得的成果，并向儿童提供一些关于健康、卫生和其他相关问题的有用而有趣的信息。

儿童议会的活动

儿童银行。对儿童来说，培养一些财务管理能力是非常有用的，比如储蓄的习惯。2013 年底，儿童银行在 8 个村庄成立，获得了 294398 卢比的储蓄。

社会文化活动。为弘扬民族文化，举办了一系列活动，如以儿童为主角庆祝国庆节等。

环境活动。儿童议会在他们自己的村庄里种植了 2699 棵树。除了种植树木外，儿童议会成员定期通过给植物浇水来照顾 80% 的树苗。

（二）在健康医疗中的儿童参与权

儿童有权并有能力为自己的医疗保健做出贡献。例如，即使是非常小的儿童也可以描述他们喜欢或不喜欢住院的情况和原因，并且可以提出一些想法，使他们的住院不那么可怕和痛苦，只要他们得到适当的支持、充分的信息，并允许他们以对他们有意义的方式表达自己——图片、诗歌、照片，以及更传统的讨论、采访和小组工作。安德森（Alderson 1997）① 对 3—12 岁糖尿病患者的研究表明，即使是非常小的儿童，如果他们得到适当的信息和支持，也可以表现出他们对自己医疗保健的相当程度的理解和责任。他们的理解水平是根据他们的个人经验，加上对他们的期望和鼓励水平而发展起来的。例如，该研究发现，一个 4 岁和 6 岁的儿童都对他们的注射负责。儿童之间的能力水平明显不同，但研究中的每个儿童都表现出一些技能，包括：

---

① Alderson P. Changing our behaviour：Promoting positive behaviour by the staff and pupils of Highfield Junior School ［M］. Highfield Junior School/Institute of Education，London，1997：337.

- 自己验血；

- 注射胰岛素；

- 了解限制饮食的必要性；

- 了解他们注射胰岛素的需要；

- 解释他们的身体感觉；

- 向他人解释糖尿病的含义；

- 拒绝吃甜食或限制其摄入量；

- 评估食物价值；

- 选择适当的食物，以适应他们的血糖、胰岛素水平和能量需求；

- 处理好与朋友的关系；

- 处理好诊疗。

- 它使他们能够回答他们可能有的任何问题，并避免误解。

- 它减轻了他们的焦虑，帮助他们更好地应对治疗。

- 这给了他们信心——如果他们参与治疗过程，他们不会担心在没有他们的知识或理解的情况下会采取行动。

- 它鼓励合作——如果儿童缺乏信息，他们可能会更害怕，因此不愿意或不能在治疗中合作。反过来，干预将更加痛苦和煎熬。

- 它避免了不必要的痛苦，因为当信息被隐瞒时，儿童可能会不必要地担心他们将要发生什么。

- 这会使他们更好地了解自己的医疗保健需求。

- 他们觉得更受尊重。

- 它鼓励他们为自己的健康承担更积极的责任。

例如，许多儿童害怕注射。给儿童提供为什么注射是必要的信息，表达他们恐惧的空间，也许是拿着和检查注射器，画一张能让他们感觉更勇敢的图片，在注射时有机会有一个重要的成年人在场，可以帮助儿童克服焦虑，参与到给儿童注射药物的过程中。相反，不考虑儿童的观点而注射可能会加剧恐怖。

儿童有权并有能力和为自己的医疗保健做出贡献，还表现在儿童的参与对改善医疗服务方面的巨大作用，在威洛（Willow 1997）① 的研究中提到两个令人印象深刻的儿童参与改善医疗服务的案例。

设计医院

计划在英国的德比建立一所新的儿童医院。建筑师的预算为 1200 万英镑，以及建造医院的空地。他们认为向孩子询问他们想要的医院是很重要的，所以他们让 130 名 6 至 16 岁的孩子参加小组讨论和研讨会，了解他们喜欢和不喜欢去医院的经历，以及他们的经历如何为设计提供信息。儿童的投入使建筑师深入了解了孩子们想要的建筑类型，以及如何更好地满足他们的需求。其中一位建筑师评论道："这种锻炼使我们的工作变得更加容易……现在我们知道他们想要什么……这是他们的建筑。"新医院的许多功能都源于孩子们的建议，包括儿童可自行办理入住的接待区。

改善医院护理

在英国纽卡斯尔的一个医院项目中，儿童通过问卷、建议箱和儿童论坛来识别关注的问题并改进未来的服务。儿童的担心包括糟糕的食物、不舒服的橡胶床垫、露背的剧院长袍，使他们感到脆弱和暴露、夜间病房的噪音及住院时的普遍厌烦。他们想要更大的储物柜，羽绒被，而不是毯子、软毛巾和更多的视频选择。作为回应，医院推出了新的食品手推车，重新设计了礼服，买了新床垫，并对最受欢迎的视频进行了调查。孩子们感到，由于他们的积极参与和对解决他们关心的问题的承诺，他们现在可以更容易地和护士和医院工作人员交谈，并且对住院感到更快乐。关键因素是护士的态度，他们介绍了该项目，尊重儿童的观点和经验，并认识到他们的能力，以帮助使医院成为一个更好的地方。

（三）在法律程序中的儿童参与权

在法律程序中的儿童参与权，主要指儿童参与社会法律程序的权利，如在法庭上担任证人，参与由法院做出的关于儿童日常生活的决定，例如，父

---

① Willow, C., Hear! Hear! Promoting children and young people's democratic participation in local government ［R］. Local Government Information Unit, London, 1997.

母离婚时有关抚养权和探视权的决定，以及有关收养或安置子女的决定。我们可以通过对意大利和美国儿童参与法律程序来进行理解。

意大利人将儿童的参与权称为"ascolto"的权利，来自动词 ascoltare（倾听）。除了简单地被听到之外，必须通过理解、关注和尊重来倾听儿童的声音。ascolto 的权利比美国法律所熟悉的"被通知权，被审理机会权和律师代理权"更广泛、结构化程度更低。在美国，事实调查是基于证人证词和作为证据提交的文件，经过盘问，并在公开法庭上记录在案。意大利法院由一种非常不同的审问，而不是对抗性的模式发展而来，因此听到儿童的方式可能会有不同的表现。意大利家庭法院的法官和律师亲自在法院游戏室或室内与儿童见面和观察。青少年听证会是秘密举行的，儿童的 ascolto 可能依靠专业人士向决策者解释未成年人的观点和需求。

意大利法律在儿童保护和少年司法之间划分了一条明显的分界线。关于起诉未成年人的少年法承认他们的脆弱性和保护免受家庭和社区审讯和隔离的创伤的需要（Nelken，2006）①。只有 14 岁及以上的儿童才可以在少年法庭受审；犯下犯罪行为的儿童被转介到社会服务部门，以获得家庭和社区服务。除了防止自证其罪，限制未成年人被拘留及用国家费用聘请律师的权利之外，意大利少年法还要求在少年案件的所有阶段都有"适当的成年人"来支持儿童。如果父母不能或不愿意担任这一角色，则委任另一名儿童信任的成年人。

儿童最近获得了更多参与民事法庭的权利。根据意大利法律，意大利Corte Costituzionale（宪法法院）将 CRC 解释为一项自动执行条约，要求在涉及其福利的案件中承认儿童为利益相关方。2006 年 2 月，通过了一项重大改革，必须在分居和离婚期间的监护决定中听取儿童的意见（Piercarlo Paze，2011）②。

意大利儿童律师可以指出书中的法律与实践中的法律之间存在的许多问

---

① Nelken, D. Italy: a lesson in tolerance? [C]. Comparative youth justice: Critical issues, London: Sage, 2006: 160 – 174.

② Piercarlo Paze. Le novita 'nell' ascolto del bambino [EB/OL]. ((2011) – 2 – 3) [2018 – 3 – 3]. Istituto degli Innocenti. Retrieved from http: //www. minori. it/sites/default/files/cittadini – in – crescita_ 2 – 3_ 2011. pdf.

题和分歧：许多人担心，少年诉讼的非正规性会通过允许过度的交流自由和过多的司法自由裁量权来削弱未成年人的正当程序权利（Kethineni S. 2006）①。此外，以家庭为中心的方法适用于许多意大利人，无法满足罗姆人、北非和东欧社区边缘化社会青年的需求。但是，意大利在保障儿童在法庭诉讼程序中听取的权利方面取得了重大进展。

在美国，公民有理由为他们 225 年宪法的悠久历史感到自豪。这份简短的文件从未提及儿童或家庭。虽然最高法院已经将《宪法》的内容解释为适用于儿童，但未成年人在宪法方案中仍然处于边缘地位。作为一项限制消极权利的宪章，美国宪法规定政府不能做什么，而不是规定公民的积极义务。例如，第一修正案规定，政府不得侵犯言论自由、新闻自由和和平集会的权利。最高法院将此解释为保护儿童和成人免受政府镇压的表达行为，但儿童的言论自由权取决于父母的认可，并受到家长主义的影响。大多数第一修正案的案件涉及学校中的学生，法院经常服从教育优先事项，如维持秩序和避免扰乱学校活动②。另一项规定，"正当程序条款"在界定人的权利方面发挥了中心作用。根据第五和第十四修正案，联邦政府和州政府不得在不提供公平程序的情况下剥夺一个人的生命、自由或财产。第六和第七修正案保护成年人在刑事法院和一些民事或行政诉讼中得到律师辩护的权利。这些正当程序权利中的一些已经以有限的形式扩展到未成年人。

独立的少年法庭或"少年罪犯"法庭，采用非正式程序，强调复原目标，可追溯到 20 世纪初。然而，未成年人的正当程序权利常常被忽视。1967年，最高法院在 Gault 发布了 387 号修正案，规定正当程序条款适用于被指控"有罪"行为的儿童（即成年人犯下的罪行）。在少年法庭受审的儿童有许多与成年人在刑事法庭审判相同的权利。这些权利包括通知对他们提出的指控、在法庭上审理，如果他们负担不起，有权任命一名法定代理人，以及免于自证其罪的权利。具有讽刺意味的是，在犯罪法庭引入正式程序可以减少青少年的言论。儿童律师经常劝告他们不要发表自己的观点，以便维护他

---

① Kethineni S. The Juvenile Justice System in India: From Welfare to Rights [J]. Asian Journal of Criminology, 2006, 1 (2): 209-211.

② Falter, Elizabeth (Betty). Hidden in Plain Sight… The Tragedy of Children's Rights Ben Franklin, Lionel [J]. Nursing Administration Quarterly, 2008, 33 (1): 87-88.

们保持沉默和避免自证其罪的第五修正案的权利（Reba，Waldman，&Woodhouse，2011）①。

根据对年轻罪犯应有的程序权利，可能会引发媒体对"少年捕食者"形象的反感。儿童成熟到足以拥有权利也被视为足够成熟，可以像成年人一样受到审判和惩罚（Bishop & Feld，2012）②。根据80年代和90年代的"严厉"和"零容忍"政策制定的法律对轻罪规定了严厉的惩罚，并授权检察官在刑事法庭像审查成年人那样审理青少年甚至幼年儿童。儿童拥有成人权利一样受到审判，青少年和幼年儿童是否能够行使这些成年人权利是另一回事。

在离婚或未婚父母之间的监护纠纷中，儿童通常会在决策中有所作为。虽然规则和年龄不同，但大多数州监管法规要求法官采访或以其他方式确定足够成熟以表达意见的儿童的意愿。传统的普通法规则认为未成年人缺乏作证能力，但这种做法也被一种方法所取代，这种方式使得他们的证据具有可采性，但允许调查人员根据儿童的认知发展赋予其适当的权重和可信度。然而，与意大利方法相反，意大利方法认为ascolto的权利是儿童的权利，父母是儿童声音的守门人。在美国的许多司法管辖区，对儿童的司法面谈触发了父母与律师在场的正当程序权利，使他们以敌对证人的身份盘问儿童，以及在没有法院命令的情况下拒绝允许儿童保护工作者质询（Woodhouse，2011）③。

在许多州，如果足够成熟，儿童可以参加他们自己的听证会（儿童局卫生和人类服务部，2012a）。但是，大多数儿童没有参加他们的法庭听证会或

---

① Reba, S. M. , Waldman, R. J. , & Woodhouse, B. B. 'I want to talk to my mom': The role of parents in police interrogation of juveniles [C]. New York, NY: New York University Press. , 2011: 219 – 240.

② Bishop, D. , & Feld, B. Trends in juvenile justice policy and practice [C]. The Oxford handbook of juvenile crime and juvenile justice. New York, NY: Oxford University Press, 2012: 898 – 921.

③ Woodhouse, B. B. The constitutional rights of parents and children in U. S. child protective and juvenile delinquency investigations [C]. International survey of family law, London: Jordan, 2011: 409 – 424.

案件计划会议，而且往往与分配给他们的代表没有联系（Woodhouse，2003）①。各州甚至县与县之间的情况各不相同：在某些司法管辖区，儿童一旦涉入司法环节，就被指定律师，而在其他司法管辖区，他们甚至只在涉及父母权利终止的案件中得到律师（儿童健康与人类服务局，2012b）。在许多州，提供的代表是被称作"审案监护人"（GAL）或"法院指定的特别辩护人"（CASA）的非专业人士。儿童的地位仍然是一个有争议的问题。这在对抗制度中很重要；如果儿童是当事人，他的律师可以传唤证人，提出动议和上诉不利的判决。在没有当事人地位的情况下，儿童在诉讼中没有自主权。尽管一些政策制定者不愿意在政党人群中再增加一个有他自己的律师的参与者，但另一些人认为儿童有权在可能影响他们整个生活的诉讼中享有政党地位。儿童律师通常遵循客户导向的代理模式，而不是 GAL 和 CASA 代表使用的"最佳利益"模型，这确保了可能不必听取，但儿童的观点将能被听到。

在美国，儿童权益倡导者敦促承认寄养儿童的政党地位和律师代表权，但收效有限。虽然《儿童权利公约》并不要求任何情况下的每个儿童都有受过训练的律师，但它确实要求儿童可以"以符合国内法程序规则的方式"参与。鉴于美国法院律师在陈述事实和主张法律权利方面的关键作用，在儿童被国家监护的所有案件中，获得律师的权利都是必不可少的。最高法院尚未承认美国领养子女的律师或政党地位的宪法权利。

（四）在研究中的儿童参与权

儿童研究的跨学科范式认为，童年是一种社会建构，童年具有多样性，而不是某个只具有普遍性的儿童（Woodhead et al，2000）②。这导致了对儿童参与兴趣的激增及"在研究中更多地考虑儿童观点的倾向（Hill et al，2004）"③。然而，让儿童行使参与研究的权利并不容易。研究议程通常由成

---

① Woodhouse B B. Enhancing Children's Participation in Policy Formation ［J］. Ariz. l. rev，2003（3）45：751 – 764.

② Woodhead，M. and D. Faulkner. Subjects，Objects or Participants？ Dilemmas of Psychological Research with Children ［C］. Research with Children：Perspectives and Practices，London：Falmer Press，2000：9 – 35.

③ Hill M，Davis J，Prout A，et al. Moving the Participation Agenda Forward ［J］. Children & Society，2004，18（2）：77 – 96.

年人而不是儿童设定，尽管儿童已经表达了制定研究议程的兴趣，但这种现象并不常见。但是，儿童在研究中参与权实施现状也不容乐观，存在以下问题：

招募儿童参与研究是研究过程的一个困难阶段，因为研究人员对儿童的接触受到严格控制。"儿童的社会政治定位意味着必须给予成年人许可"（Hood et al 1996）①，他们的参与由"门卫"阶层控制，包括道德委员会、组织、专业人士、父母、看护人和教师。这些看门人影响同意并且可以限制儿童的参与。研究人员常常感到无能为力，因为他们"完全依赖于代理人的善意来接触受访者"（Aldgate et al. 2004）②。同样，儿童在这个过程中也是无能为力的，他们依靠重要他人来决定应该给出什么信息，以及他们是否能够参与。

谁同意儿童参与是一个有争议的问题。没有父母的合作，大多数儿童通常不能参与研究。儿童的自愿知情同意是必要的，"因为它表明参与不是基于欺骗或胁迫"（Fraser，2004：22）③。当国家体制介入儿童的生活时，他们的参与权利进一步受到损害。在照管中的儿童常常由于他们被感知到的脆弱性而被剥夺参与研究的机会。即使儿童不知道这项研究，也可以在没有儿童的情况下做出包括或排除儿童的决定。服务所受到的严格的政治和媒体审查，以及过度紧张的工作人员所花的时间可能导致他们不愿意进一步暴露服务及在其中工作的专业人员（Heptinstall，2000）④。

儿童在同意研究和主导建构方面的能力各不相同，因为他们无法做出这样的决定。然而，假使方法是道德的，儿童也能够给予知情的同意。在同意参与研究时，成年人倾向于拥有对该过程的权力。即使儿童被要求同意或同

---

① Hood S, Kelley P, Mayall B. Children as Research Subjects: a Risky Enterprise [J]. Children & Society, 1996, 10.: 117 – 128.
② Aldgate, J. and M. Bradley. Children's Experiences of Short Term Accommodation [C]. The Reality of Research with Children and Young People, London: SAGE, 2004: 67 – 93.
③ Fraser, S. Situating Empirical Research [C]. Doing Research with Children and Young People. London: SAGE, 2004: 117.
④ Heptinstall, E. Research note. Gaining access to looked after children for research purposes: lessons learned [J]. British Journal of Social Work, 2000, 30 (6): 867 – 872.

意参与，成年人也会影响该决定。

第三节　学校中的儿童参与权

对于大多数儿童而言，学校是其度过童年期的主要场所之一，儿童的参与权在这一活动领域中如何？

每个人都与教育有利害关系——父母、教师、雇主、国家，当然还有儿童自己。教育的质量、性质和结果影响着所有人的利益。然而，教育系统内儿童的权利和需求很容易被遗忘。例如，政府很少在讨论教育立法、政策或交付时征求儿童的意见。当然，在许多方面，教育议程对所有利益相关者都是一样的，如每个人都会赞成需要高标准、高素质的教师，适当的课程和充足的资源。但是教育需要超越学业成就。《联合国儿童权利公约》要求有广阔的教育视野，特别是第 29 条阐述了教育的目的，即促进每个儿童的最大可能发展，帮助每个儿童获得有助于民主生活所必需的价值观、技能和信心。

研究表明，尽管政府机构和非政府组织共同组建了一些组织，以提高对儿童权利的认识，例如儿童权利平台，以代表 SOS "儿童村协会" 的前塞浦路斯社会经济研究中心关于儿童地位和儿童权利的研究（2009 年）发现，一半多（65%）的儿童面临被忽视和剥削的风险。因此，根据上述研究结果，提高成人和儿童对该问题的认识并采取适当措施是重要的。教育机构被认为是启动这些措施的重要组织（Akboğa，2015）[1]。

许多研究都提出了类似的结果。研究表明，负责保护儿童权利的成年人（父母、教师等）经常使用暴力手段来控制儿童的行为，并且由于害怕失去权威而使用传统方法来压制儿童（Milne，2011）[2]。尽管儿童发展领域普遍

---

① Akboğa, H. M. Evaluation report about the participation right in schools in Turkey ［D］. İstanbul, Turkey：Bilgi Üniversitesi Yayınları. 2015：65.

② Milne, E. (2011). Guide to children and young people's participation in actions against corporal punishment ［EB/OL］. (2011 – 5 – 7) ［2018 – 3 – 7］. http：//www. end-corporalpunishment. org/pages/pdfs/Participation% 20guide% 20 March% 202011. pdf

接受儿童通过参与最有效地学习，但它远未被普遍接受或在实践中应用。现在仍然如此，在太多的学校里，儿童坐成一排，靠死记硬背，并因为轻微的过错或学习上的困难而受到殴打或其他形式的羞辱体罚。

实现这些目标涉及尊重和重视儿童作为教育过程中的积极参与者（Percy-Smith&Thomas，2010)①。如果充分实施，儿童在整个学校环境中表达观点并认真对待他们的权利，将是迈向尊重儿童权利，尊重其公民身份的文化中最深刻的转变之一，能够为他们自己的福祉做出重大贡献。实际上，尊重教育中的参与权是实现受教育权的基础。不幸的是，在教室或更广泛的学校环境中，儿童参与的文化在全世界仍然相对罕见。在许多国家，威权主义、歧视和暴力仍然是学校教育的特征。这种环境既不利于表达儿童的观点，也不利于这些观点得到认真对待。实际上，由于教学环境忽视了他们的观点并且拒绝他们参与的机会，许多儿童失败或辍学。因此，至关重要的是要加强对参与意义及其在学校环境中的应用的理解。

一、承认儿童不断发展的能力

世界上许多学校通过对话和参与为儿童提供有限的学习机会。很少有人认识到儿童对自己学习的贡献，或者尊重儿童根据其不断发展的能力参与教育决策的权利。尊重儿童在各级教育方面做出贡献的能力符合"儿童权利公约"理念的，也有利于学习经历。与父母一样，教师倾向于将儿童视为成人智慧和专业知识的被动接受者，并担心让儿童参与决策会降低他们行使控制的能力，减少他们从儿童那里得到的尊重并产生不良行为。然而，与家庭一样，证据表明相反：例如，来自英国的研究表明，当儿童感到受到尊重并参与影响学校生活的决策时，教职员工和学生之间的关系就会改善，教育结果也会改善，从而减少冲突和暴力，实现了对教育的更大的承诺②。

实践表明，整个学龄儿童有能力对课程设计、促进有效的教学方法、招聘人员、制定关于行为、非歧视和非暴力的学校守则、组织和管理游戏

---

① Percy – Smith，B.，& Thomas，N. A handbook of children young people's participation：Perspectives from theory and practice ［M］. London：Routledge，2010：127.

② Barford R，Wattam C. Children's participation in decision – making ［J］. Practice，1991，5（2）：93 – 102.

时间、课堂设计与课堂教学、同伴教育、同伴咨询和支持、发展教育政策做出贡献①。儿童权利委员会关于教育的一般性意见强调了儿童在调解学校中儿童群体之间产生的差异方面可以发挥的独特作用。该评论指出，"儿童在弥合历史上曾使不同人群彼此分离的许多差异方面能够发挥独特的作用"②。

二、为儿童创造在教育中的参与机会

为儿童在教育中享有发言权创造机会，需要系统各级进行重大的文化变革。它不仅需要组织或程序上的适应，而且需要成人和儿童之间基本关系的差异的适应。下面讨论让儿童进一步参与教育的机会的问题。

（一）儿童参与影响其教育的个体决策

当做出有关儿童教育的决定时，如改变学校、建议将儿童推迟一年，或在特定环境下安置，或将儿童排除在学校之外，应努力使儿童能够在做出任何决定之前表达他们对这个问题的看法。听取意见的权利还要求建立制度，让儿童质疑或抱怨他们认为不公正、歧视或虐待的决定或行为。在一些国家，儿童参与这种进程的权利体现在立法中。例如，在挪威，法律规定，儿童从 15 岁起在所有教育问题上都有充分的自主权；在丹麦，学校必须为所有学生制定投诉程序。然而，即使不存在这种强制性的听证权，也可以制定政策以作为标准做法引入和建立该原则。

儿童参与创造积极的学校环境③

Highfield 中学是英格兰的一所初中（7 至 11 年），其特点是高度暴力、不满、欺凌和旷课。任命了一位新的校长，他决定让整个学校社区参与到使学校成为一个安全和有效的教育环境当中。为了实现这个目标，她与所有的

---

① Lansdown G. The Evolving Capacities of the Child ［J］. Innocenti Insight, 2005：66.
② Committee on the Rights of the Child. General Comment ［Z］. United Nations, Geneva, 2001：11.
③ Alderson, P., Changing Our Behaviour：Promoting positive behaviour by the staff and pupils of Highfield Junior School ［M］. Highfield Junior School/Institute of Education, London, 1997：80.

儿童，以及教师和行政人员商量了需要什么改变来使学校成为一个更安全的地方。磋商的结果包括：

● 建立学校理事会，让儿童有真正的责任。例如，他们参与制定学校政策和招聘工作人员。

● "圈子时间"——每周一次的课程，每个班级的所有儿童都可以坐在一起讨论当前关心的问题。

● 创建一个欺凌盒子，儿童可以放心地提供被欺负的信息。

● 任命"守护天使"—— 自愿与没有朋友、被欺负或需要支持的儿童交朋友的儿童。

● 接受过培训的儿童作为调解员，帮助解决操场上的争执。

由于这些变化，儿童更快乐，取得更好的教育成果，并获得相当的谈判技巧、民主决策和社会责任。

这一经验表明，当给予信任和支持时，非常小的儿童能够承担相当大的责任，并能够在保护自己和他人方面发挥关键作用。为儿童调解制度提供培训和鼓励，使儿童能够互相帮助，而不必求助于成人，尽管成人在需要的时候也在那里。当自己的权利受到尊重时，儿童能够更好地理解尊重他人权利的重要性。

（二）构建以儿童为中心的参与式学习

Moswela（2010）和 Yildirim（2013）① 定义了教师在课堂环境中最常表现的以支持儿童参与教育环境，同时考虑学生的兴趣和需求，并与学生一起确定课堂规则民主态度。在这些环境中，儿童可以与同龄人和老师讨论他们的观点，而不会受到歧视，也不会害怕被评判。在民主的课堂环境中，教师认为每个儿童都是班上有价值的成员，并考虑到儿童的个体差异，而不是用传统模式培养儿童的想法（Evertson&Weinstein，2006）②。在这些环境中，

---

① Yıldırım, C. Class management mentality used by class teachers ［D］. Mehmet Akif Ersoy üniversitesi Sosyal Bilimler Enstitüsü Dergisi, 2013：119 – 140.

② Evertson, C. M. , & Weinstein, C. S. Classroom management as a field of inquiry ［C］. Handbook of classroom management：Research, Practice, and Contemporary Issues, 2006：3 – 16.

每个儿童都得到了个人素质和能力发展的支持，他们作为班级中有价值的成员，为教育过程做出了贡献。

以教师为中心和专制的方法使教师成为信息来源的主体，掌控和压制课堂控制，利用与儿童年龄和经历之间的差异来创造对他们的权威，迫使儿童采用教师的观点，忽视儿童的兴趣和需求（Bilgin&Bahar，2008）①。在教师权威较高的环境中，实践由教师指导，这种实践对儿童参与构成风险。Akyol（2011）② 进行的研究得出的结论是，虽然有一种倾向于让儿童在教育环境中更积极地参与决策过程，但传统主义方法仍然盛行于实践中，儿童的观点也未得到充分的表达。Özpolat（2013）进行的一项名为"教师专业优先中的学生为中心教育方法"的研究表明，教师一般按照以教师为中心的教育而不是以学生为中心的教育来组课堂活动。研究人员解释说，这是因为教育计划而不是学生主导教育过程的中心，教师根据教育计划和考试做出决定，而不是优先考虑学生。所有这些强调以教师为中心和专制的课堂管理方法的研究都会导致儿童参与的风险与我们研究的结果一致。

世界许多地区的学校继续将教育概念化作为传播信息的单向过程。然而，《公约》对这种做法提出了挑战，强调儿童有权被承认是对自己学习的积极贡献者，而不是被动的接受者。因此，教育环境，包括早年的提供，应该通过创造刺激性和参与性学习环境的交互式学习方法，以使儿童在自己的学习过程中发挥积极作用③。教师和其他参与创造或加强学习机会的人的作用是促进自主学习，而不是简单地传播知识。通过积极参与，可以帮助儿童获得思考、分析、调查、创造和应用知识的技能，从而挖掘其最佳潜能。

（三）塑造民主学校环境

很明显，只有教师和其他与儿童一起工作的成年人的参与友好做法才能

① Bilgin，İ.，& Bahar，M. Examining the relationship between teaching and learning styles of classroom teachers [J]. Gazi Eğitim Fakültesi Dergisi, 2008（28）：19 – 38.

② Akyol，S. Respect for the child's opinion in the frame work of the Convention on the Rights of the Child. ğstanbul [M]. Turkey：Çocuk Vakfı, 2011：183 – 188.

③ United Nations Children's Fund/United Nations Educational Scientific and Cultural Organization. A human rights – based approach to Education for All：A framework for the realization of children's right to and rights in education [M]. New York：United Nations, 2007.

确保将"儿童参与权"视为儿童生物、心理和社会需求，而不只是抽象和想象的概念（Deǧirmencioǧlu，2010）①。

除了课堂的实际教学之外，在整个学校环境中承认儿童是民主参与者也是很重要的。许多政府已经提出或建立了一个法律框架，规定每所学校都有义务促进建立民主程序，通过该程序，儿童可以表达他们的观点②。然而，在不存在这种规定的情况下，学校本身可以营造促进儿童作为各级积极参与者的环境。可以提供为儿童创造参与学校决策过程的机会，例如，通过班级理事会、学校理事会和学生代表参加学校理事会和委员会，在那里他们将有机会就学校政策的制定和执行发表意见。此外，儿童可参与同伴教育和为儿童提供辅导；就学校和操场的设计等问题提供咨询；就教学方法和课程开发提供反馈和评价；充当解决冲突的调解人；招聘和评估教师；提供关于消除学校歧视、欺凌或体罚的战略指南③。学生参与也有助于使课程更贴近儿童的实际情况；"圈子时间"是一些学校采用的一种措施，据此每天结束时，儿童聚集在一起讨论他们关心的问题，找出问题并探索解决办法；建立指标以监测学校多大程度上尊重所有成员的权利，并参与定期评估是否遵守这些指标的过程。然后，儿童可以分担制定改进实践的战略的责任。

民主的学校

英国夏山学校成立于1921年，旨在为儿童提供创新的学习经验和民主的环境。6岁到18岁的儿童在学校生活的各个方面都得到了民主的控制。学校政策是在每周一次的学校会议上决定的，在会上，教职员工和儿童享有平等

---

① Deǧirmencioǧlu, S. Tersten katılım：Katılım hakkı üzerine bir deǧerlendirme ［C］. Participation in reverse：Evaluation of right to participate, Ankara, Turkey：Maya Akademi, 2010：72 - 79.

② Lansdown, G. GLOBAL：A framework for monitoring and evaluating children's participation ［EB/OL］. (2011 - 1 - 1) ［2017 - 12 - 3］. http：//www. crin. org/resources/infoDetail. asp？ID = 25809&flag = report

③ United Nations Committee on the Rights of the Child. General comment no. 8：The right of the child to protection from corporal punishment and other forms of cruel and degrading treatment ［EB/OL］. (2006 - 10 - 3) ［2018 - 12 - 7］. Geneva, Switzerland：United Nations. http：//www2. ohchr. org/english/bodies/crc/comments. html

的投票权，儿童人数远远超过教职员工。会议制定学校规章制度，并确定其执行情况。上课不是强制性的，儿童有责任自己决定是否出席。虽然许多从较传统的学校来到夏山的儿童往往会经历一段时间的旷课，但最终他们都会参加课堂，而且儿童在学校的学习成绩很好①。学校辩称："给儿童自由和权力来支配他们自己的生活，会促进一种自尊和对他人负责的感觉。"他们从小就知道，他们认为什么很重要，别人会倾听他们要说的话，别人说的和想的也同样重要，应该被倾听②。

夏山最引人注目的，是儿童在何种程度上能直接对赋予他们的责任和期望做出反应。学校会议是社区自决的工具，是制定其成员享有自由的方法。但是这些会议对儿童也有其他影响：许多来学校参观的人总是评论儿童的技巧，他们的自信，他们控制自己生活的一般气氛，以及他们与在其他学校同龄人相比的社会责任程度。

（四）参与教育政策

儿童可以在地方和国家各级参与对教育政策的所有方面进行评论，包括制定学校课程、教学方法、学校结构、标准、预算和资源及儿童保护制度。可以支持和鼓励发展独立的儿童组织，这些组织在监测和评估学校提供的教育质量和在教育系统中尊重儿童权利方面发挥作用。例如，在瑞典，负责国家评估方案的国家教育机构定期与学生协商，了解他们对学校的看法③。要求儿童提供他们在学校的经历如何尊重和促进权利和义务、社会发展，以及知识和能力发展的信息。

---

① Cunningham, I., An independent inquiry into Summerhill School [M]. The Centre for Self – Managed Learning, Brighton, 2000: 155.

② From the prospectus for Summerhill School, www. s – hill. demon. co. uk.

③ Davies, L., & Kirkpatrick, G. The Euridem project [M]. London, England: Children's Rights Alliance for England, 2000.

儿童塑造教育政策①

在瑞典，负责学校政策的部门致函全国各地的中学，邀请儿童参加为期三年的关于制定教育政策和优先事项的协商进程。200 名同意参加的儿童被要求写一封发起信，列出在学校里他们认为最关心的问题。这些信件被分析以确定儿童所识别的主导主题。接下来的三年里，儿童被要求每学期写一封信，重点放在这些问题上。这些答复被汇集在一起，并作为全国学校政策未来决策的基础。

（五）参与全国学生组织

一些国家支持建立区域学生组织或联合会，为儿童提供论坛。例如，亚洲青少年理事会、阿拉伯青少年联盟、非洲青少年网络、加勒比青少年联合会、欧洲青少年论坛、拉丁美洲青少年论坛、太平洋青少年理事会、泛非青少年运动，都是为青少年代表和参与地方和区域重要事务而建立的基础结构的例子②。这些组织不仅为学生提供了获得民主参与经验的宝贵机会，而且为学生提供了一个空间，使他们可以分享和发展关于如何加强教育制度的想法，就教育立法和政策的影响向政府提供反馈，倡导和促进权利。向所有儿童提供教育，分享将边缘化儿童纳入学校的想法，并在全国和地方社区内组织社会和文化活动，以提高对学校作用及其提供的教育的认识。通过这些方式，学生组织可以充当社会内部的积极力量，并为政府提供宝贵的信息和专门知识来源，以便为决策提供信息。然而，这些组织必须是自主的和独立于政府的，没有受到政治控制或操纵。

---

① Davies, L., & Kirkpatrick, G. The Euridem project ［M］. London, England: Children's Rights Alliance for England, 2000.

② Wittkamper, J. Guide to the global youth movement ［EB/OL］. (2002 - 3 - 6) ［2018 - 11 - 13］. New York: Global Youth Action Network, http: //youthmovement. org/guide/globalguide. html

第四节 实现儿童参与权面临的挑战

我们在促进儿童参与权的实现方面取得了很大的进步，这点毋庸置疑，但是正如绪论第一节标题所示，儿童参与权的实现仍然任重道远，这里有反对儿童参与的阻力，也有支持儿童参与权的，但在实施过程中由于经验不足、认识偏差或儿童参与权研究本身的不完善造成的阻碍。在本节中，将就实现儿童参与权面临的挑战做一些讨论。

一、儿童无能力的推定

除了前面提到的成人对儿童的被倾听权缺乏认识之外，还缺乏对儿童有能力为决策做出贡献的理解。成年人常常低估儿童的能力，或者没有意识到他们观点的价值，因为他们没有以成年人使用的方式来表达。

当回顾有关儿童参与的文献及对各种模式的批评时，很显然，儿童参与——作为学术界的一个研究领域，或作为与儿童有关的咨询过程的描述者——通常被狭义地定义为只有当其由成年人在他们的领域命名和操作时才存在。即使成年人非常努力地在"过程"中放弃他们的权力，所有儿童的参与都会在成人中心结构内得到认可，因此，任何参与性的项目，无论其意图多么具有政治阻力，最终都会被拉入现状。

迄今为止，我们对儿童在自己的生活中做出明智和理性决策的能力的了解仍然有限，已经进行了大量研究，以确定将年龄与能力的获得联系在一起的预定生理或心理因素。然而，重要的是要承认，这项研究几乎只在北美和欧洲进行，而且大部分在实验室条件下，远离儿童的日常生活。值得注意的是，即使在这些参数范围内，整个研究发现也存在着广泛的差异。而且，对于不同社会、经济和文化环境中儿童的对比能力，没有足够的比较数据。的确，最近越来越多的研究显示，在得出与年龄相关的能力结论时，需要极其谨慎，相反地，他们认为许多其他因素会影响儿童的功能。迄今为止，发展心理学未能提供科学有效的规定性尺度，据以评价儿童的发展能力（Woodhead 1997)①。例如，布朗芬布伦纳（Bronfenbrenner 1979）曾敦促有必要观察儿童成长的环境，以及儿童本人，并批评了仅仅在陌生的环境中和不熟悉的人短暂地研究儿童的研究②。

最近对儿童自己的观点和经验的研究表明，成年人总是低估儿童的能力。这种失败在不同的文化背景下有不同的表现形式。在许多发展中国家，人们承认儿童有能力承担高度的社会和经济责任。然而，他们谈判这些贡献或行使自主选择的权利可能受到更多的限制。另一方面，在大多数西方国家，理论上高度重视公民的政治自由和自治，但儿童在生活的许多领域被剥夺了参与决策和行使责任的机会，这是因为儿童对社会和经济依赖度延长，以及儿童需要保护的意识得到强化。反过来，这又减少了发展儿童新兴自治能力的机会，而这种能力又为将其排除在决策制定之外提供了理由。这样就形成了一个向下的螺旋。

显然，许多儿童的身体发育不成熟、相对缺乏经验和缺乏知识确实使他们易受伤害，需要特别的保护。然而，很明显，根据儿童不断发展的能力，他们普遍被剥夺了做出决定的机会。世界上大多数国家的法律框架和政策与实践都没有充分考虑到承认和尊重儿童实际能力的重要性。鉴于成年人对儿童地位和能力的普遍看法，还有大量工作要做，以加强对儿童参与的认识和建立相应的技能。倡导行动常常失败，因为与儿童一起工作的成年人不承认或不促进儿童的潜在贡献，因而未能放弃对儿童的控制，而赞成基于伙伴关系或协作的方法。和儿童一起工作是不够的，如果要将儿童的参与作为目标来达到，就需要对成年人进行投资。

---

① Woodhead, M. Is there a Place for Child Work in Child Development?　［M］. Milton Keynes：Radda Barnen/Centre for Human Development and Learning, The Open University, 1997：112.

② Bronfenbrenner, U. The Ecology of Human Development：Experiments by nature and design ［M］. Cambridge, MA：Harvard University Press, 1979：443.

二、参与和童年的性质

在 20 世纪 70 年代末，Pearse 和 Stiefel（引用在 Chawla 和 Heft 2001）①指出，社区参与规划的关键问题之一是"一些政治领导人希望参与是'系统维护'，而其他人则认为它应该是'系统转换'"。这个问题在大约 30 年后的儿童参与中仍然适用。那么儿童参与的目的是什么？有许多研究实例声称儿童参与对儿童有各种好处：它增加了儿童的自尊心；个人和集体效能；更大的自制力；对他人观点的更高敏感性；对未来的更大希望；它使青少年成为民主决策者和活跃公民（Chawla 2001）②；这些个人的，有时是集体的改变可能有益于儿童未来的幸福，但问题是，这足够吗？Iacofano（1990）③ 认为，公民参与环境决策的程度可以按照两个轴来衡量：互动程度——对环境和政治结构的了解，以及实际影响程度——已经做出哪些将改变（文化和政治）人们居住地方的实际变化。他表示："许多项目在教育轴心上的比率很高，但是未能影响根深蒂固的决策结构。"我们认为，对于许多儿童参与项目，即使其意图可能具有变革性，但变化主要表现为"提高认识"，有时转向实际的物质变化，但很少挑战占主导地位的政治和文化霸权。公园可以建造，涂鸦墙可以竖起，但这些青少年贡献的象征可能仅仅作为成人文化背景的标志，并允许偶尔干扰儿童的输入一种"宽容"，以实现例如"儿童友好"的基本要求。文化转变远不容易实现，但这并不意味着应该忽视挑战。

儿童的童年地位确实影响他们参与的性质。一般来说，一旦社区成员感到被授权，他们就可以自发地主张自己的权利。然而，儿童情况并非如此。虽然儿童可以成为自己权利的有力和有效的倡导者，但适当地获得信息、空间和机会，他们的年幼及其相对无力的地位意味着他们只能在有成人促进这

---

① Chawla, L, Blanchet - Cohen, N. et al. "Don't just listen - do something!" Lessons learned about governance from the Growing Up in Cities Project [J]. Children, Youth and Environments, 2005, 15（2）: 53 - 88.

② Chawla, L. Evaluating children's participation: Seeking areas of consensus [J]. PLA Notes, 2001: 9 - 13.

③ Iacofano, D. Public Involvement as an Organisational Development Process [M]. New York: Garland Publishing, 1990: 553.

一进程情况中维持这一角色。在最近的一份关于南亚儿童参与的研究中，例如，参与项目和方案的儿童，甚至那些由儿童自己领导的儿童，强调了在获得信息、行政帮助、接触决策者、保持技能基础、咨询和寻求建议方面继续需要成年人的支持（联合国儿童基金会 ROSA 2004）①。在大多数情况下，儿童的自主活动不是一个现实的目标，因此需要支持成年人的长期承诺，并且认识到没有他们的持续参与，活动将不能持续。这种对成年人的持续依赖，以及儿童缺乏权力和相对脆弱性，确实使他们面临更大的被剥削或被操纵的潜在可能。它赋予与儿童合作机构更大的责任，以保证遵守由儿童监督的道德原则，保护儿童免受这种虐待。

此外，虽然其他边缘化群体，例如少数民族或土著民族，在他们的一生中仍然属于该选区的一部分，但儿童却没有。他们长大了，不再是儿童了。例如，妇女可以在其整个一生中继续为妇女进行自我宣传。但是，儿童只能在有限的童年时期内为自己辩护。一旦他们成年，导致他们易受虐待的许多因素，如缺乏选举权或法律能力，就会减少。例如，如果他们也是土著社区的成员，他们可以继续以这种身份争取他们的权利，但不能从儿童的角度出发。由于与儿童期有关的具体权利侵犯是有时限的，因此大龄儿童及新出现的需要支持的年轻儿童群体不断流失。这种模式对支持儿童参与的持续投资具有重大意义。

三、建立可持续的、基于社区的参与

儿童参与的许多重点涉及促进儿童参加高级别活动，以便有能力采取行动的人能够听取他们的意见。对于这些活动与当地儿童社区之间经常未能建立可持续联系的批评已经很多了。这种现象可能是儿童独有的成年人比较不容易遇到困难，因为他们更容易从基层组织起来，形成自己的社团和网络。它提出了三个关键的相关问题。首先，它可能导致缺乏合法性。选择儿童参加这些活动在致力于创造参与机会的承诺与确保发展进程由儿童自己掌控的义务之间产生紧张关系。确保儿童能够接触到政治家和政策制定者是很重要

---

① UNICEF ROSA（Regional Office of South Asia）. Wheel of Change：Children and young people's participation in South Asia ［R］. Katmandu：UNICEF ROSA，2004.

的。然而，当儿童基本上没有自己的组织或网络时，通过当地拥有的路线建立这种联系是困难的。儿童在形成必要的基础以确保他们作为个人与同龄人之间对话的连续性，从而确保他们参与的合法性方面面临更大的挑战。因此，有必要支持在地方一级制定以儿童为主导的倡议，这些倡议能够帮助产生并被授权代表同龄人发言的儿童群体。

第二个挑战是避免复制现有的权力结构。儿童的参与为他们提供了挑战能够压迫他们的权力精英和结构的机会，并在此过程中使他们更负责任。把儿童从当地环境中挑出来并让他们有机会进入国家、区域和全球政策舞台的模式，有可能同样造成一群对他们所来自的选区不负责任的儿童。在发生这种情况的情况下，参与只是复制而不是挑战这些权力结构。这一过程并非不可避免：有一些非常积极的例子，儿童可以从被授权基础做出贡献，如，尼泊尔的儿童俱乐部（挪威拯救儿童组织/拯救美国儿童组织，2002 年）①。然而，也有一些例子表明，创造"儿童专业人员"与当地、区域或国家儿童网络没有持续的联系。同时，同样重要的是不要向儿童要求一定程度的问责制和代表权，这与对成年人的要求不相等。儿童更容易受到这种批评，因为他们在这些领域的存在的合法性没有得到很好的确立。

最后，没有基层结构，儿童有时习惯遵守成人议程。对被视为促进儿童参与公共舞台的组织的压力可能而且确实有时导致不恰当地优先考虑让儿童参与高级别活动，而以牺牲当地社区的可持续参与为代价。在这种情况下，存在这样的危险，即该组织的议程被列为优先事项，儿童是成人操纵的被动接受者，而不是有权要求权利的社会行动者。

四、提供适当的保护

社会边缘化成员开始挑战传统权力基础的争取正义和尊重人权的斗争可能使这些人面临风险。当妇女解决她们缺乏经济或政治权力时，现在掌权的人可以把它看成是一种威胁。这可能而且经常导致报复。对于儿童来说，他

---

① Save the Children Norway/Save the Children US. The Children's Clubs of Nepal：An assessment of national experiment in children's democratic development ［R］. Kathmandu：Save the Children，2002.

们通常是社会上最脆弱的成员，风险甚至更大，特别是在很少或根本不接受儿童表达其观点的社会环境中。还必须认识到，让儿童作为社会行为者参与到要求其权利的活动中，可能产生意外的和消极的后果。儿童可能失去的和得到的一样多。其中一些风险是不可避免的。没有风险就没有变化，没有付出就没有奋斗。

然而，重要的是要承认，比起与成年人一起工作，有更高的照顾义务。例如，虽然成年人可以就他们所承担的风险的性质为自己做出明智的选择，但儿童，尤其是较年幼的儿童，可能较难做到这一点。必须平衡参与权与保护权，认识到对儿童抱有过度或不适当的期望可能与剥夺他们参与他们能够做出决定的权利一样有害（例如，WCRWC 2001）①。

在保护方面犯过大错误剥夺了儿童被倾听的权利，阻碍了儿童发展参与能力的机会，而且实际上可能反过来增加风险。例如，许多研究证明许多成年人设计的保护儿童的策略是失败的（Boyden 和 Mann 2000）②。否定政策制定者受益于儿童经验和儿童的专业知识可能并且确实会导致错误的决策，而这些决策本身可能使儿童受到伤害。此外，以"保护"为由不让年轻人获得信息（例如，生殖健康）更有可能增加他们易受怀孕和艾滋病影响的机会。过度保护会使儿童缺乏必要的信息和经验，从而不能在生活中做出明智的选择，从而加剧其脆弱性。当这些成人保护被撤销时，使儿童依赖成人支持的保护方法会使儿童失去资源（Myers 和 Boyden 2001）③。许多国家危机的规模正在破坏传统的家庭和社区网络，这些网络为保护儿童的福祉和发展服务。在这些环境中，迫切需要利用儿童自身的潜在优势，以便最大限度地增加其生存和发展的机会。值得牢记的是，儿童的脆弱性在某种程度上不是源于他们缺乏能力，而是源于他们缺乏行使权利和挑战虐待行为的权力和

---

① WCRWC（Women's Commission for Refugee Women and Children）. Against all the odds, surviving the war on adolescents; Promoting the protection and capacity of Ugandan and Sudanese adolescents in Northern Uganda ［R］. New York; WCRCW, 2001.

② Boyden, J. and Mann, G. Children's risk, resilience and coping in extreme situations ［R］. Refugee Studies Centre, Oxford, 2000 - 9 - 12.

③ Myers, W. and Boyden, J. Strengthening Children in Situations of Adversity ［R］. Oxford; Refugee Studies Centre, 2001.

地位。

当然，儿童有权得到与年幼和相对脆弱性相关的保护。在没有适当认识到潜在风险的情况下，促进参与机会可能会使儿童受到伤害，例如，在媒体上受到有害的曝光，受到政府的报复，或受到家庭或雇主的惩罚或报复。《儿童权利公约》第3条规定，确保在一切行动中"以儿童的最大利益为首要考虑"的义务常常被用作评估如何判断平衡的基础。然而，重要的是要认识到，应用"最大利益"的概念并非对儿童完完全全有好处。任何有关成人对待儿童历史的综述都揭示出，成人以儿童最大利益的名义，以有害的方式反复地对待儿童的程度，例如，在婚姻破裂时切断儿童与有罪伴侣的联系，将儿童置于大型机构中。使用体罚和羞辱性惩罚及实施女性割礼都被维护为负责照顾儿童的成年人可以接受和对儿童有益的事情。最佳利益原则不凌驾于《公约》中的其他权利，因此不应该被用来凌驾于儿童表达意见的权利之上。的确，考虑儿童的意见必须是确定儿童最大利益的一个组成部分，在成年人就儿童最大利益做出的任何决定中，都必须根据儿童的年龄和成熟程度给予儿童所表达的愿望以应有的重视。在没有明确承认对儿童最大利益的评估必须着眼于实现儿童权利并认真考虑儿童自己的观点的情况下，它可以被用作成年人手中捍卫为儿童做出的任何行动或决定的有力工具。

越来越多的证据表明，儿童能够行使其能动性，利用自己的资源和优势制定保护儿童的战略。此外，对儿童参与的积极认识和支持提高了他们的发展能力。在任何方案中实现参与和保护之间的适当平衡将需要评估一系列因素，包括儿童的能力、所涉及的风险水平、可获得的支持程度、儿童对所涉风险的性质的理解程度，当然还有儿童自身的观点。

五、需要指标来衡量参与

如果要能够评估进展和实现儿童积极和有效地参与影响他们作为个人、作为群体和作为选民的决定，就需要两种衡量儿童参与的方法。

首先，必须确定关键指标或基准，据以评估一种文化氛围的证据，在这种文化氛围中，儿童被倾听和认真对待的权利得到牢固确立。本章前面概述的使政府承担责任的措施，为这些基准提供了一个全面的起点。

第二，必须能够衡量儿童实际参与的程度、质量和影响（Lansdown 2004）①。没有这种衡量，就不可能以参与的名义，或者实际上以参与的名义，对正在做的事情是否真正影响儿童的生活进行任何批判性的评估。最重要的是，儿童本身必须直接参与任何评估参与情况的过程。

儿童的实际参与程度可以通过考虑他们参与的层次及他们参与的度来评估。例如，儿童的参与可以大致分为三个层次：

• 协商参与。成人寻求儿童观点，以便建立对其生活和经验的知识和理解。虽然它是由成年人领导和管理的，并不涉及将决策过程分享或转移给儿童本身，但它确实认识到需要儿童为成人决策提供专业知识和观点等信息。咨询是使儿童能够表达意见的适当手段，例如，在进行研究时，在规划过程中，在制定立法、政策或服务时，或在家庭中影响个别儿童的决定，在保健或教育中，或在司法或行政诉讼中作为证人时。

• 合作参与。这在成人和儿童之间提供了更大程度的伙伴关系，有机会在决定、倡议、项目或服务的任何阶段积极参与。儿童可以参与设计和从事研究、政策制定、同伴教育和咨询、参加会议或在董事会或委员会中作为代表。家庭内部、教育和卫生保健中的个人决策也可以是合作性的，而不是协商性的，并使儿童更充分地参与决策过程。合作参与为与成年人共享决策提供了机会，并且为儿童提供了在任何给定活动中影响过程和结果的机会。

• 儿童主导的参与。这发生在给儿童提供空间和机会去发现他们关心的问题、发起活动和为自己辩护的时候。例如，儿童可以作为个人发起行动，在选择学校、寻求医疗咨询、通过法院迫切要求实现其权利，或利用投诉机制，或作为团体，通过建立和管理自己的组织进行政策分析、宣传、提高认识，通过同伴代表和教育，以及利用和接触媒体。成人在儿童主导的参与中的作用是充当促进者，通过提供信息、建议和支持，使儿童能够实现自己的目标。

这三个层次都适合于不同的环境，并且始于协商层面的举措可以演变为使儿童在获得信心和技能时能够采取更多的主动控制。例如，地方当局可以

---

① Lansdown, G. Criteria for the evaluation of children's participation in programming [C]. Early Childhood Matters, The Hague: Bernard van Leer Foundation, 2004.

决定定期向儿童咨询政策和规划方面的问题。随着儿童对政府过程越来越熟悉，他们可能寻求建立他们自己的委员会或地方议会，通过该委员会或地方议会采取更积极和具有代表性的办法，使政治家们注意到他们的问题。在公众参与方面，所有三个层次也可以使儿童参与决策过程的不同阶段。儿童在情况分析、规划、方案设计、执行或监测和评价中是否发挥积极作用将对他们能够发挥的影响程度产生重大影响。因此，总的来说，为了衡量儿童参与的程度，需要考虑与参与程度和进入点有关的这两个方面。

第三，儿童参与的质量必须根据一套在与儿童工作时，与普遍被同意代表并实践的原则或标准有关的指标来评估。儿童的参与必须是透明的，伴随着适当的信息，自愿、尊重的、相关的、对儿童友好的和有能力的、包容的、安全的、对风险敏感的和负责任的。拯救儿童联盟的实践标准为制定这些原则提供了一个有用的起点。

最后，需要衡量儿童参与的影响。在任何个人主动或活动中，有效性的指标需要由儿童及有关的成年人共同确定。这可能包括对儿童本身（例如在信心、技能建设或自尊方面），对项目或方案成果，对工作人员、父母或当地社区内对儿童的态度及对更广泛地实现儿童权利有直接影响的指标。

第六章

儿童参与权的实现

基于之前对儿童参与权的理解，有必要针对目前儿童参与权的现状进行深入反思，并对未来儿童参与权实现的原则、模型与途径进行探讨。

第一节　儿童参与权的实现原则与实现模型

一、儿童参与权的实现原则

原则一般指我们在实践中必须要遵循的基本要求，原则是对事物和事物规律的深刻认识，根据前面几章对儿童、儿童发展、儿童权利及儿童参与权的认识，我们可以尝试归纳出我们在儿童参与权实践中应该遵循的基本原则。

（一）充分知情

知情是我们对发生在我们身上和发生在外界的事情的理解，这是我们做出明智判断的基本前提，也是保护自身权利的基本条件。在儿童参与权的实现中，我们必须向儿童提供关于他们自由发表意见的权利、观点得到相应重视的权利、参与如何发生、范围、目的和潜在影响的信息。这些信息是易于获取的、多样化的、适合儿童年龄的信息。

（二）自愿

自愿是自主的表现，只有当个人是自主的时候，才有可能不会违背自己的利益做出选择，如果是非自愿的行为，其效果不佳，甚至会危害个人利益及权利。在儿童参与权的实施中，遵循这一原则意味着：儿童绝不应该被迫违背自己的意愿发表意见，他们应该被告知，他们可以自主做出判断和选择，他们可以在任何阶段停止参与。

（三）尊重

儿童的观点必须得到尊重，并且应该为他们提供发起思想和活动的机会。与儿童打交道的成年人应该承认、尊重和树立儿童参与的良好榜样，例如，儿童对家庭、学校、文化和工作环境的贡献。他们还需要了解儿童生活的社会经济、环境和文化背景。从事儿童工作的个人和组织还应尊重儿童对参与公共活动的看法。

（三）相关

一般而言，相关也是相对的，个体作为这个世界的一分子，万事万物皆与我们相关，不过相关的密切程度因时因地而异。儿童有权发表意见的问题应与他们的生活密切相关，使他们能够利用他们的知识、技能和能力。此外，还需要创造空间，使儿童能够突出和解决他们自己认为相关和重要的问题。

（四）对儿童友好

应根据儿童的能力调整环境和工作方法。应提供足够的时间和资源，以确保儿童有充分的准备，并有信心和机会发表意见。需要考虑到儿童需要根据其年龄和不断发展的能力需要不同程度的支持和参与形式，一刀切或者成人化的参与方式往往会变成象征主义的参与。

（五）包容性

参与必须具有包容性，避免现有的歧视模式，并鼓励边缘化儿童，包括女孩和男孩参与其中。儿童不是一个同质的群体，参与需要为所有人提供机会平等，不得有任何理由的歧视。方案还需要确保他们对所有社区的儿童都具有文化敏感性。

（六）以培训为支持

成人需要准备、技能和支持，以便有效地促进儿童的参与，例如，向他们提供倾听、与儿童共同工作，以及根据其不断发展的能力有效地吸引儿童的技能。儿童本身可作为如何促进有效参与的培训者和促进者参与进来；他们需要能力建设，以加强他们的技能，例如，对自己权利的有效参与意识，以及组织会议、筹集资金、与媒体打交道、公共演讲和宣传方面的培训。

（七）安全和敏感地应对风险

在某些情况下，表达意见可能涉及风险。成年人对与其工作的儿童负有责任，必须采取一切预防措施，尽量减少儿童遭受暴力、剥削或参与这些活动的任何其他负面后果的风险。提供适当保护所必需的行动，包括制定明确的儿童保护战略，该战略认识到一些儿童群体面临的特殊风险，以及他们在获得帮助时面临的额外障碍。儿童必须意识到他们受到保护免受伤害的权利，并且知道如果需要的话去哪里寻求帮助。致力于与家庭和社区一起工作很重要，以便建立对参与的价值和影响的理解，并尽量减少儿童可能面临的风险。

（八）负责任

对后续行动和评估的承诺至关重要。例如，在任何研究或咨询过程中，必须告知儿童他们的观点如何被解释和使用，并在必要时提供挑战和影响调查结果分析的机会。儿童还有权获得关于他们的参与如何影响任何结果的明确反馈。在适当情况下，应给予儿童参与后续进程或活动的机会。需要在可能的情况下，与儿童一起监测和评估儿童的参与情况。

二、儿童参与权的实现模型

多年来，已经开发了许多儿童参与的类型。这些模型揭示了参与过程的复杂性，以及如何在儿童的日常生活中实施这些过程①。

（一）哈特（Hart 1992）阶梯

其中最受欢迎的模型之一是"参与阶梯"，由哈特（Hart 1992）② 开发，涉及儿童参与公共环境。梯子包含不同程度的参与，它们以八级标准线性排列。在写到公民参与规划过程的时候，阿恩斯坦 Arnstein（1969）③ 最关心的是谁有权力。她的梯子分成三个部分。最低的，标为"不参与"，包含两个等级——操纵和治疗。中间部分包括告知、咨询和安抚三个部分，它们实

---

① Hart R A. Children's Participation：From tokenism to citizenship［J］. Papers，1992：49.

② Hart R A. Children's Participation：From tokenism to citizenship［J］. Papers，1992：49.

③ Arnstein，S. Eight Rungs on the Ladder of Citizen Participation［J］. Journal of the American Institute of Planners，1969，35（4），216－224.

际上被标为"象征主义"。前三名依次是伙伴关系、授权权力和公民控制，它们都是"公民权力"的程度。富兰克林似乎也同意这种观点，因为对她来说，阶梯上低阶梯和高阶梯之间的关键区别在于儿童有权力指导决策过程（大概还有结果）的程度。不过，当哈特首次将"公民参与阶梯"作为思考儿童和年轻人参与的工具时，他并不期望它成为实践的典范，更不用说成为束缚。

参与阶梯（The ladder of Participation ）

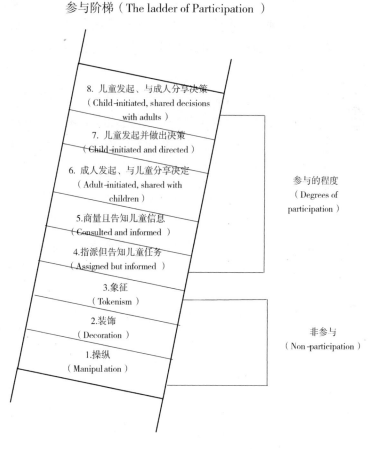

（Hart，Roger A．Children's participation：from tokenism to citizenship ［J］．Papers，1992：49．）

Level 1：操纵。有时成年人会觉得目的就是为了证明手段的正确性。一个例子是，学龄前儿童携带着有关社会政策对儿童影响的政治标语。如果儿童不理解，因而不理解他们的行为，那么这就是操纵。这种以参与为幌子的操纵，很难成为将儿童引入民主政治进程的适当方式。有时，这种行为源于成年人对儿童能力的无知。将他们称为误导而不是操纵可能更准确，但无论哪种方式，成年人都需要提高认识。

Level 2：装饰。例如，那些经常给儿童穿着与某些原因有关的 T 恤衫出席某种活动场合，他们可能穿着这种衣服在某个活动中唱歌或跳舞，但他们对这一切都不太了解，在组织活动时也没有发言权。青少年在那里是因为茶点，或者一些有趣的表演，而不是其他原因。这被描述为"操纵"的一个梯级的原因是成年人不假装原因是由儿童激发的。他们只是用儿童相对间接的方式来支持他们的事业。

Level 3：象征。象征被用来描述那些儿童明显有发言权的例子，但事实上，在主题或交流方式上几乎没有或没有选择，也几乎没有或没有机会表达自己的观点。这种矛盾在西方世界似乎特别普遍，因为关于育儿的进步思想经常被承认，但并不真正被理解。象征性的例子比儿童参与项目的真正形式要多得多。一般来说，就成年人而言，这些项目最符合儿童的利益，但它们仍然具有操纵性。象征主义可能是一种描述有时如何在会议黑板上使用儿童的方法。成年人选择口齿伶俐、魅力四射的儿童参加小组讨论，对这个问题几乎没有或根本没有准备，也没有与他们的同龄人进行协商，这意味着他们所代表的是同龄人。

Level 4：成人为儿童指派任务，但会告知儿童。儿童理解项目的意图，知道谁做出了关于他们参与的决定及为什么，儿童有一个有意义的（而不是"装饰性的"）角色，他们在项目明确后自愿参加了这个项目。

Level 5：被咨询且被告知。项目是由成年人设计和运行的，但是儿童理解这个过程，他们的意见得到了认真的对待。一个有趣的例子来自企业界，这是一个有用的提醒，真正地参与体验对所有环境中的所有儿童都很重要。在纽约的一家电视公司 Nickelodeon，电视节目的新创意有时是在儿童咨询中设计的。该计划的低成本版本是由儿童创造和批评的。然后重新设计这些计划，并再次向同一个儿童专家小组展示。这与企业界通常使用儿童进行市场研究截然不同，在企业界，儿童在小组会议上讨论产品的时间是有报酬的，但他们不知道会议的结果，也不参与这一过程。

Level 6：成人发起、与儿童分享决定。阶梯的第六级是真正的参与，因为尽管这一级别的项目是由成年人发起的，但决策是被年轻人共享的。许多社区项目并不适合任何特定年龄组使用，而是由所有人共享。当然，即使计划制定过程是参与性的，它也始终是最具政治影响力的年龄群体（在许多工业化国家，年龄从25岁到60岁不等）。在这些情况下，我们的目标应该是让每个人都参与进来，但要特别关注青少年、老年人，以及那些因某些特殊需要或残疾而被排除在外的人。

Level 7：儿童发起并做出决策。如，儿童在游戏中构思和执行复杂的项目。当条件对他们有利时，即使是很小的儿童也可以在大群体中合作。然而，要找到儿童发起的项目的例子则更为困难。一个主要的原因是成年人通常不善于回应年轻人自己的主动性。即使在那些成年人让儿童独自设计和粉刷墙壁壁画装饰自己的娱乐室的情况下，他们似乎也很难不扮演导演的角色。

Level 8：儿童发起、与成人分享决策。哈特举了一个例子，在美国的一所公立学校，两个十岁的男孩羡慕地观察我从另一个班级带着一小群儿童进入树林，在一个特别建造的藏身之处观察动物的行为。他们在教室的桌子下面建了一个藏身之处，开始观察其他儿童的行为，使用我为研究动物行为而设计的一种形式。他们的老师观察了这一点并通过提出改善藏身之处设计的方法来支持儿童。这项活动成为儿童通过观察自己的行为来了解自己的一种有价值的手段，在学校教育日结束时，它非常有用，可以帮助解决冲突，并为课堂组织和管理提出新的策略。这个例子显然很依赖于一位充满爱心的教师的令人印象深刻的洞察力和创造力。

阶梯通常被批评为暗示参与是按顺序发生的（Kirby and Woodhead 2003）①；不同形式的参与可以按等级次序排列（Treseder 1997）②；或者相反地，"儿童发起和指导"应该是最高级别的。参与，而不是"儿童发起，与

---

① Kirby, P. and Woodhead, M. Children's participation in society ［C］. Changing Childhoods: Local and global, Childhood, Chichester: Open University Press, 2003 (4).

② Treseder, P. Empowering Children and Young People: Training manual ［M］. London: Save the Children and Children's Rights Office, 1997.

成年人分享决策"（Ackermann et al 2003）①。哈特本人也批评了文化偏见的模式（主要是从他在美国和英国的经历中构思出来的）和它目前被误用作理解和评估项目的综合工具。他鼓励人们越过阶梯：

> 从我的角度来看，我看到梯子在季节结束时躺在果园的草中。这已经达到了目的。我期待着下个季节的到来，因为我知道有很多不同的路线穿过树丛，还有更好的方式来谈论儿童如何能够爬上有意义的山顶，我们应该说与他人合作的富有成果的方式。（Hart 2008）②

根据哈特的说法，这个模式提供的是形式上的简单和目标的清晰，这使得广泛的专业团体和机构能够重新思考与儿童接触的方式。通过提供理解和评估当前工作方式的方法，该模型可以帮助儿童工作者设计出适合他们特定环境的策略（Hart 2008）③。Shier（2001）④ 认为，最有用的贡献之一是确定不参与的最低阶梯，因为这导致了实践中的实际改进。

然而，"阶梯"已经主导了关于儿童参与的讨论和思考，尤其是在实践者之间，在某种程度上，超出了作者的想象。在这个过程中，它招致了批评，并发展了替代框架，旨在改进哈特的原始阶梯，或者对它做些不同的事情。这些努力包括试图使阶梯适应有关儿童个人生活的私人决策环境。然而，就目前而言，最有趣的修改是富兰克林（Franklin 1997）⑤ 和特雷泽

---

① Ackermann, L., Feeny, T. et al. Understanding and Evaluating Children's Participation: a review of contemporary literature [M]. London: Plan UK/Plan International, 2003.

② Hart, R. Stepping back from "the ladder: Reflections on a model of participatory work with children [C]. Participation and Learning: Perspectives on education and the environment, health and sustainability, Netherlands, 2008: 19 – 31.

③ Hart, R. Stepping back from "the ladder: Reflections on a model of participatory work with children [C]. Participation and Learning: Perspectives on education and the environment, health and sustainability, Netherlands, 2008: 19 – 31.

④ Shier H. Pathways to participation: Openings, opportunities and obligations [J]. Children & Society, 2001, 15 (2): 107 – 117.

⑤ Franklin, Barbara. The Ladder of Participation in Matters Concerning Children [C]. Children in Focus: a Manual for Participatory Research with Children, Stockholm: Grafisk Press, 1997: 43.

（Treseder 1997）① 的修改。

（二）特雷泽（Treseder 1997）参与类型

特雷泽省略了哈特阶梯的三个"不参与"部分。然后，他把梯子拉平，以便去除层级元素，在圆形布局中列出五种类型或"参与度"："儿童发起的，与成年人分享的决定"；"咨询和告知"；"分配但告知"；"成人发起的，与儿童分享的决定"；"儿童发起的和指导的"。该模型被视为"不同但平等的良好实践形式"。没有参与的层次，其背后的思想是，不同类型的参与活动和关系适合于不同的环境和环境，并且从业人员（或者实际上是儿童和青少年）不应该觉得当他们以涉及较少程度权力或参与的方式工作时在某种程度上是失败的，或者认为其目标是失败的。参与的类型取决于儿童的意愿、背景、儿童的发展阶段、组织的性质等。在任何情况下，都应该达到儿童指导或共同指导的最高水平。应该被视为"不同但平等的良好实践形式"。

Type 1：已分配但已告知。成人决定这个项目，儿童自愿参加。儿童了解这个项目，他们知道是谁决定让他们参与其中，为什么。成人尊重儿童的观点。

Type 2：成人发起，与儿童分享决定。成人有最初的想法，但儿童参与计划和实施的每一步。儿童的观点被考虑在内，他们参与决策。

Type 3：咨询和告知。这个项目是由成年人设计和运行的，但咨询儿童。他们对过程有充分的了解，并且他们的意见被认真对待。

Type 4：由儿童发起和指导。儿童有最初的想法，并决定如何执行这个项目。成人可供选择，但不负责。

Type 5：儿童主动，与成人分享决策。儿童有想法，设立项目，到成人那里寻求建议、讨论和支持。成年人不直接，而是提供他们的专业知识供青少年考虑。

---

① Treseder, P. Empowering Children and Young People［M］. London：Children's Rights Office and Save the Children, 1997.

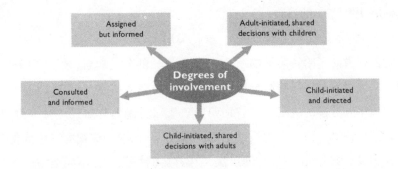

引自：Save the Children Alliance. Putting Children at the Centre——
A Practical Guide To Children's Participation ［C］．2010

（三）富兰克林（1997）采取了一种不同的方法，他用哈特的梯子做了两件事。首先，她没有去掉较低的等级，而是增加了两个等级——"成年人统治"和"成年人友善统治"。其次，她改变了最高级别的顺序，使得"儿童主管"排在最前面，其次是"儿童领导，成人帮助"，然后是"共同决定"。富兰克林的阶梯因此贯穿了从完全缺乏权力到儿童完全权力的整个领域。这样做可以说，它更接近于阿恩斯坦最初的目的，在某些方面可以说比哈特更激进。

我们可以看到这两个对哈特的阶梯的反应，代表了儿童和青少年参与的两个截然不同的观点。在哈特最初的表述中，高点是与儿童和成年人共享决策；而特雷泽的改造虽然避开了等级方法，但却与此基本一致，因为它提出了价值相等的不同参与性工作模式。相比之下，富兰克林的版本提出了一个不同的视角，即锻炼的价值明确地取决于权力从成年人移交给儿童的程度。这里不是要建议参与工作者在这个问题上分成两个阵营，而是要确定两个截然不同的方面，思考当儿童和年轻人"参与"时会发生什么，尽管逻辑上有些矛盾，但在实践中可能共存的方面。

（四）希尔（Shier，1999）① 模型

该模型有五个层次：

---

① Shier H. Pathways to participation：openings，opportunities and obligations ［J］．Children & Society，2010，15（2）：107 – 117.

1. 儿童被倾听

这一级别只要求当儿童主动表达观点时，负责的成年人会在适当的照顾和注意下倾听。然而，这一层次与下一层次的区别在于，这种倾听只发生在儿童自己表达观点的时候。没有进行有组织的努力，以确定他们对关键决策有什么看法，如果没有即将发表的意见，这不被视为关切的原因。这是一个普遍表达的信念，儿童不感兴趣有发言权的决定，并宁愿留下玩，或做其他事情。在这个层次上，第一阶段只需要工作人员/团队准备好倾听。第二阶段要求他们以一种能够倾听的方式工作。这可能涉及，例如，有机会进入一个安静的时间和地点讨论事情，有安排工作人员相互掩护，以便一个工作人员可以花时间听一个单独的儿童，或对所有工作人员进行倾听技能培训。第三阶段要求，倾听儿童的声音成为组织的既定政策，因此，所有员工都有义务认真倾听儿童必须说的话。

2. 支持儿童发表意见

这种模式认识到，有许多原因可以解释为什么在许多问题上有意见的儿童可能不会向与他们一起工作的成年人表达这些意见。一系列可能的原因包括缺乏自信、害羞、自尊心不强、以前没有被倾听的经历、表达意见没有成效、没有参与的文化或沟通能力不足、工作人员和儿童一样多、工作人员不懂儿童的母语、无法使用手语等。因此，人们认识到，为了让儿童能够公开和自信地表达自己的观点，与他们一起工作的成年人必须采取积极行动来支持和实现这一点，并在这样做时克服那些可能妨碍儿童表达观点的障碍。第二级与第一级的区别在于，它致力于采取积极行动，激发儿童的观点，并支持他们表达这些观点。在这一层面上，第一阶段，开场，再次简单地要求工作人员/组织准备好采取行动，帮助儿童表达他们的观点。然而，第二阶段要求为儿童提供表达观点的机会。因此，问题是工作人员/组织是否有一系列的想法和活动来帮助儿童表达他们的观点。这应该包括与年龄相适应的咨询儿童的技术，其中可能包括利用游戏和艺术活动及调查和访谈的创造性视觉方法。它还要求工作人员具备有效的沟通技巧，以引出残疾儿童或母语不是英语的人的意见。同样，要达到这一阶段，可能需要对工人进行具体培训，以促进参与。第三阶段再次要求将这种工作方式确立为组织的政策，以便工人有义务采取必要的行动范围，确保儿童能够表达自己的观点，并得到支持。

3. 考虑儿童的意见

虽然第二级在积极寻求儿童意见方面比第一级更进一步，但它不能保证这些意见将被考虑在内或影响组织的决策。有人可能认为，如果不考虑儿童的意见，让他们表达自己的观点是没有意义的。然而，有如此多的象征主义和操纵的报道实例，这是无法假设的。这就是为什么考虑到儿童的观点标志着这个模型的第三个层次。重要的是要注意，这是通过或认可《联合国儿童权利公约》的任何当局或组织必须达到的参与水平。在决策中考虑到儿童的观点并不意味着每个决定都必须按照儿童的意愿做出，也不意味着成年人必须执行儿童要求的任何事情。儿童的观点是许多政策决策中必须考虑的几个因素之一。即使我们确保儿童的观点"得到应有的重视"，其他因素仍可能超过这一点，儿童可能得不到他们要求的东西。与前面的级别一样，模型在级别三上有三个阶段。一旦工作人员/组织准备好考虑儿童的意见，就开始开放。当组织有一个能够考虑儿童观点的决策过程时，机会就出现了。当本组织制定执行《联合国公约》第 12 条的政策，即确保儿童的意见在其决策中得到应有的重视时，就有义务履行这一义务。

4. 儿童参与决策过程

这一水平标志着从协商到积极参与决策的过渡。哈特的模式认为咨询儿童是一种合法的参与形式。然而，最关键的区别在于，在较低的层次上，儿童通过提供意见（他们的观点）来帮助决策过程，但不参与实际做出决策的阶段，因此没有任何真正的决策权。因此，在较低的层次上，儿童只能在较弱的意义上被称为"被赋予权力"，即"被加强"或"被支持"，而不是在较强的意义上，即那些掌握权力的人为了自己的利益放弃了一些权力。决策仍然是成年人的问题。四级的三个阶段遵循与前一级相同的模式。当工作人员/组织准备好让儿童参与其决策过程（这可能需要比以前更大程度的意愿来接受改变）时，就会出现开放。当一个程序建立起来，使儿童有可能参与决策时，就会出现机会。同样，这可能需要对组织的运行方式进行重大改变。大多数决策委员会的时间、地点、程序、文书工作、行话、风气和运作模式对儿童极其不友好。让儿童参与与他们自己的本地游戏项目相关的决策往往更容易（例如，决定游戏中心的行为准则或课后俱乐部的活动计划），更难找到让儿童参与区域或国家一级的规划和政策制定的非象征性方法。第三阶段，是在组织将儿童必须参与决策作为一项政策要求时实现的，因此致力于克服阻碍决策的障碍。

5. 儿童分享决策的权力和责任

第四级和第五级之间可能没有什么明显的区别。两者之间的差别更多的是程度问题。在第四级，儿童可以积极参与决策过程，但对所做的决策没有任何实际权力。因此，要完全达到第五层次，就需要成年人明确承诺分享他们的权力，也就是说，放弃其中的一部分。这一模式并没有建议儿童应该被强迫承担他们不想要的责任，或者这不适合他们的发展和理解水平。然而，在实践中，成年人更可能否认儿童在发展上的适当的责任程度，而不是强迫他们承担太多的责任。在第五级，当工作人员/组织准备好与儿童分享决策权时，就开始了开放。当有一个程序能够实现这一点时，机会就会出现，当组织的政策规定儿童和成人应至少在某些决策领域分享权力和责任时，就会产生一项义务。这涵盖了模型的五个级别。它不同于哈特的模式，因为在儿童独立于成人做出决定的过程中，没有单独的层次。这种情况一直都在发生，尤其是在游戏项目中，事实上，在没有成年人参与的情况下做自己的事情的机会是儿童游戏的本质的一部分。虽然必须认识到机会对于儿童独立决策的重要性，但这并不完全符合该模型，因为该模型通过成人和儿童之间的互动模式来确定参与程度。

然而，在每个参与层次上，个人和组织对授权过程的承诺程度可能不同。该模型试图通过确定每一级别的三个承诺阶段来澄清这一点：开放、机会和义务。

在每一个层面上，一旦工作人员准备好在该层面上工作，就会出现一个空缺，也就是说，当他们以某种方式做出个人承诺或工作意向声明时，这只是一个开端，因为在这个阶段，实现它的机会可能是不可用的。

第二个阶段，即机会，是在满足需要时发生的，这将使工作人员或组织能够在实践中在这一水平上运作。这些需求可能包括资源（包括工作人员时间）、技能和知识（可能通过培训）、制定新的程序或新的方法来完成既定任务。

最后，当一项义务成为组织的商定政策或员工应在该级别工作时，该义务即被确立。员工有义务这样做，以特定的方式工作，使特定层次的儿童参与，从而成为系统的内置部分。

模型为每个级别的每个阶段提供了一个简单的问题。通过回答问题，读者可以确定他们的当前位置，并轻松确定他们可以采取的下一步措施，以提高参与程度。实际上，工作人员或组织不太可能被整齐地放置在图上的一个点上。他们可能处于不同的阶段，处于不同的层次。此外，他们可能在不同的任务或工作方面处于不同的位置。

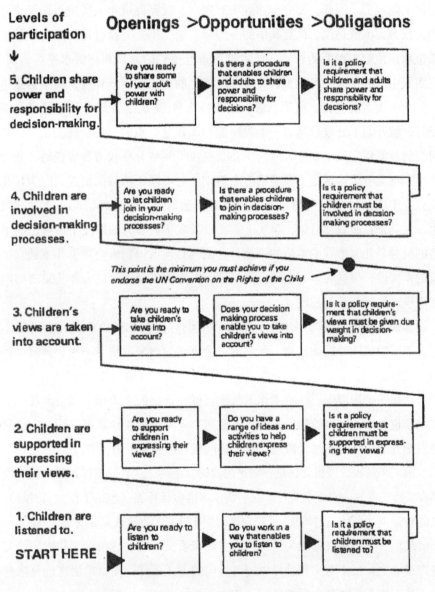

希尔（Shier, 1999）：参与之路（Pathways to participation）

（五）南达娜（Nandana et al 2002）13 参与层次

南达娜（Nandana et al 2002）① 认为，术语"梯子"是一个误称，因为它暗示着一个序列，而在现实中，一个层次不一定导致下一个层次，她把哈特的"参与阶梯"修改为 13 层：

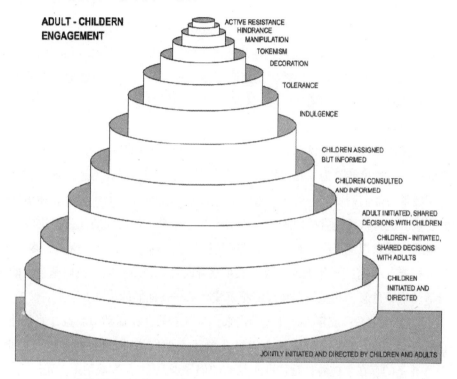

ADULT - CHILDERN ENGAGEMENT

ACTIVE RESISTANCE
HINDRANCE
MANIPULATION
TOKENISM
DECORATION
TOLERANCE
INDULGENCE
CHILDREN ASSIGNED BUT INFORMED
CHILDREN CONSULTED AND INFORMED
ADULT INITIATED, SHARED DECISIONS WITH CHILDREN
CHILDREN - INITIATED, SHARED DECISIONS WITH ADULTS
CHILDREN INITIATED AND DIRECTED
JOINTLY INITIATED AND DIRECTED BY CHILDREN AND ADULTS

南达娜（Nandana et al 2002）：Adult – Children Engagement

1. 积极抵制：有些成年人积极抵制儿童的参与。这些成年人属于几个类别。他们中的一些人认为，儿童不应该承担参与的负担。有些人认为，儿童没有能力参与，因此不能做出明智的选择。有些人认为，儿童很容易被操纵，因此他们的参与可能只用于进一步的成人议程。这一类的一些成年人采取非常强硬的立场反对儿童参与，实际上也动员支持和游说反对儿童参与。他们这样做是因为他们非常了解儿童参与的力量，因此不想丧失他们的

① Nandana Reddy & Kavita Ratna. Journey in Children's Participation ［C］. The Concerned for Working Children, India, 2002：337.

力量。

2. 阻碍：成年人阻碍儿童的参与。他们中的一些人可能会反对儿童的参与，他们可能会公开或隐蔽地妨碍儿童的参与。他们阻止儿童的参与机会，并阻止儿童参与此类别中的其他人可能会表达他们对儿童参与的支持，但他们与儿童互动的方式实际上可能会妨碍儿童的参与。他们可能有意或无意地破坏儿童的能力，最终可能使儿童感到不适并且不愿意参与。

3. 操纵：成年人操纵儿童。在这种情形下，一些成年人利用儿童来推进他们自己的议程。他们可以教导儿童说出他们想要的，或者巧妙地解释儿童为了自己的利益所说的话做的事。有时，这种操纵是非常明显的，但往往可能相当微妙——并且可能以儿童很难注意到的方式进行，更不用说反击了。还有其他成年人可能会操纵儿童以"从中获得最佳表现"——并且根据成年人的说法，这可能是为了儿童的最佳利益。有时，操纵带有情感色彩，因为儿童经常与他们密切互动的成年人有情感联系。操纵是一个非常微妙和敏感的领域。这种批评经常被用来诋毁儿童的参与。即使是最好的儿童促进者也可能最终无意识地操纵儿童。防止这种情况发生的唯一方法就是保持警惕。

4. 装饰：有些成年人或多或少把儿童看成是装饰品，期望他们基本上能给活动增添色彩。儿童被召唤来献花束或唱歌——他们的出现并不多。

5. 象征主义：成年人把儿童带进来，从他们的存在活动中获益，假装儿童有机会参与。成年人可能不会操纵儿童代表他们说话，但他们确实"利用"儿童的存在来被看作是"儿童权利的倡导者"，并且在政治上是正确的。

6. 宽容：成年人（如捐赠机构）对儿童参与的概念有所了解，因此他们认为儿童的参与很重要。在某些情况下，儿童自己可能会被要求倾听。然后，成年人会与儿童进行一些咨询活动，但不会对过程或结果给予任何价值或信任。

7. 放纵：有些成年人发现儿童的参与"可爱"和"有趣"，并且愿意为儿童提供有限的空间来表达他们的观点。他们一直鼓励儿童大声说话，尽量保持环境友好。他们可能有兴趣地倾听儿童表达的意见，但不可能认真地听从他们。这些大多是一次性的活动，这样的"参与"鲜有效果。

8. 儿童被指派但被告知：成年人有些认真地和儿童一起工作。这一类的成年人决定需要做什么，但让儿童充分了解。他们鼓励儿童积极参加这些活动。它们指导儿童执行任务，但不期望儿童对过程设计有更大的参与。

9. 儿童被咨询和告知：成年人相信咨询儿童并让他们参与。成人起带头作用，但告诉儿童情况并征求他们的意见。他们试图让儿童对这个过程的某些方面有归属感，但在他们的监督下。成年人仍然控制着整个过程，但是他们保持着灵活地将儿童的建议和关注纳入其中。

10. 成人发起，与儿童分享决策：成年人发起过程或计划，但显然愿意与儿童分享决策空间。他们把它看作是一种协作的互动。即使由他们发起，他们也会共同努力。在这里，儿童和成人也可能扮演不同的角色，但是这些角色是由双方同意来定义的。

11. 儿童发起，与成年人分享决定：儿童及其组织首当其冲，并邀请成年人与他们合作。儿童确保成年人共同参与决定需要做什么，并分享过程和结果的所有权。在合作中，儿童和成人可以扮演不同的角色，但是这些角色是通过相互同意来定义的。

12. 儿童发起和指导：儿童及其组织完全控制，他们可能涉及也可能不涉及成年人。如果他们决定让成年人参与进来，他们将制定出成年人参与的框架。儿童将继续将过程置于他们的控制之下，并将完全掌握过程和结果。

13. 由儿童和成人共同发起和指导：成人和儿童发展成伙伴关系，他们共同发起和指导过程。他们共同拥有想法、过程和结果。基于双方的同意，他们可以扮演不同的角色。这种关系只有在成人和儿童双方都获得赋权，并且能够共同发挥各自的优势以实现共同的目标时，才有可能。

（六）拯救儿童联盟（2010）参与权三层次

"拯救儿童联盟"根据哈特和特雷泽等人的模式，把儿童参与分为三个层次：

1 级，通知和/或咨询儿童。儿童对我们在做什么和为什么这样做都很了解。我们也可以向他们咨询我们的想法，以确认我们的工作方式是否正确。儿童的参与是有价值的，但仍然相当被动。成年人带头并设计并设置活动的参数，邀请儿童参加由成人设计的活动，通知儿童并咨询儿童，限时或一次性活动，成年人拥有大部分权力，成年人准备好倾听并接受儿童的观点。

2 级，儿童与成人合作和/或分享决策。儿童与成人合作，与他们分享决策。这可以是由成人发起或由儿童发起的方法，但成人和儿童相互尊重，在工作中是平等的利益相关者。

3级，儿童领导倡议。儿童带头发起自己的项目。他们可以向成年人寻求支持或指导，但这是可选择的。

在这三个层次中的任何一个层次上，都不可能对儿童参与性活动进行分类。实际上，一个项目或活动可以在不同的时间在这些级别中的任何一个级别上运行。但是，与儿童一起参与工作的某些特点将帮助你确定他们的参与程度：

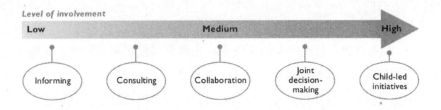

引自：Save the Children Alliance. Putting Children at the Centre——A Practical Guide To Children's Participation［C］. 2010

（七）汉内瑟拉（Hanneretha Kruger 2018）① 三级模式

奥尔德逊（Alderson 2008）② 确定了决策中的四个参与层次：了解情况；表达知情观点；在做出决定时考虑到这些观点；如果有能力的话，作为主要决策者。汉内瑟拉认为，奥尔德逊（Alderson 2008）的模型最适合表示"公约"第12条所设想的参与程度。奥尔德逊确定的第一级参与（所有儿童的知情权）受到"公约"第13和24（2）（e）条及"非洲儿童宪章"第14（2）（h）条的保护。重要的是要注意，这项权利与儿童形成观点的能力或孩子成熟度无关。奥尔德逊确定的第二级参与（儿童能够形成自己的观点以表达这些观点的权利）受到"公约"第12（1）条的保护。这同样适用于第三级参与（儿童有权形成自己的观点，根据儿童的年龄和成熟程度对儿童表达

---

① Hanneretha Kruger. South African Law Journal – The realization of children's rights to participate in selected medical decisions in South Africa［J］. South African Law Journal. 2018（135）：1.

② Alderson，P. When does Citizenship Begin? Economics and Early Childhood［C］. Children and Citizenship London：Sage，2008：108－119.

的观点给予适当的重视）。由于奥尔德逊（作为主要决策者）确定的第四级不受第12条的支持，汉内瑟拉在其研究中把她的模型改编为：

第1级：所有儿童有知情的权利。

第2级：儿童能够形成自己观点，有表达这些观点的权利。

第3级：根据儿童的年龄和成熟程度，能够形成自己观点的儿童的意见有权得到适当的重视。

三、欧洲委员会（Council of Europe）和意大利儿童援助协会（CIAI）的儿童参与权实践评价

目前主要由国际组织、政府和民间组织对儿童参与权实践评价，如联合国儿童权利委员会、拯救儿童联盟、欧盟、英国、日本都相继开发了儿童参与权评价方案，在前文也有所提及。这些评价方案一般都有定期实施并发布评价结果，借助附录《部分组织机构制定有关儿童参与权的文件及其要点（2002—2014）》可以对此做进一步的查阅和分析。以下介绍欧洲委员会和意大利儿童援助协会的儿童参与权实践评价，介绍不等于绝对的认可，理由在之前已经说明。

（一）欧洲委员会儿童参与评估工具

欧洲委员会一向重视欧洲人权事务，也重视欧洲儿童权利，这在前文介绍中已经提及，在此不做赘述。重视儿童参与权是当前不少欧洲国家的主旋律，为此，欧洲委员和欧洲主要国家都加强了改善儿童参与权的举措，其中，对儿童参与权实现评价是其重要举措之一。

2014年和2015年，在欧洲委员会三个成员国——爱沙尼亚、爱尔兰和罗马尼亚——试行了《儿童参与评估工具草案（the draft Child Participation Assessment Tool）》。针对试行情况，修订了最终版本，以反映这一进程的发现和经验，并于2015年12月发表。其中有十个具体和可衡量的指标（详见附录《儿童参与评估工具的指导说明》），用于衡量儿童参与领域的进展情况。各国可利用这些指标衡量部长委员会关于18岁以下儿童和青少年参与的部长委员会建议CM／Rec（2012）2的进展情况。

这十项指标是交叉的，而不是专题性的，并且涉及建议中所述的三项广泛措施：

- 保护参与权的措施；
- 促进参与权的措施；
- 创造参与空间的措施。

这一工具的目的是使成员国能：

- 提高对儿童参与权的意识与理解；
- 对当前落实儿童参与权的情况进行基线评估；
- 帮助确定实现进一步遵从所需的措施；
- 强调和分享良好做法；
- 衡量一段时间内的进展。

有些指标可以通过收集数据和公布的信息加以衡量，但对于若干指标，需要儿童和青少年的意见，以便成员国对进展做出合理的判断。从儿童和青少年人那里了解当地局势的现实情况必须是成员国进行自我评估进程的一个基本要素。这种反馈为评估的主观性质提供了"检查和平衡"。在收集儿童包括弱势儿童在内的重点小组会议上的意见和经验提供指导。

既然是评价儿童参与权的实现，评价儿童参与权实现的维度或基准是绕不开的话题，该工具把以下基准作为衡量儿童在这些阶段中的参与程度。（注：括号表示声明所指的参与程度。）

1. 识别关键问题

儿童对理解他们的生活和对他们有意义的问题有所贡献。成年人不应该认为他们一定知道什么对儿童重要。因此，在开展一项计划之前，必须确保它反映儿童所面临的真正关切，并被他们视为具有相关性。让儿童参与任何情况分析都需要：

- 为儿童创造机会表达他们自己的关切、优先事项和兴趣（全部）；
- 儿童友好和适龄策略用于咨询儿童（所有）；
- 涉及范围广泛的儿童——例如，已经参与计划的儿童、通过学校的咨询、通过社区团体的咨询、媒体等（全部）。

2. 项目计划

儿童可以在帮助规划组织或机构可能开展的计划中发挥作用。如果儿童参与了对他们重要问题的识别，那么在制定计划时，确保认真对待这些观点显然是很重要的。儿童在这一过程中所扮演的角色有很大的不同。但是，它需要涉及以下选项之一：

- 规划应考虑到儿童在确定关键问题时提出的问题（咨询性问题）；
- 儿童参与了哪些计划的制定（参与性）；
- 使儿童能够识别和确定他们希望发展哪些计划（自我发起）；
- 儿童友好和适合年龄的策略用于使儿童能够为规划过程做出贡献（全部）。

3. 项目设计

一旦确定了一个计划，儿童就可以在帮助决定它应该实现什么及应该如何设计中扮演重要的角色。例如，儿童可能对什么有用、要问什么问题、要涉及谁，以及他们想用什么形式来表达自己等有自己的想法。他们的参与程度可以通过是否：

- 向儿童咨询关于成人构思的想法（咨询）；
- 儿童参与了方案设计，例如，将开展哪些活动，应该参与哪些活动，支持方案的原则是什么（参与性）；
- 空间的创造是为了让儿童能够为这个项目发展自己的想法（自我发起的）。

4. 实施

一旦一个计划被构想出来，儿童就可以在它的实施中发挥关键作用。例如，当研究人员发现儿童生活的某个方面时，他们可能会发挥一定作用，或者管理学校委员会，或者为开发儿童设施提供持续的想法和反馈。他们的参与可以通过评估是否：

- 向儿童咨询他们希望如何参加该计划（咨询性的）；
- 儿童参与了方案的实施，例如，交流方案要实现的目标，参与方案活动（参与性）；
- 儿童有责任管理方案的某些方面，例如管理预算、面试工作人员、决定方案活动（自我管理）。

5. 监控和评价

儿童参与需要有助于理解计划的有效性。这既为他们提供了所有权和对结果的兴趣，也帮助他们努力改进。仅由成年人评估的计划不一定会考虑到儿童的观点和经验。儿童的参与可以通过评估是否：

- 在评估方案（咨询性）中引出儿童的观点；
- 儿童在决定应该评价什么方面起着一定的作用（参与性）；
- 儿童决定应该评估什么和如何评估（自我启动）；
- 监测标准在项目开始时与儿童商定（全部）；
- 整个方案（全部）都有一个持续的监测过程；
- 监测和评估结果以儿童敏感和易接近的方式反馈给儿童并与儿童讨论（全部）。

（二）意大利儿童援助协会（CIAI）的儿童参与权实践评价

CIAI 认为，儿童参与不仅与行使所有其他儿童权利有关，而且是 2015—2017 年战略计划中四个主要干预领域之一，即：保护、教育、健康/营养和儿童参与。在三年计划中，CIAI 使用术语"儿童参与"，指所有儿童（包括处于风险中儿童、弱势儿童和其他有能力的儿童）在任何与他们有关的事项上（直接或间接）的知情和自愿参与，如《儿童权利公约》第 12 和 13 条所确定的，儿童参与是一种价值观，它贯穿于所有 CIAI 工作，并在所有可能的情况下，从家庭到政府，从地方到国际各级都加以考虑，以期增加儿童参与其所有行动和干预国家的空间和机会。

CIAI 将参与定义为儿童表达的一个持续过程，并在不同层次上积极参与与之相关的决策。它需要儿童与成人之间的交流、信息共享和对话，它建立在尊重儿童意见和观点的基础上。为了使参与变得全面和有效，成年人必须根据年龄和成熟程度以不同的方式让孩子参与进来，而不歧视生活在边缘化环境和具有不同能力的孩子。

CIAI 认为，协商、协作和儿童主导的参与是三种基本儿童参与方式。所有这些方法都同样有效和重要，其选择取决于方案或倡议的目标。此外，参与是一个动态过程。

a. 当成年人开始从儿童那里获取信息的过程，因为他们认为这些信息可以改善立法、政策或服务，咨询参与就发生了。它由成人启动、领导和管理。

b. 合作参与的目的是加强民主进程，为儿童创造机会了解和应用民主原则，或让儿童参与对其产生影响的服务和政策的制定。合作倡议是由成人或儿童发起的，它们涉及与儿童的伙伴关系，并使儿童能够影响或挑战过程和结果。

c. 儿童主导（或自主）参与的目的是使儿童能够确定和实现自己的目标和倡议。这通常意味着儿童和年轻人自己识别出关注的问题，而成人则充当促进者而不是领导者，儿童和青少年控制着这一过程。

CIAI（2015）制定了儿童参与权实现的最低质量标准，是描述预期最低性能水平的断言。由于它们通常建立在过去的经验和反馈的基础上，因此它们可以在儿童参与的背景下发挥重要作用，尤其是在提高倡议和方案的质量方面。

儿童参与的九项基本要求

参与是	定义	主要问题
	有效、有道德的儿童参与的九项基本要求	
透明和告知的	必须告知儿童：他们自由表达观点的权利、观点的重要性、参与的范围、将如何发生及其潜在影响。这些信息必须是可获取的、对多样性敏感且适合年龄的	• 儿童是否有足够的信息来决定他们是否及如何参与？参与的目的是否明确，是否与儿童达成目标？ • 是否以儿童友好的方式和他们理解的语言与儿童分享信息？ • 是否清楚地解释和理解了所涉及的每个人（儿童，成年人或其他利益相关者）的角色和责任？
自愿的	儿童不能被迫参加任何活动，应随时告知他们放弃参与的权利	• 儿童的参与是自愿的吗？ • 是否给予儿童足够的信息和时间来决定他们是否想参加？ • 儿童可以随时停止参与吗？
尊重的	与儿童一起工作的成年人应该尊重他们的观点和意见，并给他们机会发起活动和想法。成人还应考虑儿童生活的社会经济、环境和文化背景	• 儿童自己的时间承诺（例如学习、工作、玩耍）是否得到尊重和考虑？ • 儿童的观点是否自由表达并受到尊重？ • 与儿童一起工作的方式是否考虑并以当地文化习俗为基础？ • 是否已从儿童生活中的主要成年人处（例如父母，照顾者和教师）获得支持，以确保尊重儿童的参与？ • 工作方式是否能够建立自尊和自信，使儿童能够做出贡献？

参与是 ——	定义	主要问题
相关的	应该使儿童能够依靠他们的知识、技能和能力，在影响他们生活的事情上表达他们的观点。儿童也应该在一个使他们能够确定与自己有关问题的空间工作	• 正在讨论和解决的问题是否与儿童的生活密切相关？ • 儿童是否从成年人那里感到有任何压力要参加与他们无关的活动？
儿童友好的	儿童应在安全、友好和鼓励的环境中工作，有足够的时间和资源，以适应不同的年龄和成熟度	• 是否采用儿童友好的方式和方法？ • 这些方法是否与儿童建立伙伴关系？ • 是否设计或修改了鼓励儿童参与的程序和方法？ • 工作方式是否能在不同年龄和能力的男孩和女孩之间建立自信？ • 是否使用儿童友好和方便的会议场所？
包容的	参与必须避免各种歧视。相反，参与是平等的，它应该为被边缘化儿童提供机会	• 不同年龄和背景的女孩和男孩（包括年幼的儿童、残疾儿童、不同种族的儿童等）是否有机会平等参与？ • 流程是否具有包容性和非歧视性？ • 与儿童一起工作的人是否能够促成一个非歧视性和包容性的环境？
由成人培训支持的	成人工作人员和与儿童一起工作的管理者应具备适当的准备和技能，以高标准完成工作。在如何促进有效参与方面，儿童本身可以作为培训师和促进者参与进来	• 工作人员是否在参与实践中获得适当的培训和工具，使他们能够有效和自信地与不同年龄和能力的儿童一起工作？ • 工作人员是否能够有效地支持儿童的参与？ • 工作人员及其参与实践是否得到适当的支持、监督和评估？

续表

参与是	定义	主要问题
安全和对风险敏感	成人应将参与对儿童的暴力、剥削或任何其他负面后果的风险降至最低。为此，成人应制定明确的儿童保护战略，让家长和社区参与进来，并告知儿童受保护的权利	• 儿童参与活动时是否感到安全？ • 是否已识别风险？ • CIAI儿童保护政策是否正在实施？ • 如果儿童在参与项目时感到不安全，他们知道去哪里寻求帮助吗？ • 在参与过程中，是否委派有技能和经验丰富的工作人员处理儿童保护问题？
负责任的	为证明对儿童参与的真正尊重，成人工作人员应定期反馈和评估参与活动。必须告知儿童他们的观点是如何被解释和使用的，以及参与的结果。必要时，还应给予儿童影响研究结果分析或参与后续过程的机会	• 儿童是否从最早的可能阶段开始参与？他们是否能够影响参与过程的设计和内容？ • 是否鼓励儿童与同龄人、当地社区和组织分享他们的经验？ • 是否支持儿童参与后续行动和评估过程？ • 成年人是否认真对待儿童的意见和建议，并按照他们的建议行事？ • 是否向儿童提供有关所需支持需求和后续行动的反馈？

第二节　儿童参与权的实现途径

儿童参与权的价值观念和方法论最终要体现为具体的措施，否则就是空中楼阁、镜花水月。在本节，我们将一起探讨实现儿童参与权的途径，有些可能是原则性，有些可能具有较强的可操作性，目的在于为今后的儿童参与权实现提供一些方法观念上的思考。但无论怎么样，我们始终要深刻认识到这一点：真正的参与包括包容——制度改变以适应儿童的参与和价值，而不是整合——儿童在预定义的结构中以预定义的方式参与。

一、实现儿童发展其最佳能力的权利

在贯穿《公约》全文的儿童发展总主题中，隐含着儿童不断发展的能力的概念。虽然很显然，人们一生都在发展——学习和成长不会在 18 岁时停止，但儿童期提供了独特的机会和脆弱性，因此受到特别保护。发展的目的不仅在于促进和提高儿童的福祉，而且在于提高儿童的能力，各国有明确的义务采取适当措施为所有儿童实现这一目标。

第 6 条是整个"公约"中其他发展原则的平台。它声称缔约国应"尽可能确保儿童的生存和发展"。在强加这些义务时，它将任务扩展到儿童认知、社会、情感、身体和道德发展上。第 27 条确认了这一广度，该条明确承认儿童"身体、心理、精神、道德和社会发展"的适当生活标准的重要性。第 28 条和第 29 条阐明了教育在培养"实现儿童的个性、才能和身心能力方面最大潜力"的作用。第 31 条所体现的游戏权利认识到其在儿童发展中的重要性。"公约"还将发展概念扩展到国家对残疾儿童的义务，第 23 条强调了有利于儿童"实现最充分的社会融合和个人发展，包括其文化和精神发展"机会的权利。

人们普遍承认，为儿童提供足够的营养、智力刺激、游戏的机会、健康的环境、充分的休息、社会交往及情感护理和安全是儿童健康发展和实现潜力的先决条件。相反地，它们的缺乏会阻碍儿童的成长和发展。认识到社会、文化和历史背景影响儿童发展并不意味着没有超越不同文化价值体系的发展标准。然而，除了最低程度的充分性之外，很难规定在文化多样化的社会中如何满足儿童福祉的那些方面。尽管儿童的存在和儿童满足他们的权利是普遍的，但在不同的文化中，儿童的需要被感知的方式和满足他们的目标也会有所不同。

（一）通过社会学习提升能力

近年来对儿童发展的研究突出表明，儿童并非仅仅被动地接受环境刺激，而且甚至从婴儿时期起就以有目的的方式积极地融入环境。儿童在影响自身发展中起着关键作用。维果茨基是这个领域最有影响力的思想家之一，他认为，儿童（或者说成年人）在有和没有得到帮助的情况下所能达到的目标之间存在差距。这被定义为"近距离发展区"，即"由个体问题解决确定的实际发展水平与在成人指导下或与更有能力的同伴合作解决问题的潜在发展水平之间的距离"。正是在这个区域，认知发展发生。通过一个被称为脚手架的过程，成年人根据儿童的表现水平调整他或她的帮助，儿童可以执行他们自己无法完成的任务。换言之，通过互动最有效地发展儿童的能力：学习的过程产生发展，儿童通过参与提高能力。

最近的社会和生态理论强调，儿童不是在有序、可预测的阶段中发展的，而是通过自己与他人交流的活动来认识和理解世界。这种方法的关键含义是，培养能力的最有效模式不是让儿童按自己的节奏和级别探索，而是让儿童与成人或其他儿童合作学习，每个儿童都充当其他人的资源，根据个人的理解和专业知识，承担不同的角色和责任。全世界的母亲和父亲本能地认识到这一现实，他们与年幼的儿童互动并做出反应。

尽管儿童发展领域广泛接受这种分析儿童如何学习的方法，但它远未被普遍接受或应用于实践。许多儿童保育和教育制度仍然植根于与年龄相关的发展的假设。大多数儿童在学校里继续接受老师的教导，他们把学习的过程看成是从老师到儿童的知识和专业知识的转移。当然，在许多西方文化中，通过在家庭和学校中的学习，儿童在特定年龄的表现被严格衡量，他们被期望达到的水准与明确的年龄目标相关。

（二）通过参与提升其不断发展的能力

儿童参与影响他们的决定和行动的重要性不仅在《公约》第12条中得到确认，而且在整个文件中得到确认。参与是一项实质性的权利：儿童原则上有权得到倾听和认真对待。它也是一种程序性权利，通过该权利，儿童可以采取行动保护和促进其他权利的实现。在过去十年中，第12条已经大大提高了人们对儿童参与的重要性的认识。在世界各国，从政府到地方社区项目，已经制定了倾听儿童意见的倡议。

然而，儿童参与的重点仍然在咨询层面，儿童积极参与影响其生活的决策、政策和服务的机会相对较少。它仍然处于"系统维护"的级别，而不是"系统转换"。后者为儿童提供了重要的决策权转移，为个人和社会发展提供了真正的机会。此外，太少强调为非常年幼的儿童创造机会以展示其参与决策过程的能力。

维果茨基分析的核心是将发展概念视为儿童参与围绕他们的社会和知识生活的过程。有效的参与不是给定的参与。与成人一样，儿童通过直接经验建立能力和信心：参与可以提高能力水平，从而提高参与质量。正是对儿童有能力成功完成任务的假设，在与成人和同龄人一起参与共享活动中，鼓励了儿童的发展。这些技能既不是天生的，也不是社会成熟的必然结果。他们根据经验、成年人对儿童的能力假设和赋予儿童的责任水平而发展。

参与不仅是儿童实现变革的手段，而且为培养自主、独立、提高社会能力和复原力提供了机会。查拉等人（Chawla et al 2002）① 认为，能力的发展是控制有价值生活领域的能力，这种体验是心理健康的普遍特征，尽管在不同的情境中其表达形式不同。

在儿童参与程度低的区域，他们获得能力发展的机会较少。对自我效能感最有效的准备是为自己实现一个目标，而不仅仅是观察别人实现那个目标。例如，教育研究发现，与较大的学校相比，在小学校中，担任负责任的职位的机会很高。因此，在小学校中，有更多的儿童有机会行使责任并发展能力。认识到这些过程并非儿童独有的这一点很重要。能力的发展贯穿一生。

通常情况下，成年人在帮助儿童自己做决定或扩展儿童的能力方面没有起到促进作用。英国最近的研究证据显示，尽管儿童认识到成人经验的价值及从中受益的事实，但他们常常因为缺乏成年人的尊重而不敢寻求帮助。成年人常常强求他们的解决方案，而不是帮助儿童得出自己的结论。在大多数情况下，学校拒绝而不是促进合作参与和行使责任的机会。在西方社会有这么多儿童长期依赖别人，可能会推迟他们社会、政治或经济参与。在等级森严的家庭中，具有全世界众多社会特点的社会和政治结构不仅妨碍对儿童参与潜力的认识，而且妨碍了其实现。

（三）为儿童参与能力创造机会

1. 在家庭

"公约"序言中明确了儿童对关爱和安全家庭生活的需求，其中指出，在家庭环境中，儿童应该在幸福、爱和理解的氛围中成长。在其他一些章节中重申了这一点，这些文章强调家庭作为社会中有能力和负责满足儿童需求的基本群体的作用。所有文化中的儿童普遍接受稳定在社会关系中的重要性及被爱和被重视的必要性。越来越多的证据表明，发展成果与以一致性、技

---

① Chawla, L., & Heft, H. Children's competence and the ecology of communities [J]. Journal of Environmental Psychology, 2002, 22 (1): 201 - 216.

能、反应能力和身体能力为特点的保育质量之间存在直接关系。

西方社会儿童福利机构的决策者和从业人员普遍认为，儿童有共同的需求。凯尔默－普林格尔（Kellmer Pringle 1980）① 认为所有的儿童都有四个基本需求：爱和安全、新体验、表扬和认可、责任。在这些需要结构中隐含的假设是，不能实现这些需要将损害儿童的能力发展和最佳发展。伍德黑德（Woodhead 2003）② 质疑是否有可能对需求的性质做出如此的规定，他辩称，虽然它们被作为权威性的事实陈述而呈现，但它们实际上隐藏了个人和文化价值及关于童年的经验性主张。也许这两种观点之间的关键区别不在于承认需求本身，而在于对如何满足需求的假设。伍德黑德试图区分四种不同类型的需求：

● 需要作为儿童心理本质的描述，例如，儿童寻求持久的人际关系和似乎适用，而不管文化背景的行为。

● 需要作为对特定童年经历的潜在有害后果的推论，例如儿童期母爱的不足，据认为，缺乏这种经历将对心理健康产生不利影响。许多研究致力于探索这种说法的正确性，并似乎肯定了早期关系的重要性。这里的困难在于，这些推论没有认识到提供保育的文化背景和研究中假定的精神健康的定义。其他研究发现，文化态度在调节童年经历的影响方面起着重要作用。例如，离婚对儿童的影响似乎受到与婚姻破裂有关的社会耻辱程度及专业人士对儿童会受到不利影响的期望的强烈影响。认为病理结果可以与特定的儿童经历普遍相关，而不论其产生背景如何，这种假设过于简单。

● 对特定文化形式的童年经验的需要，如儿童在童年时期需要依附于一个母亲的形象。这一假设对西方社会的社会政策产生了重大影响，因为它对儿童的社会适应至关重要。然而，有充分的证据表明，涉及多种照顾的其他育儿文化模式可以产生同样适应良好的儿童。换言之，认为儿童倾向于依附于一个重要他人，并且满足这种"需要"是心理健康的先决条件的假设是站不住脚的。同样地，正如前面所讨论的，童年的目标不同，对儿童需求的感

---

① Kellmer – Pringle, M. The needs of children (2nd edition) ［M］. Hutchinson, London, 1980：448.

② Woodhead, M., Understanding children's rights ［C］. the Fifth Interdisciplinary Course on Children's Rights, University of Ghent, Ghent, 2002 – 12.

知也必然不同。

● 需要特定的童年经历，如特殊形式的富有想象力的游戏和通过音乐进行交流的机会。虽然在特定的文化背景下，提供这些机会可能被视为可取的，但很难说它们可以被视为儿童心理构成、心理健康或社会适应的内在部分。

尽管如此，在儿童需求和如何实现儿童需求方面的假定普遍性已经在西方获得了强有力的影响，并且两者暗中和明确地对儿童的心理发展和他们不同发展能力所必需的环境进行思考。西方的儿童保育方式已被纳入美国早期专业协会的全国儿童教育协会（DAP）创造的"发展适宜实践"（DAP）。DAP 在很大程度上依赖儿童发展的阶段理论，并确定了成年人应采取的各种做法，以使儿童能够成功地通过这些阶段。在这个模型中，养育儿童的成年人在儿童的早年被认为具有独特、深刻和形成性影响。它认为，虽然儿童的发展在各地都是一样的，但可以通过成人干预措施（例如家长教育计划）推进儿童的发展，并受到不良养育方式的阻碍。在这个过程中，儿童本身并不被认为具有能动性。

2. 通过游戏

游戏对儿童的发展至关重要，因为它提供了享受、探索、避难和参与文化和社会活动的机会。的确，儿童发展专家普遍认为，游戏是儿童自发的发展愿望的中心，应该被理解为人们参与世界的质量的一个核心方面。在最不利的情况下，儿童也会创造出游戏的机会：在工作日、在医院、在难民营、在课堂上。通过它，儿童获得了社会技能、创造力和创新、谈判能力和关心他人的能力，以及发展、理解和遵守规则的能力。

然而，尽管儿童在创造游戏机会方面拥有相当大的便利，但许多儿童生活的环境却不利于其充分实现。在某些情况下，父母自身缺乏游戏经验限制了他们创造或认识到游戏环境对儿童的重要性的能力。由于歧视、社会排斥和环境造成的物理障碍，许多残疾儿童被剥夺了真正的游戏机会。在世界许多地方，女童承受着不成比例的工作负担，这妨碍了她们游戏的机会。监狱、儿童保育机构、长期住院或难民营中的儿童往往缺乏任何设施或娱乐空间。不管是通过有偿就业还是教育，对儿童时间过分的正式要求都会影响儿童生活中可供游戏的时间。人们并不认为它需要政府的支持，但政府的政策直接影响到儿童获得充分游戏机会的程度。教育政策、可执行的就业保护政策、在环境中创造安全空间及对相关专业人员的适当培训，都影响游戏权的实现和随后儿童的健康发展。

3. 通过教育

教育应该为儿童提供机会，以便为发展他们在他们社会中最佳水平的社会和经济参与能力及自我实现能力。然而，一些障碍阻碍了儿童从教育中获益并以此作为实现其潜力手段的机会。

（1）缺乏获得教育的机会

受教育的权利，对于太多的儿童来说，是一个不可实现的目标。兰斯多恩（Lansdown G 2005）① 在其研究中认为，目前，一亿二千一百万名儿童缺乏受教育的机会。甚至到 2015 年实现所有儿童获得基础教育的最小愿望也不可能实现。而且某些儿童群体被不成比例地排除在实现其受教育权之外：在世界许多地方，女孩接受教育的机会仍然比男孩少。在南亚，女性成人识字率比平均水平要低 26%；一个 6 岁的女孩预期平均可以在学校待 6 年左右，比男孩平均少 3 年。在大多数发展中国家，绝大多数残疾儿童被剥夺了受教育的权利，这一事实没有得到很好的宣传。接受教育被广泛认为是实现发展潜力的必要条件。文盲破坏了改善健康和营养、降低儿童死亡率、解决艾滋病毒/艾滋病问题、提供更富有成效的生计机会及加强民主和尊重人权的努力。

（2）社会不平等

联合国儿童基金会因诺琴蒂（Innocenti Research Centre 2001）② 研究中心最近对贫困和不平等对儿童教育潜力实现影响的研究提出了有趣的看法。父母的社会和经济状况是教育成就的一个压倒性指标，因此，在所有经合组织国家中，一个国家内儿童成就之间的差异显著大于国家间的差异。尽管教育制度差别很大，但似乎与家庭环境有关的因素而不是学校教育制度决定了教育结果。更好的资源、获得高质量的学前环境和更好的学校，再加上更好

---

① Lansdown G. The Evolving Capacities of the Child ［J］. Innocenti Insight，2005（1）：113.

② 见例：Lansdown，G.，Promoting children's participation in democratic decision - making ［R］. UNICEF Innocenti Research Centre，Florence，2001.

的健康，以及父母和教师更高的期望，这些因素共同为来自较有特权背景的儿童提供了巨大的优势。通过教育制度对不同年龄段的儿童的国际比较表明，学校教育对学业不平等等级的影响很小。此外，在英国进行的一项纵向研究①发现，在 1300 名 22 个月至 10 岁年龄段内接受测试的儿童中，22 个月时具有高发展得分的贫困背景的儿童在 10 岁时下降到中值以下。10 岁时，来自较富裕、发展水平较差的家庭的儿童上升到中位数以上。调查还显示，在 22 个月时，贫困家庭和富裕家庭的儿童发展已经存在显著差距。因此，显而易见，不平等的种子早在上学之前就已经播下了。

（2）遭受虐待的环境

在某些情况下，学校不能提供最佳的学习环境。许多学校是压迫性的，管理不善，资源不足，或者提供与儿童生活无关的课程。来自世界各地的儿童的证据描绘了一幅关于一些教师所实施的暴力程度的惨淡画面。在像苏丹、菲律宾、美国、埃塞俄比亚和孟加拉国这样广泛的国家，儿童报告了教师实施暴力、威胁和公开羞辱的经历。掐、殴打、捆绑儿童、强迫他们站立或弯腰、性虐待，甚至威胁接触野生动物，这些行为都是由负责教育的成年人对儿童实施的，而且不受惩罚。这种经历不仅侵犯了儿童免受一切形式暴力侵害的权利，而且直接妨碍了儿童发挥能力的权利。儿童不能在恶劣的环境中有效学习。的确，在一些国家，教师的暴力是阻碍上学的主要因素之一。在孟加拉国的一项研究中，儿童认为纪律训练中体罚较少是他们最看重的教师素质。

（3）狭窄的定义课程

学校倾向于优先将认知学习作为他们精力的主要焦点。广泛用于评估儿童认知发展的措施实际上相当狭隘，大多数学校的课程和教学方法都引导儿童进入非常特殊的认知形式。这些方法是如此牢固和广泛地确立，以至于它们被认为是正常和必要的。然而，人们越来越认识到，儿童拥有各种不同的智力，这些智力以复杂和互动的方式影响着他们的发展，而这种方式不能通过单一的总体能力衡量来表达。例如，加德纳认为，在西方，儿童的多元智

---

① 见例：Lansdown, G., Promoting children's participation in democratic decision – making [R]. UNICEF Innocenti Research Centre, Florence, 2001.

力没有得到充分的培养，因为他们没有被看到或受到重视。他指出需要改变对儿童的思维，不仅要回顾他们如何学习，还要回顾他们学习什么。

在教育对儿童发展的根本重要性、教育的实施方法、学校的作用和性质、认识到工作的潜在教育性质，以及成人和儿童在学习过程中所起的作用需要进行更多的调查和讨论等方面几乎没有分歧。

4. 通过工作

教育和学习不是学校的同义词，《公约》在强调教育是所有儿童的权利的同时，没有规定学习必须在学校进行。事实上，儿童获得的许多能力来源于学校以外的经验。然而，现在的趋势是让儿童远离工作世界，将他们从成人世界中分离出来，为他们提供几乎完全通过语言而不是通过观察或实践进行的去语境学习。尽管越来越多的证据表明，儿童通过参与世界活动而不是研究世界来更好地了解世界，但这种趋势仍在继续。

在发展中国家，人们常常期望儿童参与家务劳动和有偿劳动，而且教育也不被视为工作的替代品。相反，人们普遍希望儿童能够接受任何正规的教育。然而，在许多西方儿童发展理论家看来，因为童工被排除在"正常"童年的建构之外，所以童工几乎完全被排除在童年的论述之外。伍德黑德（2002）① 为这种缺席提供了生动的例证。在对 1987 年至 1995 年间出版的 8 本儿童发展教科书中的指标进行检查时，他发现了 157 本家庭参考文献，126 本游戏参考文献，108 本学校参考文献。只有一个关于工作的条目简述了兼职工作对青少年学校表现的影响。

这些教科书反映了北美和欧洲儿童的经历。然而，即使用这些术语，也不能证明没有解决童工问题的正当性，因为在英国和美国有大量的儿童从事兼职工作及基于家庭的家务劳动。对工作对儿童生活的影响缺乏认识或研究，意味着对工作妨碍或促进儿童发展的程度、儿童自己对工作的感受、工作和学校之间的适当平衡，或者在有害和有意义的工作之间的界限了解相对较少。

---

① Woodhead, M., Understanding children's rights [C]. the Fifth Interdisciplinary Course on Children's Rights, University of Ghent, Ghent, 2002 - 12.

二、承认并尊重儿童的能力

第 5 条和第 12 条及《公约》的总体理念确立了儿童作为影响其生活的决策过程的积极参与者的作用。积极参与家庭、学校和社区生活是基于人权方法的基础。尽管不能期望儿童在其能力范围之外的级别上履行或承担责任，无论是在学习阅读、决定其未来或过马路方面，他们都有权承担责任并参与这些决定和活动。他们确实有能力，所以有必要探讨有关年龄相关能力的证据的现状及审查许多广泛持有的关于儿童能力限制假设的必要性。

（一）儿童行使权利的权利

《公约》中不断发展能力概念承认，童年不是单一的、固定的普遍经验，虽然《公约》中所体现的所有权利适用于所有儿童，但每个儿童的能力和背景必须影响如何应用及在权利行使中的自主程度。尊重儿童作为权利的积极参与者和主体，而不仅仅是作为成人保护的受益者的原则，是贯穿《公约》的主题。除了第 5 条之外，第 14 条还明确提到了关于思想、良心和宗教自由权的不断发展的能力。同样具有关键意义的是第 12 条，该条强调儿童有权"根据年龄和成熟度"表达自己的观点得到认真对待。体现言论、结社和隐私自由的第十三条、第十五条和第十六条强调儿童享有"他或她的基本尊严和个性，以及对现实评估中做出差异性评价的权利"。如已经指出的，这些条款中没有一条规定将行使权利的权利转让给儿童的具体年龄。相反，它们允许承认每个儿童在其每一项权利方面受到尊重的个人能力。第 5 条的措辞创造了这种承认的潜力。它坚定地挑战了行使权利的能力，而不是让这些权利受到成年人保护，仅从 18 岁开始。父母有责任，国家也有责任，使儿童能够对他们有能力并愿意做出的决定逐步承担责任。

遵守《儿童权利公约》第 5 条的精神和尊重儿童作为社会代理人的哲学表明，需要更严格地分析和承认及尊重儿童的能力。能力跨越了广泛的素质——道德、社会、认知、身体和情感，这些素质并非都按照统一的模式发展。儿童与成人一样，不可能在所有领域都获得一致的、全面的能力。相反，他们的能力表现会根据任务的性质、个人经历、对任务的期望、社会环境和个人能力而有所不同。然而，关于不同年龄的儿童参与道德思考、理性决策和行使责任的能力，以及年龄本身的相关性，仍然存在相当大的争论。

一方面，正在努力提出一个科学、普遍的儿童发展模式。另一方面，许多发展心理学家当前的思考提出，所有能力领域都根据受文化和语境影响的一系列因素而发展。

（二）探寻与年龄相关的能力

尽管皮亚杰关于离散的、确定的发展阶段的观点在很大程度上被怀疑，但不可能完全否定阶段的概念。虽然儿童个体之间差异很大，但有明显的证据表明儿童身体发育在生物学基础上具有普遍性。儿童的骨骼遵循完全可预测的发展路径，而肌肉的发展遵循从儿童头部获得控制并逐渐向下移动到脚部的顺序过程。人们普遍认为，体格力量、敏捷性、认知和社交能力的某些重大变化发生在儿童的第二年，大约 6 到 7 年，并且在青春期再次发生。认知能力取决于特定元认知技能的出现，而这些技能对儿童来说根本不适用。人类学文献的研究表明，在理解人类生命周期和儿童在其中的位置及主要转变的年龄阈值方面，各个社会之间有明显的相似之处。

大量的研究试图找出与年龄和能力获得相关的预先确定的生理或心理因素。必须承认，这项研究几乎只在北美和欧洲进行，而且大部分在实验室条件下进行，脱离了儿童的日常生活。值得注意的是，即使在这些参数范围内，整个研究的发现也存在着广泛的差异。那么，这项研究揭示了什么？

巴塞洛缪（Bartholomew 1996）① 进行了一项旨在确定这些模式是否表明 18 岁以下的人在决策方面的能力始终低于 18 岁以上的研究，这些研究破坏了这些主张的大部分有效性。这项研究包括一系列治疗难题的小插曲，要求参与者在五种替代疗法中进行选择。他们适用于四个年龄组：12 岁、15 岁、18 岁和 21 岁。研究结果显示，成年人和年轻人之间的差别，例如，关于受短期目标影响的准备程度，以及观点的可变性，似乎并不影响决策能力。巴塞洛缪认为，推断与年龄相关的决策能力水平假设是无效的。

巴塞洛缪的研究还表明，对自己做出选择的能力的信心是一项重要且独立的能力预测因素。实际上，一些研究人员声称，信心是自决感的重要先决

---

① Bartholomew, T. Challenging assumptions about young peoples competence － clearing the pathways to policy［C］. 'Australian Institute of Family Studies' Fifth Australian Family Research Conference, Brisbane, 1996－10.

条件，许多现行的法律框架限制了儿童实施决策的机会，从而降低了儿童对决策能力的信心。在实践中，给予儿童决策的机会越多，他们就越能够做出充分知情的选择。相反，限制儿童的自主权会促进一种学习无助的自我实现循环，在这种循环中，他们知道自己不能自由地决定重大问题，或者他们的决定不具有约束力，或者他们的异议很容易被推翻。这导致他们不愿意做出决定，并且倾向于仅仅因为沮丧而对成年人做出反应。然后，这些行为被用来确认青少年是不一致的、非理性的和情绪化的观点。

有关研究①的其他综述表明，从 14 岁起，儿童在理解事实、决策过程和选择合理的结果方面做出明智决定的能力与成人一样得到发展。9 岁的儿童在展示基于理性选择方面被认为与一般成年人一样有能力。值得注意的是，这项研究强调了影响儿童表达愿望和判断什么最符合他们最大利益的能力的发展和情境因素。例如，年幼的儿童倾向于服从那些掌权的人，并且基于对成年人权威的挑战所感知到的后果做出决定。

（三）儿童行使其能动性

想象大多数儿童从小就不做决定或承担责任，就把"童年"这个概念浪漫化了。即使是在非常受保护的环境中的小孩，也会参与到关于友谊的决定、处理父母的离婚、冲突中的父母之间的谈判、决定玩什么游戏及谈判规则中。在伦敦对 9 岁儿童进行的研究②显示，他们在学校高度结构化的世界里过着复杂的生活，管理着身体、大脑和情感。他们负责日常所需的书籍、衣服和设备，处理和谈判与同事和工作人员的社会关系，组织家庭作业和管理最后期限。此外，在改变家庭模式的背景下，许多人在离婚后向母亲提供支持，与新家庭成员谈判关系，以及与不在场的父母谈判关系。但是，无论是儿童还是周围的成年人，都没有根据责任来定义这些活动。他们的"家务"也没有定义为工作——在家帮忙，照顾小孩，还有学校工作。成年人把工作定义为有益于总体利益的事情，而儿童所做的只是为了他们自己，因此不是为了工作。因此，儿童的工作在成年人眼中是看不见的，不被给予地位

---

① Lansdown G. The Evolving Capacities of the Child [J]. Innocenti Insight, 2005 (1): 115.

② Lansdown G. The Evolving Capacities of the Child [J]. Innocenti Insight, 2005 (1): 115.

或尊重的。

布兰切特（Blanchet 1996）① 发现，孟加拉国的父母很少相信儿童代理能够行使责任、理解是非或自主行动。当儿童行为不端或变得"被宠坏"时，这要归咎于不良的父母教养和缺乏纪律、恶劣的环境或敌人的攻击。

奥德森（1996）认为，即使是非常年幼的儿童，就算他们必然具有依赖性，也能够在选择方面行使代理权，对成年人施加权力或使用说服来获得他们想要的东西，因此，相互依赖是一种更准确的构建成年家庭成员与儿童之间的关系方法。潘趣（Punch）② 的研究很好地说明了这一过程，儿童对家庭的经济贡献肯定了相互依存的关系。儿童一直表明他们在多大程度上重新谈判成人强加的界限，主张自主并主动塑造自己的生活。虽然处于相对无能为力的关系中，但他们采取了一系列战略，包括旨在避免工作的策略，在所承担的任务中获得支持或重新谈判工作量。这些策略涉及使用年幼的兄弟姐妹、假装不听、延长任务以避免其他人、证明工作量的负担、任务之间或兄弟姐妹之间的谈判。潘趣认为，从童年到成年的过渡不是从依赖和无能到独立和能力的线性过程，而是与儿童相联系的个性角色的进入或跳出、他们在家庭中的地位、性别及对他们所要求的不同期望和任务的回应。

处于不同文化、经济和社会背景下的家庭中的儿童表明，他们不仅是预定发展过程的被动接受者，而是不断重新谈判进程中的积极推动者，在不同时间，根据不同需要，具有相应不同程度的依赖性和能力，儿童利用他们的足智多谋不仅改变成人强加的界限，使他们更容易接受，而且有助于家庭的社会和经济实力。

在更广泛的组织参与和决策层面，过去 15 年中蓬勃发展的数千项举措生动地证明了包括儿童在内的儿童作为研究人员、活动家、倡导者和政策分析家的能力，传统上，所有领域都被视为在儿童的能力之外。越来越多的儿童领导的组织由儿童负责各方面的工作。儿童积极参与从地方到国际的倡议：从为乡村学校谈判资源到制定国际政策。

---

① Blanchet, T., Lost Innocence, Stolen Childhoods［D］. University Press Ltd., Dhaka, 1996：201.

② Punch S. Youth Transitions and Interdependent Adult – Child Relations in Rural Bolivia［J］. Journal of Rural Studies, 2002, 18（2）. 123 – 133.

三、保护儿童免受超出其能力的体验

（一）《公约》中受保护的权利

《公约》承认，由于儿童相对缺乏经验和不成熟，儿童期是有权得到特别保护的时期。第十九条广泛呼吁各国："采取一切适当的立法、行政、社会和教育措施，保护儿童免遭一切形式的身体或精神暴力、伤害或虐待、忽视或过失对待、虐待或剥削，包括性虐待……"第37条规定，当儿童被剥夺自由时，必须考虑其年龄的需要。第40条规定，如果儿童被指控犯罪，父母应出席任何听证会，"考虑到（儿童）的年龄或情况"。它还规定有义务确定儿童不能被追究刑事责任的最低年龄，尽管它没有具体规定应该是什么具体的年龄。第32条要求规定最低就业年龄。《公约》第38条在确定保护儿童，具体为18岁以下年龄方面具有独特性，规定15岁以下儿童不应参与敌对行动。其他规定承认儿童缺乏经验和成熟使他们有权得到保护，免受药物滥用、性剥削、经济剥削和其他形式的剥削。

也许最根本的是，主要考虑儿童最大利益的义务反映了这样的观点，即儿童时期是一个相对脆弱的时期，限制了儿童从事某些活动或采取必要行动保护自己免受任何有害后果伤害的能力。因此，第3条规定，在所有涉及儿童的行动中，儿童的最大利益必须是首要考虑因素。第9条"不与父母分离"、第18条父母的关爱、第20条替代性照顾儿童，以及第21条收养也承认有义务照顾儿童的最大利益。

第5条的明确含义是，父母不仅应尊重儿童代表自己行使权利的能力，而且同样不应当对儿童施加超出其能力的过分要求。此外，国家在采取必要的立法、政策、教育和行政措施以确保儿童不接触超出其发展能力的经验方面可发挥明确的作用。虽然各社区对于何种程度的保护适合儿童、如何提供这些保护，以及在提供这些保护时儿童、家庭和国家之间的平衡存在广泛不同的假设，但是，在所有社会中，法律、文化及其他措施界定了成人生活的那些方面，并由此赋予了儿童受保护的权利。

（二）平衡受保护、参与或解放的权利

《儿童权利公约》提出的最根本的挑战之一是需要平衡儿童获得充分和适当保护的权利与他们参与对实施其决定和他们有能力的行动负责的权利。

必须协调好保护权和积极参与决策权之间潜在的利益冲突。正如博伊登等人（Boyden et al）① 所说："……支持儿童的最大利益不仅需要对儿童的特殊保护，而且需要儿童对自己的福祉具有有效的洞察力、对问题的有效解决办法及在执行这些解决办法方面的有效作用。"这种办法不仅承认儿童是成年人干预的受益者，或未来的社会资产，而且承认儿童是自身权利有能力的社会代理人。

然而，正如前面所概述，没有简单的公式来评估儿童个人何时有能力对影响其生活的决策负责。此外，在实践中，许多儿童的脆弱性并非源于他们缺乏能力，而是源于他们缺乏行使权利和挑战虐待行为的权力和地位。大多数西方国家的现行法律制度是建立在保护模式的基础之上的，为了限制儿童伤害自己的机会，实行无能力推定。在许多发展中国家的立法中，没有承认儿童需要特殊保护。很少有国家发展出能够满足赋予儿童参与自身保护需要的模式。

儿童到达青春期时会产生特殊的困难。青春期是生活发生重大变化的时期，其特点是身体迅速发育、性成熟及社会期望值不断提高。正是在这一时期，儿童开始放弃许多在儿童时期提供的保护结构和安全保障。取而代之的是建立新的身份、承担新的责任及承担更大的风险。然而，在这一变化期间，根据《儿童权利公约》，18 岁以下的年轻人继续被承认为"儿童"。因此，他们仍然有权享有它所体现的保护。但是，提供适当的保护，既能使青年人扩大其范围，做出选择并参与必要的冒险，又不使他们受到不适当的伤害和危险，在所有社会中都是一项挑战。随着时期的变化，青春期是一个脆弱性增加的时期。在青少年成长的迅速变化的世界中，这种脆弱性显著加剧。

一方面，从整体上看，青少年现在比以往任何时候都受到更好的教育，更了解情况，更健康。但也有不利的一面，现成的药物、与性经验有关的高风险、失业、竞争性教育环境、导致家庭成员分居寻找工作的经济压力、全球市场驱动对物质商品的强烈渴望及无障碍环境电子媒体是很多年轻人必须

---

① Boyden, J. and D. Levison, Children as Economic and Social Actors in the Development Process ［R］. Expert Group on Development Issues, Stockholm, 2000.

谈判的领域。他们经常这样做,没有任何"蓝图"来指导他们。划定从童年到成年过渡的传统仪式正在受到侵蚀,这在很大程度上是全球化的结果。的确,有人认为,青少年被迫承担全球化的代价比社会上其他群体更大。年轻人越来越多地协商他们自己向成年期的转变。父母和子女之间的经验和期望的鸿沟从未如此广泛。在这个世界上,许多青少年的成长对于他们的父母来说是不可知的,这使得他们更难理解他们的儿童所面临的挑战及需要保护的适当程度和性质。全球性公司正在与家庭和学校竞争,以成为青少年生活中最有影响力的机构。然而,与父母不同,这些机构不为年轻人承担任何责任,不向他们负责,除了他们的消费能力之外,对他们没有兴趣。

需要从这些更广泛的因素来理解平衡青少年的参与和保护权利的挑战。重要的是,儿童权利委员会优先起草了一份关于青少年健康和发展的一般性意见,其中指出,这是因为缔约国"没有充分重视青少年作为权利的拥有者,并提升他们的健康和发展",有必要引起人们对该问题的关注。

保护儿童免受身心伤害主要由父母或大家庭的其他成员负责,为儿童提供身心护理并保护他们在日常生活中免受伤害。儿童在开始时完全依赖成年人生活。除了爱、情感支持和照顾之外,父母还为儿童划定界限,并代表儿童做出决定,以保证他们的安全。随着他们年龄的增长,这种需要逐渐减少,尽管需要继续保持爱和关怀的纽带。迄今为止,很少有国家对父母养育的具体义务进行立法。只有当父母明确没有提供足够的照顾和保护标准时,国家才会介入。因此,关于提供照顾的程度及儿童开始对自己的保护和照顾承担责任年龄的决定,在很大程度上是在家庭内部决定的,而不是由于法律上的界限。

正如已经观察到的,父母认为必要照料的性质和范围根据文化、经济和历史因素而大不相同。大多数欧洲国家越来越强调保护儿童免受环境侵害,因为对交通事故和绑架的恐惧越来越大。兰斯多恩(2005)发现,例如,1971年,在英国,80%的7至8岁儿童被允许独自上学,但到1990年,这一数字已经下降到9%。在许多社会中,期望儿童能照顾自己或弟弟妹妹被认为是正常的、起作用的,但在其他社会中则是危险和疏忽的。这些差异甚至存在于北欧国家之间。例如,在英国,通常认为把10岁的儿童单独留在家里是不合适的,而在挪威,人们普遍接受这种做法。很显然,挪威和英国儿童在照顾自己和保护需求方面没有天生的不同能力。相反，这些差异表明儿童所生活的社会差异很大，人们对他们的期望也相差很大，而且在儿童受到保护的背景下，需要理解儿童受到保护的程度。

从这些例子中可以清楚地看到，当对自己的照顾和保护及其他家庭成员的照顾和保护寄予很高的期望时，即使是非常小的儿童也表现出相当大的能力。这些需求，不管是积极的还是消极的，对儿童的影响将至少部分地是由他们被社会接受的程度来调节。

然而，当需求过高时，对儿童的发展有严重的危害。来自撒哈拉以南非洲的证据表明，当繁重的工作量使父母没有多少时间积极养育子女时，儿童感到随后对他们提出的要求比食物不足的后果更加有害。而且，随着战争和艾滋病毒/艾滋病产生越来越多的以儿童为户主的家庭，显然，许多承担高度家庭责任的儿童这样做是以牺牲其福祉为代价的①。英国的一个研究项目采访了 15 到 25 岁的年轻人，询问他们进入寄养所的经历。他们进入寄养中心的平均年龄是 10 岁左右。研究人员发现，当这些儿童生活在虐待或疏忽的家庭时，他们中的许多人已经发展出非常高水平的生存技能和策略，尤其是在烹饪、养育和家务管理技能等实际层面上。但是，一旦他们被送进寄养所，这些责任被解除，他们感到负担已经减轻。他们将这种经历描述为暴力的避风港，为他们提供了重温童年的机会。

虽然儿童能够表现出对自己和他人承担相当大程度的责任的能力，但除非是在成人的保护性护理和支持背景下发生的，否则这可能是一种有害的经历。这里与年龄不太相关。相反，似乎有了文化和社区的认可，在支持性的家庭环境中，儿童能够对自己和兄弟姐妹的照顾履行责任，这样做促进了心理健康和社会发展。儿童还向父母提供情感支持和照顾，再次表明家庭关系的相互依存是相互和互惠的。父母和儿童的期望和信心、普遍的社会态度、家庭的直接需要及外部环境的性质是儿童获得能力及其对其福祉的影响的关键决定因素。

---

① Lansdown G. The Evolving Capacities of the Child ［J］. Innocenti Insight, 2005: 88.

在马绍尔（Marshall 1997）① 关于英国儿童参与儿童保护过程的研究中，她发现有证据表明，专业人员提供的保护程度超过了儿童认为他们需要的程度。一系列探讨关于儿童是否需要出席案件会议需要做出决定的小插曲，向专家呈现，然后向有儿童保护制度直接经验的一群儿童呈现。人们一直认为，儿童认为他们处理这种情况的能力超过了成年人给予他们信任的能力。此外，他们认为排除这些过程更有害，因为它会导致对背后所说或所做的事情产生焦虑。成年人对保护儿童免接触痛苦信息必要性的假设意味着儿童被排除在他们认为有权且有能力参与的决策过程之外。同样，在罗马尼亚残疾儿童及其父母对儿童能够接受的独立程度进行的一项调查中，儿童一直表示，他们被过度保护是以牺牲自身发展为代价的。

（三）儿童参与对他们自己的保护

《儿童权利公约》明确规定国家和父母有义务保护儿童。这种保护被认为是与童年有关的权利。这源于一种共同的认识，即儿童在获得更大的身体和情感力量、经验和知识之前，有权得到特定的保护。然而，审查传统的保护模式，存在许多争论，在这种模式中，儿童被构建为被动和易受伤害的对象，一方面是受困于对生命经验有害的潜在可能，另一方面受困于有关成人的善意保护。

越来越多的研究证明，许多成年人设计的保护儿童的战略都失败了，这些战略剥夺了儿童为自己的福利做出贡献的机会。例如，将儿童从孟加拉国的服装厂一揽子地移走，将儿童从街头移到机构护理中，在冲突后环境中为儿童提供个性化治疗护理的医疗战略，以及解决残疾儿童状况的医疗模式表明，除非充分考虑到儿童生活状况的动态及他们的家庭和社区面临的问题，否则"保护"他们的努力实际上会导致保护的环境进一步恶化。

越来越多的证据表明，儿童具有能动性，并利用自己的资源和优势制定保护儿童的战略。此外，对儿童参与的积极认识和支持提高了他们不断发展的能力。通常情况下，给予保护权的不利之处在于，它提供的地位和权力较少，从而影响所提供的保护手段。不承认儿童代理浪费了利用和加强儿童潜

---

① Marshall, K., Children's Rights in the Balance – The Participation – Protection Debate [R]. The Stationery Office, Edinburgh, 1997.

在应对策略的机会。

干预措施往往基于成年人对儿童面临的风险和他们需要保护的性质的理解，而不是基于儿童自己的观点。因此，良好的意图和可用的资源会用错误的解决方案解决错误的问题。在过去的十年里，儿童已经开始发表自己的意见，并呼吁人们注意家庭内部暴力的程度。作为回应，家庭暴力及其对儿童的破坏性影响已开始得到理解和解决。与成年人的设想相反，有证据表明，一些女孩和男孩自愿成为儿童兵，以便获得社会权力、食物、服装和友谊。他们认为军队或团体中的"成员"是提高社会和经济地位的一种手段。这种看法反映了女孩和男孩可以选择的严峻选择，以及迫切需要为她们提供学习和就业机会。它还表明，对其经验的认识和尊重必须成为保护它们的战略。

过度保护可能通过未能向儿童提供在生活中做出明智选择所需的信息和经验而增加脆弱性。使儿童依赖成人支持的保护措施在撤销成人保护时使儿童失去资源。忽视并因此削弱儿童本身所能做出的贡献将不能满足儿童的最大利益。许多国家危机的规模正在破坏用于保护儿童福祉和发展的传统家庭和社区网络，例如，撒哈拉以南非洲的艾滋病毒/艾滋病大流行、威胁许多中东欧/独联体国家的经济危机和许多长期内战和武装叛乱的状况。在这些环境中，迫切需要利用儿童自身的潜在优势，以便最大限度地增加其生存和发展的机会。

不仅在危机期间，而且在所有情况下，儿童保护干预措施都必须建立在儿童自身的弹性、能力和贡献的基础上。过度保护可能与保护不足一样有害。虽然儿童享有免受伤害的权利需要引入法定年龄界限和保护性护理和服务的规定，但除非旨在提供保护的倡议尊重儿童的参与和代理，否则它们将无法实现其目标。

四、制定并完善相关法律

儿童参与权的实现涉及儿童从被动接受者的地位向作为主动者的尊重的转变。这需要转移更大的权力让儿童对他们的生活产生影响。然而，尽管世界上所有地区都提出了许多倡议，这种地位的转变对大多数儿童来说仍然是一个未实现的愿望。它不能通过零星的倡议来实现，无论多么创新和激进。为儿童参与创造空间的项目和方案很重要，但不够。它们本身是不可持续的，它们很少让非常年幼的儿童参与，它们很少涉及个别儿童行使其被倾听权的权利，它们只能让社会中的一小部分儿童参与。此外，参与的机会通常取决于与儿童生活相联系的成年人的善意——在地方当局或非政府组织内的倡议、学校建立学校理事会的意愿、愿意为儿童提供信息、倾听和尊重其意见的开明医生。有意义和持续地实现儿童的参与权利需要引入广泛的立法、政策和实践规定，这些规定既确立了权利，又确立了让政府和其他人为实现这一权利而负责的机会。这将包括：

法律权利——例如，申诉机制、诉诸法院和获得法律援助的机会、家庭法中父母责任的定义、建立学校理事会的权利、引入同意年龄、禁止早婚或切割女性生殖器、降低投票年龄。

系统地提供关于所有年龄和能力的儿童的权利的信息——例如，学校中的人权教育，医院中希望看到的儿童友好信息，政府的儿童友好咨询文件。除非儿童能够以他们能够使用和理解的形式获得信息，否则他们不能行使他们的权利。

提高成人的敏感性和认识——为与儿童一起工作和为儿童服务的所有专业人员提供关于儿童权利的职前和在职培训，以及家长教育方案。

影响各级公共决策的系统机制——发展儿童友好和协作的公共服务，支持儿童领导的组织，同伴教育，接触媒体，社区动员，在地方和国家决策机构中的儿童代表，以及始终如一地参与治理，就政策制定的所有相关方面进行对话。

补救和补救机制——儿童需要能够通过申诉程序或在必要时诉诸法院来挑战侵犯其权利的行为。

（一）法律年龄的确定

在许多社会中，年龄是获得正式权利的关键决定因素，法律或文化协议规定了儿童在自己的生活中获得更大自主权的门槛。然而，正如本文指出的那样，严格应用规定某些权利发挥作用年龄的法律，并不能反映决策的现实和儿童所能承担的责任水平。那么，尊重儿童根据其不断发展的能力参与决策的权利，同时提供适当保护的最有效的法律框架是什么？哪些因素应该为法律框架的建立提供信息？在这一问题上，目前大致有四种模型，每个模型都有优点和缺点。

1. 固定的，逐步取得权利的规定年龄限制

在很大程度上，这种模式存在于《儿童权利公约》的大多数缔约国中，其中法律规定了范围广泛的严格的年龄限制，包括注册和入学、性同意、婚姻、同意医疗、最低就业年龄、参军、刑事责任年龄、选举权等。这些保护或获得权利的年龄在历史上变化很大，现在逐渐趋于统一，这在某种程度上是对《儿童权利公约》和儿童权利委员会的建议的回应，尽管跨文化之间与文化内部的差异确实存在。尽管人们广泛接受这一模式，但现行法律框架很少反映对儿童发展能力的深思熟虑的评估。相反，如前所述，它们表明国家的经济和社会优先事项和需要，以及关于必要保护水平的传统假设。

基于固定年龄限制模型的优点包括：所有公民，包括成人和儿童都清楚地了解何时可以行使某些权利；明确的"通过仪式"或基准表示成长过程；同样的权利适用于同龄的所有年轻人；该模型相对易于理解和实施；年轻人和父母之间行使权利的分歧可能很小。

缺点包括：行使权利的一致性并不反映儿童的实际和不同的能力；模型不灵活；要求普遍保护的权利和涉及影响个别儿童的个人、产异化决定的权利没有区别；针对不同法律的年龄限制可能不一致；确认儿童缺乏能力，而不是发挥潜力，往往低估了儿童的能力；倾向于将儿童排除在决策之外，并阻碍《儿童权利公约》所表明的更民主和更尊重的哲学。

固定年龄限制和规定年龄限制模型提供了最直接、最简单的框架，但其刚性不符合尊重儿童根据其能力发展而参与决策的权利的原则。它还不能根据所涉及的风险水平和所需的保护程度来考虑其灵活性。

2. 去除所有固定的年龄限制

另一方面，有可能取消所有法定年龄限制，代之以对儿童的个别评估，以确定他们参与决策的能力。这在某些传统文化中确实存在。例如，在厄立特里亚，Fithi Mehari Woadotat 人的习惯法规定，男孩的成年年龄不是特定年龄，而是在社区认为男孩足够成熟时，即 13 至 20 岁之间的任何时候。一旦他们成年，他们可以成为见证人，参加社区理事会，缴税并武装起来。这种做法与普遍的想法非常不一致，而且确实与《儿童权利公约》相矛盾，该公约确实建议引入某些法定年龄限制。尽管如此，一些儿童权利倡导者还是主张，以替代固定年龄限制的不灵活性。因此，它的优点和缺点值得认真审

查。在没有固定年龄限制的情况下，有两种确定能力的方法。一种可能性是，儿童承担证明能力责任。因此，在允许儿童开车之前，必须经过严格的测试，以评估判断力、技能、灵巧性、体能等。类似地，在儿童能够做出与医疗有关的决定之前，她或他需要表现出理解所提议的治疗的性质、其含义和可供选择的能力的水平。第二种也是更为激进的做法是在行使权利时引入对能力的推定。责任在于成年人——例如家长、教师、医生或法官，有责任证明儿童无能力，以限制这种权利的行使。

取消固定年龄限制的优点包括：允许每个儿童根据其个人能力水平行使权利；鼓励儿童获得技能和能力；挑战成年人关于儿童缺乏能力的假设，并鼓励成人和儿童之间建立更尊重的关系；能够判断儿童的能力，以反映当前的假设和经验，而不是可能过时和脱节的立法；消除民法和刑法不同部分之间或内部可能存在的固定不一致。

然而，其缺点也值得考虑：在范围非常广泛的法律事务方面为了评估各个儿童的情况，进行费用高昂和负担沉重的行政管理；需要有相当多的技能来判断儿童的个人能力；取消明确的年龄限制可能会导致一些儿童未能获得某些权利；广泛不同的假设和机制评估能力的潜在不一致性；未能承认为了保护儿童免受成年人的虐待或剥削，制定了一些年龄限制；可能导致儿童与父母之间、儿童与国家之间的分歧，因为影响儿童的所有决定都可能受到辩论；未能提供明确或一致的成年期划分；能力水平的评估可能受到文化中固有的偏见和歧视的影响，特别是对女孩、少数民族儿童和残疾儿童的偏见和歧视。

尽管允许个人评估的系统具有表面上的吸引力，但这种模式的纯粹不切实际阻碍了其应用。此外，它使儿童遭受剥削和滥用其权利的可能性使其无法接受。许多国家目前缺乏影响儿童关键权利的年龄限制立法。

例如，据兰斯多恩（2005）研究发现，至少 22 个国家没有规定的义务教育年龄，23 个国家没有最低就业年龄，30 个国家没有最低结婚年龄。事实上，这种立法的缺乏反映出缺乏保护，而不是对尊重儿童不断发展的能力的承诺。没有义务教育，怎么可能保障受教育的权利？了解为家庭收入做出贡献的必要性，但除非有严格的规定来防止儿童在危险环境中工作，否则他们可能遭受剥削、虐待，严重损害他们的健康和福祉。废除法定年龄限制可能会导致对儿童权利的更大滥用。

3. 固定年龄限制，有权在较早的年龄证明能力

该模型结合了建立固定年龄限制的，自动赋予儿童行使某些权利的权利，并承认如果儿童表现出必要的能力，他们有权更早地行使某些权利。例如，法律可能规定，从14岁起收养需要得到儿童的同意。然而，12岁的儿童将有权主张在收养之前必须征得他或她的同意。在这个模型中需要解决的问题之一是，何时证明儿童能力足以证明，以减少权利方面的年龄限制是合理的。在处理私人事务的法律领域，如收养、监护和接触、选择宗教、医疗同意和法律咨询，年龄限制可根据个人能力而减少。然而，展示足够的能力不足以降低进入性关系、结婚、开始工作、参军、离开学校、吸烟和饮酒或投票的年龄限制。

固定年龄限制结合在较早的年龄证明能力机会的优点，包括：保护儿童，同时承认在适用年龄限制方面需要灵活性；儿童生活的一个领域的能力不一定授予所有其他领域的能力；提供法律指导方针，但避免所有儿童在行使所有权利方面受到评估；为所有儿童的评估提供一致的基础；建立与年龄相关的儿童发展模式，同时认识到个别儿童可以而且确实在理解和能力水平方面存在显著差异；让儿童展示他们不断发展的能力，让他们受到尊重。

缺点包括：在适用固定年龄限制的情况下，成年人就儿童做出决定不太可能充分考虑能力年龄降低的可能性；需要大量的资源来评估个别儿童的具体能力；每天的实施提出了许多挑战；贫穷和边缘化的儿童不太可能获得挑战法定年龄限制的机会；在权利方面降低年龄限制可能增加某些形式的虐待和剥削。

基于能力证明的具有一定灵活性的固定年龄限制模式具有优势，尽管目前很少有司法管辖区将灵活的方法扩展到私法的有限方面。例如，在新西兰，法律规定，一旦儿童达到16岁，他们可以同意接受治疗，但如果他们能够证明有能力，他们可以更早地这样做。瑞典法律规定，12岁以下的儿童可以否决法院关于监护权和探视权裁决的执行，但也允许12岁以下已经达到足够成熟的儿童行使这一权利。在苏格兰，父母和其他有父母责任的人在做出影响儿童的决定时必须考虑儿童的意见，其中12岁的儿童被认为具有形成观点的充分年龄和成熟度。苏格兰法律委员会建议在法律中引入这一规

定，认为 12 岁的年龄限制与儿童智力发展的心理证据相一致，但建议使用"成熟"一词而不是"理解"来确保这不仅仅是儿童的认知发展。在私法领域引入这一模式当然还有更多的考虑余地。

就私法或公法而言，有必要澄清的是，申请行使低于法定年龄限制的权利只能由儿童发起。即使这样，也必须严格执行，以防止成年人提出违反儿童最大利益的申请，无论是为了防止法定强行指控，还是迫使儿童做出有关监护权的决定，或者建议低于刑事责任年龄的儿童可以追究刑事责任。

在大多数情况下，由于难以评估儿童是否有能力做出特定决定，因此在公共场所获得权利证明很大程度上是不切实际的，例如，签署法律合同或观看某部电影或就业。

4. 权利类型之间的混合模型辨析

第四种模式建立在先前模式的各个方面，以便尊重获得适当保护的权利和参与决策的权利：

防止自我伤害或有害的社会或经济因素——如果行使权利可能对自己或他人造成直接和严重的伤害，则将实行固定的不可协商的年龄限制。例如，这将适用于武装部队的招募，拥有武器，酒精和烟草及驾驶汽车。

保护儿童免遭剥削或虐待——在没有年龄限制的情况下，如果儿童受到成年人的虐待或剥削，例如性剥削或使用童工，则无论其权限如何，都将强制规定固定年龄。年龄限制的目的是为了限制成人对儿童的行为，承认儿童容易受到虐待和剥削。

个人决策——如果行使权利仅影响儿童，但具有直接和长期影响，则儿童的行使选择权将基于能力确定，没有固定的年龄限制。例如，在收养、安置看护、父母离婚后的决定、同意治疗、选择宗教、选择朋友和选择学校方面，这同样适用。或者，法律可以以能力推定来运作，其中如果要推翻儿童对决定承担责任的权利，则有关成年人有责任证明儿童无能力。

该模型的优点包括：保护潜在脆弱区域，同时认识到儿童不断提高的参与日常决策的能力；避免在个人决策中过度依赖规定的年龄限制，并鼓励认真考虑儿童的能力；提供更好地尊重儿童能力的潜力；提供灵活性并尊重儿童不断发展的能力差异；对个别儿童的能力进行评估仅限于与他们有个人或职业关系的成年人——父母、医生、教师、法官和社会工作者。

缺点包括：如果没有规定的年龄限制，有些儿童可能会在展示能力方面遇到困难；某些父母或专业人员可能会明确或默认使用没有年龄限制的行为来剥夺儿童行使权利的机会；没有足够的指导让家长和专业人士确定儿童在其生活的关键领域有能力做出决策的年龄；为了提供保护而实施一些固定的年龄限制可能被视为限制儿童展示能力和承担更多生活责任的机会；对于规定的年龄限制，特别是成人和儿童之间对年龄限制可能存在显著意见分歧。

应用法律框架来证明灵活地考虑年龄限制的方法是罕见的，但表明了利用法律来促进尊重儿童不断发展的能力的潜力。

（二）决定法律框架的原则

在制定关于行使权利的法律框架的过程中，应遵循以下原则：

第一，立法者、法官和治安法官应充分了解《儿童权利公约》及其对儿童的影响。

第二，所有相关立法都应当在适当保护儿童及其不断发展的能力方面受到审查。

第三，规定年龄限制的立法应包括尊重儿童作为权利主体的措施，并根据其能力和受保护权有机会为他们自己行使权利。

第四，立法应考虑到目前关于儿童发展能力的研究，同时需要考虑该研究在当地文化背景下的影响。

第五，立法应包括执法机制，并对公共当局施加积极义务，以实施立法并使儿童能够对违法行为提出质疑。

第六，应当促进政府各部之间的有效协调，以便在适用年龄限制方面提供连贯性和一致性。必须建立一个法律框架，例如在教育和就业方面，或者在民法和刑法之间保持一致。

第七，在实施一切权利时，必须承认不歧视原则。对男孩和女孩采用不同的年龄限制违反了这一原则。同样，法院不应当对特定儿童群体——例如女孩、少数族裔儿童或残疾儿童——的能力低下做出广泛的假设。在评估儿童能力方面有自由裁量权的情况下，每个案件都必须根据其各自的是非曲直来处理。

第八，应当与儿童进行协商，鼓励他们充分参与相关立法的制定，反映他们的观点、经验和关切，特别是在平衡保护和参与决策方面。

我们可以参照以下新西兰尊重儿童在立法中不断发展的能力。

你们的政策需要年龄限制吗?①

新西兰青少年事务部（The Ministry for Youth Affairs in New Zealand）发布了关于政府部门和公共机构在法律和政策中确定年龄限制的指导方针。目的是确定青少年的年龄被这样使用：

- 在更广泛的政策背景下有效和一贯；
- 没有消极地歧视或不公正。

指南在制定任何与年龄相关的政策时建议以下步骤：

第一步　青少年年龄真的需要吗?

- 它有什么作用——如保护、授权、确定应享权利或界定责任?
- 有没有考虑到可能的备选方案?

第二步　选择适当年龄。

- 建立年龄限制的目的是什么?
- 这是否符合儿童的最大利益，如果是，何以可能?
- 年龄限制是否与其他法律一致?
- 它将如何影响儿童参与影响他们的决策的能力，以及他们更广泛地参与社会?
- 年龄限制是否符合《儿童权利公约》?

第三步　你们能判定青少年年龄吗?

- 年龄限制是否歧视青少年? 仅仅因为年龄的原因，区别对待年轻人是不可接受的。
- 年龄限制是否会妨碍青少年获得福利?
- 年龄限制是否会影响某些青少年群体，从而间接歧视?

第四步　寻求年轻人的贡献。

在决策过程中咨询年轻人意味着：

- 更好地了解青年人的最大利益。
- 避免"大人知道什么是最好"的假设。

---

① 政策全文文件详见：www. youthaffairs. govt. nz.

● 青少年对法律尊重的可能性增加了。

第五步　清楚为什么选择青少年年龄。

● 把年龄限制选择的基本原理及其蕴意纳入相关文件。

五、对当前儿童参与权实现途径的反思

反思的对象包括以往的经验及当下我们的行动或将采取的行动，对我们的行动始终保持审慎的态度，以更好实现我们的目的。儿童参与权的实现是一个任重道远的过程，我们已经采取了不少措施，现在也在为此目的而不断行动，以及在将来还会采取更多的行动。那么我们有必要对此做一些反思，对美好的事物始终保持开放的心态，但是，始终不能忘记我们最终的目的是什么。

（一）对儿童参与权实现模型的反思

我们在前文已经介绍了不少儿童参与权的实现模型。人们对建立类似模型的兴趣一直有增无减，可能这也是关注这些模型有助于儿童更好地了解他们希望达到的目标、识别项目的优缺点、澄清哪些程序和做法有用哪些是多余的或妨碍的、确定加强这一倡议需要哪些支持和资源。事实上，这些模型在某些情境下，指导儿童参与权实践及评估中确实起到了良好的作用。但是，我们要认识到，无论这些模型如何，它们始终基于一定的儿童观、儿童发展观、儿童权利观及对儿童参与权的看法，而这些看法本身非常值得我们去反思和讨论。

首先，这些模型依赖于儿童权力与成人权力的简化二分法，将关系的作用边缘化，并掩盖权力的复杂本质。第二，他们过于关注成年人给予儿童参与机会。第三，这些模型意味着成年人将始终参与其中，从而低估了"儿童主角"或儿童主动参与的作用。第四，它们往往被用作一种"规训技术"（福柯，1977 年），导致了规范性做法。第五，它们在参与程度之间呈现出明确的区别，不允许同一倡议内存在多种形式的参与，也不允许从一种形式转变为另一种形式。第六，它们多数不是为非常年幼的儿童设计的，因此没有考虑到儿童的不同能力，因此忽视了儿童和青少年之间的多样性，将儿童视为一个未分化的群体。最后，在尝试普遍适用时，类型学未能充分考虑儿童在不同社会、政治和历史背景下的参与。哈特（Hart 2008）和希尔（Shier

2010a；2010b)① 就批评了他们自己的模式，因为他们的规范性和文化偏见，主要是根据他们在美国和英国的经验，以及他们目前是作为理解和评估参与的综合工具的滥用。

马隆等人（Malone et al 2010)② 得出的结论是，尽管当前的类型学在围绕儿童参与创建一个研究领域方面具有重要意义，但他们的重点是作为一种实用工具而非理论框架。查拉（Chawla 2001)③ 认为永远不会有"一刀切"的模式。相反，我们关于儿童参与的理论需要捕捉不同背景下儿童与他人关系的复杂性。为了做到这一点，一些学者提出利用政治理论的替代理论资源来探索儿童参与的可能性。

评估儿童参与权的模型的泛滥也许表明了成人对第 12 条的理解仍有潜在的问题。如果不承认这种参与的更广泛的背景，这些模型是有限的。例如，如果他们所参与的地方不承认他们超出了成人控制的项目的权利，从象征主义到真正参与的转变（Hart's 1992 模型）对于儿童来说意义有限。所有旨在评估儿童参与权的模型都有局限性。例如，它们可以被批评为将任务或因素描述为阶段。这会使他们不利于和年幼的儿童一起工作，因为人际关系是互动和经验的核心。严谨的解释和应用的模型也造成了与文化相对主义立场的紧张关系。也许这是因为儿童权利倡导者所接受和采用的文化过程不是规范，而对儿童参与的一种制度化的歧视也是如此。另一个原因可能是参与不是一个被误解的概念，但是参与的途径或空间是不明确的。另一方面，评价模型促进了对有效实施儿童参与权所需条件的认识。

以下是衡量有效参与程度的建议，作为一个广泛的框架，在这个框架内对过程进行探讨。无论这一过程发生在学校、托儿所、游戏组、项目或任何其他形式的更广泛的计划中，它们都可以被应用。参与有三个不同的维度，

---

① Shier, H. Children as Public Actors：Navigating the Tensions ［J］. Children and Society 2010, 24（1）：24 – 37.

② Malone, K. and Hartung, C. Challenges of Participatory Practice with Children ［C］. A Handbook of Children and Young People's Participation：Perspectives from Theory and Practice Abingdon：Routledge, 2010：24 – 38.

③ Chawla, L. Evaluating Children's Participation：Seeking Areas of Consensus ［J］. PLA Notes 42 London：IIED, 2001：9 – 13.

如果要有效地监控和评估实践，则需要进行测量：

1. 范围——在计划制定的什么阶段，已经达到了什么程度的参与？换句话说——正在做什么？

2. 质量——参与性过程在多大程度上符合有效实践的标准？换句话说，这是如何做到的？

3. 影响——影响是什么：对青少年本身、对家庭、对支助机构，以及更广泛地实现青少年在家庭、地方社区、地方和国家政府层面的权利？换句话说——为什么要这样做？

或许，在建立甚至在实施一个儿童参与权评价模型时，考虑以下问题将有助于评价模型的完善及对评价模型本身的反思。这些问题如下：

● 是否有可能在不同的文化、社会和经济背景下构建与广泛不同的举措相关的普遍适用的指标？

● 儿童自己在多大程度上决定了他们希望衡量他们参与举措的指标？

● 如果没有普遍的指标，如何就其取得的成果和影响来比较各项举措？

● 当许多结果定性而非定量时，如何衡量参与的有效性及成功是什么？

● 当许多参与与儿童生活的长期变化相关时，如何评估所期望的参与结果？

● 无法提供简单的答案来解决这些问题。然而，现在人们对制定衡量儿童参与程度的标准或指标的兴趣越来越大。

（二）实现儿童参与权的措施

人们对儿童参与的理论和实践提出了许多批评。蒂斯达尔（Tisdall et al 2004）① 认为，许多项目未能取得切实的成果，因为它们在招募儿童的类型上具有不适当的选择性，不能使儿童担任决策职位，并且不能在儿童与决策者之间建立长期对话。巴德姆（Badham 2004）② 指出许多倡议的影响力很小，倾向于"自上而下"和成人主导，以及经常出现的相互冲突的优先事

---

① Tisdall E K M, Davis J. Making a difference? Bringing children \ " s and young people's views into policy – making ［J］. Children and Society, 2004, 18（2）: 131 – 142.

② Badham, B. and Wade. Hear by Right（2nd edition）［M］. London: National Youth Agency, 2005: 226.

项。马修斯（Matthews 2003）① 认为，尽管越来越强调咨询儿童，一种"不参与的文化……仍然是地方性的"。在社区复兴项目中，他观察到儿童和年轻人真正参与的基本障碍，包括"繁琐和不透明的"过程，"无形的网络"意味着真正的决策是在别处做出的，成年人对移交控制权的保留，以及青少年的玩世不恭。珀西－史密斯（Percy－Smith 2005）② 发现了关于儿童参与社区规划的一系列类似的难题：面对强大的社会和经济力量，儿童观点的有限影响，与地方政府的关系常常很困难（"砖墙"），以及未能达到声音多元化。他还指出"负责决策和享受童年的儿童之间的紧张关系"及"儿童的声音往往不能反映他们的地方性经历的现实"这一事实——换句话说，儿童所说的不是他们想要或需要的全部故事。珀西－史密斯从他的个人经历中得出的结论是消极的——"有发言权并不一定导致包容"。甚至可能无法产生任何有形的结果。

这些批评性评论较有新意。克利弗（Cleaver2001）③ 认为，随着"授权"已经成为发展的时髦词，"它的激进、挑战性和变革性的优势已经丧失"。她指责许多发展实践在理论上的幼稚——对结构和代理采用有限和简单的理解，以及对社会资本和公民社会概念的"模糊"观念。明确地批评"参与的制度模式"追求形式主义和进化主义，过分强调委员会式的制度。她还认识到"社区的神话"否认了分歧和利益冲突，以及对什么是理性或不理性的简单假设。她举了尼泊尔的一个例子，在那里，一群妇女发现她们不参加一个项目更有意义。

摩斯（Mosse 2001）④ 同样认为"参与式方法已证明与自上而下的规划

---

① Matthews H. Children and Regeneration: Setting an Agenda for Community Participation and Integration [J]. Children & Society, 2003, 17 (4): 264 – 276.

② Percy – Smith, B. "I've Had My Say, But Nothing's Changed!": Where to now? ... Critical reflections on children's participation [C]. the Geographies of Children and Youth Conference, 2005 – 6 – 23, Brunel University.

③ Cleaver, F. Institutions, Agency and the Limitations of Participatory Approaches to Development [C]. Participation: The New Tyranny?, London: Zed Books, 2001: 119.

④ Mosse, D. "People's Knowledge, Participation and Patronage: Operations and Representations in Rural Development [C]. Participation: The New Tyranny?, London: Zed Books, 2001: 133.

系统兼容"。他论点的关键是"被视为'人的知识'的东西本身就是在规划的背景下构成的，并反映了规划系统所带来的社会关系"。由于项目人员拥有"研究工具，选择主题，记录信息，并根据项目相关标准进行抽象和总结"，项目明显影响人们构建"需求"的方式。事实上，他声称，"本地知识"远非修改项目模型，而是由他们阐明和构建。

克利弗和摩斯（2001）指出的基本缺陷似乎都源于两个基本问题：一方面，出于外部原因和适合外部议程而使用参与式方法。另一方面，淹没或"勾结""社区"中不同的利益。这与儿童和青少年的参与式工作有什么关系？非常有关系，可以说是有争议的。如果我们将外部原因和外部议程理解为"成人原因"和"成人议程"，那么在与儿童进行参与性工作中发现的许多缺陷都非常适合这一类别：一方面未能使儿童能够担任决策职位、主动性倾向于"自上而下"和成年化、马修斯的"隐形网络"，甚至珀西－史密斯的"砖墙"。另一方面，在"社区"内淹没不同的利益，或与特定利益勾结，似乎描述了人们经常表达的关注，即参与性实践往往包括某些类型的儿童，排除了其他类型的儿童。

对欧洲更成熟的参与结构也提出了类似的批评。贝格（Begg 2004）① 援引了挪威儿童委员会的批评者的话说，这些批评者说他们"不以儿童为条件"。相反，当儿童表现得像小成年人一样时，他们会受到表扬，而当他们不表现得像成年人时，他们会被放在自己原有的位置上。帕夫洛维茨（Pavlovic 2001）② 批评了斯洛文尼亚的儿童议会：他们具有代表性，而非参与性，儿童往往产生社会预期的反应，成人信息占主导地位，缺乏有效的反馈机制。德克瓦尔等（Dekleva 2004）③ 认为，儿童议会在象征和教育职能方面是成功的，但在决策和介绍议会程序的职能方面通常是不成功的，正是因为

---

① Begg, I. Participation Rights in Norway ［C］. Having Their Say: Young People and Participation: European Experiences, Lyme Regis: Russell House, 2004: 220.

② Pavlovic, Z. Cross－Cultural Study on the Rights of the Child in Slovenia: The First Ten Years ［J］. School Psychology International, 2001, 22（2）: 130－151.

③ Dekleva, B. and Zorga, S. Children's Parliaments in Slovenia ［C］. Having Their Say: Young People and Participation: European Experiences, Lyme Regis: Russell House, 2004: 227.

他们没有真正的权力。而且，正如他们所说的：

> 儿童议会的过程首先从普通学校中挖掘"好"儿童，而适应学校环境较差的儿童，以及受照管的儿童，在很大程度上仍处于这个过程之外。（作者翻译）

因此，在儿童参与的旗帜下，对许多现行做法的最重要反对意见似乎属于这两个方面：第一，它没有给予儿童真正的权力；第二，它没有包括某些儿童群体，包括那些已经处于不利地位的儿童。

以成人为中心的模式导致干预措施是代表儿童而不是与儿童一起实施的。如果不了解儿童的观点，可能会掩盖关键的保护问题，破坏现有的生存策略，造成对外部干预的依赖。创新实践的出现和活跃的辩论蓬勃发展，但儿童参与的主导模式仍然保持不变，这是当前值得反思的另一个问题。关注在参与权实践中儿童与成人权力关系、关注儿童视角、关注儿童群体的全部，以及提倡成人与儿童共同参与的儿童参与权实践或许是应对这些问题的主要方法。

欧洲委员和儿童参与评估工具的指导说明
Guidance note to the child participation assessment tool

2014 年和 2015 年，在欧洲委员会三个成员国——爱沙尼亚、爱尔兰和罗马尼亚——试行了儿童参与评估工具草案。修订了最终版本，以反映这一进程的发现和经验，并于 2015 年 12 月发表。

为了进行儿童参与评估，已经制定了一个路线图，列出了行动计划，该行动计划分三个阶段：

1. 筹备阶段（第 1—2 个月），特别是通过组织一次会议，包括在成员国内主要利益攸关方和协调部组织的关于工具和儿童参与的培训。

2. 实施阶段（第 3—10 个月），特别是通过实施该工具，让所有在成员国筹备阶段确定的利益攸关方参与进来。

3. 结论和评估阶段（第 11—12 个月），特别是通过起草一份基线评估报告，评估儿童在国内的参与情况，并提出进一步改进建议。

收集关于 10 个指标的信息的准则对于儿童参与评估工具中的每个指标，提供空间以包括来自每个指标分析的注释。此外，在针对特定指标包括不同环境的列表的情况下，提供矩阵以使得政府能够分别分析每个环境（对于指标 1、4、5、6、8 和 9，就是这种情况）。

评估应提供根据十项指标取得进展的概览，每项指标从 0（无进展）到 3（完全符合指标）。此外，应根据所确定的差距制定关于进一步行动的建议。

下表列出了十项指标，总结了收集证据的方式、需要参与的利益相关者，并就最合适的方法提供了建议。虽然该表清楚地表明，根据不同的指标评估进展需要不同类型的信息，但作为一般规则，重要的是，成员国在整个评估中考虑来自各种不同来源的信息。从政策文件和现有研究中，从与非政府组织和从事儿童和青年工作的其他组织的重点小组及从儿童和青少年自身（通过焦点小组）获得的不同类型的数据的三角分析，为成员国自我评估的主观性提供了一个重要的"制衡"。

　　焦点小组是由主持人或促进者带领的一小部分参与者的组织，旨在深入了解参与者的经验、态度和看法。长期以来，焦点小组被视为具有一定优势，特别适合与儿童一起使用。例如，他们创建了一个安全的同伴环境，并复制了儿童从课堂工作中熟悉的小组环境。在小组情境中提供的同伴支持可以帮助纠正一对一访谈中存在的成人与儿童之间的权力失衡。当儿童听到别人这样做时，他们也可以（更多）被鼓励发表他们的意见，并且他们的记忆可能被其他参与者的贡献所激发。

　　在每个国家将组织 10 个儿童焦点小组。在小学和中学中组织 5 个焦点小组（可能通过让欧洲委员会儿童权利和人权教育协调中心参与）。另外 5 个重点小组将在民间社会组织的参与下组织。要求非政府组织特别确保来自脆弱环境的儿童以及很少听到他们的声音的儿童参加焦点小组会议（包括残疾儿童，具有替代照料经历、在健康保养中、难民营和移民儿童等）。

指标	怎样为每个指标收集证据	涉及的利益相关者	关于方法论的补充意见
指标 1 国家宪法和立法体现了对儿童和青年参与决策的权利的法律保护	收集信息，包括特定数据，特别是迪过职能部委就儿童在不同环境中意见受到倾听权利的法律保护	★职能部门（包括负责教育和学校；家庭决策；刑事司法；卫生保健；护理和保护；监护和移民及庇护程序的部门）★政府机构	★数据收集 ★在分析这一指标时，确保关注特定学校和教育的立法数据，以便在不同类型的学校（学前教育，小学，中学，职业教育，高等教育，特殊教育，如有特殊需要的儿童）中建立学校理事会。

指标	怎样为每个指标收集证据	涉及的利益相关者	关于方法论的补充意见
指标 2 明确将儿童和青年参与决策的权利纳入跨部门国家实施儿童权利的战略	收集信息,包括具体数据,特别是通过职能部门	★职能部门（包括教育、司法、卫生、社会事务部） ★政府机构	数据收集
指标 3 独立的儿童权利机构已经建立并受到法律保护	应包括分析政府机构的任务和讨论,并分析儿童问题监察员是否符合"巴黎原则"	为儿童设立部门和/或监察办公室	数据收集（检查哪些立法到位,以及如何在实践中实施）
	将需要与从事儿童和青年工作的专业人员进行协商	从事儿童工作的专业人员	组织与不同专业团体的会议,包括教师和社会工作者
	与儿童的协商将在儿童重点小组中进行。他们将会就儿童权利监察人员如何发挥作用,如何与儿童接触、他们是否了解监察员及如何与监察员联系等问题咨询他们	儿童	由协调人组织的儿童焦点小组
指标 4 存在使儿童能够安全行使其参与司法和行政诉讼权利的机构	需要与具有司法系统和行政诉讼经验的专业人员和儿童进行协商。 重点应放在: —刑事司法程序 —家庭法 —护理和保护 —移民	为/与儿童工作的法律专业人员	组织一组（10 人）法律专业人士或为儿童或与儿童工作,代表法律专业人士,或在儿童直接或间接参与的行政法律诉讼中工作的专业人员开会

指标	怎样为每个指标收集证据	涉及的利益相关者	关于方法论的补充意见
指标 4 存在使儿童能够安全行使其参与司法和行政诉讼权利的机构	★与具有司法系统和行政诉讼经验的儿童进行协商将在儿童重点群体中进行，但也可以通过国家认为适当的其他方式进行（例如，个别访谈） ★欧洲委员会关于儿童友好司法的指导方针与儿童咨询有关（你可以用本国语言获得）	具有司法系统经验的儿童，包括具有少年司法程序和行政司法程序经验的儿童	儿童焦点小组和/或对儿童的个别访谈
	欧盟基本权利机构（FRA）开展了一项研究："欧盟10个成员国（2015年）中儿童参与民事和刑事司法诉讼的专业人士对儿童友好的司法观点和经验。"这项研究提供了大量有关儿童参与少年司法的信息，其中包括 570 名专业人士的意见	欧盟（FRA）研究专业人员关于儿童参与民事和刑事司法诉讼的经验	数据收集来自欧盟（FRA）研究，两份欧盟委员会研究和一份来自精神残疾宣传中心的研究
	★欧盟委员会就儿童参与司法程序问题进行了研究，包括刑事、民事和行政诉讼中的儿童三个部分。研究集中于扮演不同角色的儿童，如嫌疑人/罪犯/证人、受害人、原告或其他司法诉讼的主体。最终结果发表于 2015 年 7 月 ★欧盟委员会对 28 个欧盟成员国的"儿童参与欧盟的立法、政策和法律评价"进行了研究，并将儿童参与纳入了法律环境。这项研究发表于 2015 年 3 月 ★MDAC 对由欧盟资助并在 10 个国家实施的精神残疾儿童诉诸司法的问题进行了研究：保加利亚、捷克共和国、匈牙利、爱尔兰、拉脱维亚、立陶宛、罗马尼亚、斯洛文尼亚、西班牙和英国	两份欧洲社会研究报告：一份是关于儿童参与司法程序的研究，另一份是关于 28 个欧盟成员国的儿童参与国家立法、政策和实践的研究	

续表

指标	怎样为每个指标 收集证据	涉及的利益 相关者	关于方法论的补充意见
指标 5 儿童友好的个人投诉程序已经到位	★将需要与不同领域的专业人员进行多部门协商（包括：学校和教育环境；护理和保护；健康；刑事诉讼程序；家庭法律程序；移民程序） ★由于很少有正式投诉存在，分析问题应该集中精力于： －投诉机制是否存在，以及列出了哪些设置？ －如果它们存在，它们是否对儿童友好？ －法律是否规定儿童友好投诉机制，所有儿童均可轻易获得该机制？	与儿童一起工作的专业人士	组织与专业人员的会议，包括： －学校和教育（包括教师） －在家庭和民事及刑事司法领域工作的律师 －健康（医学专业人员，如儿科医生和护士） －社会工作者和从事儿童护理和保护服务的专业人员 －负责移民程序的官员 －学术专家
	★将需要与儿童和青少年进行磋商，以测试投诉机制是否为人所知，以及他们是否感到可以访问和安全 ★应当考虑向联合国儿童权利委员会提交的关于沟通程序的《第三号议定书》——这是否在成员国内得到批准和执行？	儿童和青少年	儿童焦点小组

指标	怎样为每个指标 收集证据	涉及的利益 相关者	关于方法论的补充意见
	考虑到专业人员的培训在各自国家处于不同的水平。请注意，职前培训是这个指标的重点		
指标 6 儿童参与决策的权利被纳入为与儿童一起工作和为儿童服务的专业人员制定的服务前培训计划	咨询： 1. 负责的部门 2. 专业机构（包括学校和其他特定的专业团体） 3. 通过代表这些专业人士的组织（专业协会）向专业人士寻求反馈 4. 学术和培训机构	• 职能部门 • 政府机构 • 专业机构/协会 • 从事儿童工作的专业人员 • 设计和提供专业人员培训的学术团体	• 数据收集和政府官员访谈 • 相关课程审查 • 选择代表所选环境之一的六组专业人员，包括教师（教师工会、医学专业人员、社会工作者、护理工作者等） • 组织一次会议，或与专业机构进行书面/面谈 • 直接咨询六组专业人员，从列表中选择： —教师 —律师协会 —司法机构 —警察 —社会工作者 —卫生保健专业人员 —移民官员 —照顾者和居住工人 —监狱官员（如果存在少年司法机构） —儿童和青年领袖 —公务员和公职人员
指标 7 向儿童提供关于他们参与决策的权利的信息	• 如果课程包含人权教育，民主公民教育，那么学校对于解决调查至关重要。研究儿童和青少年的教育是否包括儿童权利教育，包括参与权。这是学校课程的必修部分吗？ • 研究政府或政府机构，如卫生部门、司法部门、儿童保护部门或其他部门，是否组织提高认识活动，制作传单或其他材料？	• 职能部委，特别是教育部 • 政府机构	数据收集

续表

指标	怎样为每个指标收集证据	涉及的利益相关者	关于方法论的补充意见
指标 7 向儿童提供关于他们参与决策的权利的信息	通过重点小组与儿童协商，了解他们如何意识到自己的参与权，以及如何在何处行使这一权利	儿童	儿童重点小组
	与儿童非政府组织网络、学校、地方当局及儿童和青少年协会协商	• 儿童权利非政府组织和民间组织 • 学校 • 地方当局 • 儿童和青少年的协会	组织一次与民间组织、学校、地方当局、儿童和青年协会的会议，收集信息，这可以由儿童监察员协助
	研究不同领域中存在的儿童友好材料，例如健康或法律部门，以及不同的职能部门	职能部委 政府机构 专业组织	数据收集
指标 8 儿童在学校、地方、区域和国家治理层面的论坛中有代表，包括通过他们自己的组织	通过选择的学校和参与论坛的儿童，与焦点小组的儿童进行协商，向他们咨询这些机会对他们的有效性	儿童	儿童重点群体
	与儿童非政府组织网络和国家青少年理事会及地方和区域当局协商	• 儿童权利非政府组织、民间组织 • 地方当局 • 学者	与民间社会组织会议，包括国家和地区青少年理事会与学校理事会的代表，地方和区域的专家，以收集信息——这可以由儿童监察员协助。 该指标需要在四个不同层面进行分析： —国 —区 —本地 —学校

指标	怎样为每个指标收集证据	涉及的利益相关者	关于方法论的补充意见
	通过重点小组咨询儿童	儿童	儿童重点群体
指标 9 针对儿童的地方当局反馈服务机制已经到位	与儿童非政府组织网络和地方当局协商	儿童权利非政府组织、民间社会和地方当局	与民间组织和地方当局组织会议以收集信息——这可以通过儿童监察员来促进。磋商应侧重于 7 个具体环境，包括：——教育和学校——替代照顾（例如：抚养，儿童之家）——游戏，娱乐和运动——文化服务（如博物馆，艺术）——儿童保护服务——对移民和寻求庇护者的支持——家庭支持和学前服务
指标 10 支持儿童参与联合国儿童权利委员会的监测（包括 CRC 后续报告）、欧洲理事会有关文书和公约（以下称为儿童权利文书）	与负责联合国《儿童权利公约》报告的政府联系人协商	● 职能部门 ● 政府机构	● 数据采集 ● 儿童权利委员会的结论性意见 ● CoE 监督机构的结论（例如欧洲社会权利委员会、兰萨罗特委员会等）
	与负责后续报告或参与向联合国 CRC 委员会提交报告过程的非政府组织联盟（如果没有，则与单个或一些非政府组织协商）协商。	儿童权利非政府组织联盟（如果存在）	组织一次与儿童权利非政府组织联盟代表的会议
	与参与联合国儿童权利委员会报告过程的儿童协商（如果有的话）。这应该通过让儿童参与报告过程的非政府组织进行	参与联合国儿童权利委员会报告过程的儿童	● 儿童重点群体 ● 由儿童或与儿童一起编写的监测报告

附录二

儿童参与权基础读物

- A Toolkit for Monitoring and Evaluating Children's Participation, Save the Children, 2014.

- Guidelines for Children's Participation n Humanitarian Programming, Save the Children, 2013.

- Children's Participation in the Analysis, Planning and Design of Programmes, a Guide for Save the Children Staff, Save the Children, 2013.

- The Participation of Children and Young People in UNICEF Country Programme and National Committee Activities, UNICEF, 2009.

- Involving Children and Young People, Participation Guidelines, Commissioner for Children and Young People Western Australia, 2009.

- Child Rights Programming, How to Apply Rights – Based Approaches to Programming. Save the Children, 2005.

- Child Participation Assessment Tool, Indicators for measuring progress in promoting the right of children and young people under the age of 18 to participate in matters of concern to them, Council of Europe, 2014.

- Menu of Indicators and Monitoring System for Children's Right to Participation, Inter American Children's Institute (Specialized Organization of the OAS), 2010.

附录三

部分组织机构制定有关儿童参与权的文件
及其要点（2002—2014）（作者搜集）

组织类型	名称	年	文件类型	标题	链接	关键点
国际政府组织	联合国大会	2012	报告	儿童参与是预防和打击儿童买卖和性剥削的关键因素	https：//www. google. it/url?sa = t&rct = j&q =&esrc = s&source = web&cd = 3&cad = rja&uact = 8&ved = 0CCwQFjACahUKEwjH7pnGtOLIAhUCA3MKHRbaBsw&url = http% 3A% 2F% 2Fwww. childlinesa. org. za% 2Findex. php% 2Fdocuments – for – download% 2Fdoc_download% 2F297 – un – report – child – participation – as – a – key – element – in – preventing – and – combating – the – sale – and – sexual – ex-ploitation – of – chil-dren – 2012&usg = AFQjCNEHnGtenXrb 9yTP9rvJ68OGH0937A	– 儿童参与的定义及其在防止出售儿童和性剥削方面的益处（第4页） – 国际人权原则和标准（第6 – 7页） – 儿童参与实践和指南：获得适当的信息、学校计划和帮助热线、创意艺术、儿童友好媒体和空间、儿童参与项目设计和实施、儿童参与在线安全、司法程序和公共政策制定、儿童主导的组织（一些简要示例，第7页至第18页）

续表

组织类型	名称	年	文件类型	标题	链接	关键点
国际政府组织	联合国大会	2011	报告	建立以权利为基础的全面的国家儿童保护制度，打击买卖儿童、儿童卖淫和儿童色情制品的销售	http：//documents－dds－ny.un.org/doc/UNDOC/GEN/N11/441/45/pdf/N1144145.pdf?OpenElement	－儿童销售和性剥削中基于权利的儿童保护方法及其一般原则的定义（见儿童保护综合制度图，第6页） －法律和概念框架、早期身份、有效保护、照顾和跟踪儿童受害者 －儿童参与儿童权利方法及其授权，国际公认标准（第18页） －监测和评估（第19页） －国际合作指南（第24页）
国际政府组织	联合国儿童权利委员会	2009	一般评论	第12号一般性意见：儿童被倾听权利	http：//www2.ohchr.org/english/bodies/crc/docs/AdvanceVersions/CRC－C－GC－12.pdf	－对《儿童权利公约》第12条的一般和法律分析，重点是"儿童的被倾听权利"（第3和第5页） －缔约国的义务（第11页） －第12条和《儿童权利公约》的其余部分（第2、3、5、6、13、17条） －儿童在不同环境中被倾听权利的实施：家庭、替代护理、医疗保健、学校、娱乐和文化活动、工作场所、暴力情况、预防策略、移民、紧急情况（第18页至第26页） －9个儿童参与的基本要求（第26/27页）
国际政府组织	联合国大会	2002	决议	适合儿童的世界	http：//www.unicef.org/specialsession/docs_new/documents/A－RES－S27－2E.pdf	通过"适合儿童生长的世界"文件及其原则（第2页）
国际政府组织	联合国难民署	2012	框架	保护儿童框架	http：//www.unhcr.org/50f6cf0b9.pdf	－难民署保护儿童框架：6个目标（安全、参与、儿童友好程序、法律文件、有针对性的支持、为儿童的最大利益行事；见图第13页） －发展儿童保护的三步过程（第30页）

组织类型	名称	年	文件类型	标题	链接	关键点
国际政府组织	联合国难民署	2012	研究	难民儿童参与保护：以乌干达为例	http://www.unhcr.org/503de69c9.pdf	-关于儿童参与难民保护、理论与实践之间差距的简短辩论（第3页） -案例研究：乌干达Kyaka II营地和儿童保护（第6页） -研究方法：半结构化访谈、与儿童参与实践工作者的参与式讲习班与难民儿童群体（6至16岁）举办的八个参与式讲习班（基于游戏和活动） -认识到儿童参与与保护之间的积极关系 -"儿童友好和参与空间"的定义（第16页）
国际政府组织	联合国难民署	2011	手册	实施难民署最佳利益确定指南的实地手册	http://www.refworld.org/cgi-bin/texis/vtx/rwmain?docid=4e4a57d02	-对"儿童最佳利益"原则的定义，以及基于参与原则的以儿童为中心的观点的必要性 -最佳利益确定（BID）的定义，这是一个正式的过程，具有严格的程序保障，旨在为影响儿童的特别重要决策确定儿童的最佳利益 -第6章：与儿童沟通以获得成功参与的道德和原则、谈话者的角色、适合儿童的谈话技巧、其他创造性技巧（角色扮演、讲故事、讲习班等）、根据儿童年龄的方法差异 -在卢旺达采访儿童和年轻人时使用"做"和"不做"的案例研究
国际政府组织	联合国难民署	2008	指南	联合国难民署关于确定儿童最佳利益的准则	http://www.refworld.org/cgi-bin/texis/vtx/rwmain?docid=48480c342	本出版物提供了如何在实践中应用最佳利益原则的指导（第1章），定义了难民署必须进行投标的情况（第2章），并提供了投标程序的详细指导（第3章）

续表

组织类型	名称	年	文件类型	标题	链接	关键点
国际政府组织	联合国教科文组织；联合国儿童基金会	2007	框架	以人权为基础的全民教育方法	http：// www. unicef. org/ publications/files/A _ Human _ Rights _ Based _ Approach _ to _ Education _ for _ All. pdf	- Appendix IV：7 Practice standards in children's participation -关注儿童的教育权利；历史概况、基于权利的教育方法框架及其原则、为什么它在"良好规划"中很重要、各级参与教育环境的重要性 -关于墨西哥儿童参与的一些案例研究（第78页）、马里（儿童政府第80页）、巴西（第94页） -附录四：7个儿童参与实践标准
国际政府组织	联合国儿童基金会；美国照明工程学会	2014	报告	津巴布韦儿童与气候变化	http：// www. unicef. org/zim-babwe/Children and _ Climate _ Change _ in _ Zimb-abwe _ Report _ 2014. pdf	-研究认识到征求儿童对气候变化影响的意见的重要性，以便将他们的特殊需要纳入国家政策、规划和实践（具体目标见第8页） -方法：对373名小学和625名中学儿童和231名初级议员进行问卷调查（见第11页）、关键知情者访谈、焦点小组讨论
国际政府组织	联合国儿童基金会	2011	资源；指南	每个儿童都有被倾听的权利 联合国儿童权利委员会资源指南一般性意见第12号	https：// www. google. it/url? sa = t&rct = j&q = &esrc = s&source = web&cd = 4&cad = rja&uact = 8&ved = 0CDoQFjADahUKE wjbzIe22oXJAhUDZ 3IKHe_ VBlo&url = http% 3A% 2F% 2Fwww. unicef. org% 2Ffrench% 2Fadolescence% 2Ffiles% 2FEvery _ Childs_ Right_ to_ be _ Heard. pdf&usg = AFQjCNH4rln1s QASzSp5s6xnlGLlhr _ zaQ	-联合国儿童权利委员会9项基本要求分析

续表

组织类型	名称	年	文件类型	标题	链接	关键点
国际政府组织	联合国儿童基金会；各国议会联盟	2011	手册	关于儿童参加议会的手册	http：//www.ipu.org/PDF/publications/child－parl－e.pdf	-议员们可以保证儿童的声音在议会中得到体现的一些关键方式 -第4章：儿童参与方法和一些简要案例研究
国际政府组织	联合国儿童基金会；	2009	书面审查	儿童和青少年参与儿童基金会国家方案和国家委员会活动	http：//www.unicef.org/adolescence/files/Desk_study_on_child_participation－2009.pdf	-审查提供了对儿童参与重要性的反思，以及有效做法的有用例子 -儿童和青少年在参与框架中的五个角色（第11页） -参与行动的四大类（第11－12页） -成功的结果和挑战（第12页） -区域趋势（第22页） -一些计划和活动（第37页）
国际政府组织	联合国儿童基金会；	2001	出版物	促进儿童参与民主决策	http：//www.unicef－irc.org/publications/pdf/insight6.pdf	-有效和真实参与的特点（第11页） -儿童参与的三个实际例子：协商过程、参与性倡议、促进自我倡议（第16页） -让儿童参加会议：计划小组、发言者、代表（第30页） -一些例子（第39页）
区域政府间组织	欧洲委员会	2011	在线提供儿童友好材料	欧洲委员会"为、和儿童建设欧洲"计划	http：//www.coe.int/t/dg3/children/Child friendly_material_CoE_Programme_Building_a_Europe_for_and_with_children_25052011.pdf	欧洲理事会制作了儿童友好材料，以鼓励和促进儿童的参与 鼓励所有与儿童合作的专业人员使用和传播本材料

续表

组织类型	名称	年	文件类型	标题	链接	关键点
区域政府间组织	欧洲委员会	2014	评估工具	儿童参与评估工具	http：//www. coe. int/t/dg3/children/participation/Child _ participation _ Assement-Tool_ en. pdf	－评估工具的目的是支持各国在所有环境中实施真正和积极的儿童参与。它提供了具体和可测量的指标来评估进展 十项指标分为结构指标、过程指标和结果指标（第8页）
区域政府间组织	欧洲委员会	2012	建议	部长委员会对会员国关于18岁以下儿童和青年参与的建议 CM/REC（2012）2	http：//opac. minori. it/VSRV01 _ EOS03 _ Linked _ Documents/Giuridico2/2012% 20Sec. Trim. %28apr－giu% 29/Europeo%20ed% 20internazionale/CM% 20Rec% 202012%202. pdf	本文件提供了参与的定义、原则和措施，强调了促进和告知这一基本权利的重要性，以便创造适当的参与空间
区域政府间组织	欧洲委员会	2004	指南	儿童、参与、项目——如何使其发挥作用！	http：//www. coe. int/t/dg3/children/pdf/ChildrenParticipationProjects_ en. pdf	本文给出了参与的有用定义及其好处。此外，它还提供了创建参与项目的具体原则（第10页）
区域政府间组织	欧盟	2015	最终报告	欧盟关于儿童参与的立法、政策和实践评价	http：//www. eurochild. org/policy/library － details/article/evaluation － of － legislation － policy － and － practice － of － child － participation － in － the － european － union	见第4章关于参与实践的有效性，以及附件二关于儿童参与的良好实践（奥地利、比利时、保加利亚、克罗地亚、塞浦路斯……）
区域政府间组织	美洲儿童研究所	2010	出版物	儿童参与权指标及监测系统菜单	http：//www. iin. oea. org/iin2011/english/documentos/Menu － Indicators － and － Monitoring － System. pdf	本论文的目的是根据《儿童权利公约》的各项条款，设计一套指标体系，使监测儿童参与与其有关的主题的权利成为可能。特别是，关于指标菜单，请参见第7章（第30页），其中对每个指标进行了描述、定义和测量

组织类型	名称	年	文件类型	标题	链接	关键点
政府	新南威尔士州儿童和青少年倡导	2015	在线资源	参与资源	http：//www. acyp. nsw. gov. au/participation – resources	网站提供了关于儿童参与的各种有用资源：清单、伦理考虑、案例研究、澳大利亚和国际资源
政府	塔斯马尼亚儿童专员	2015	指南	让儿童参与决策	http：//www. childcomm. tas. gov. au/wp – content/uploads/2015/06/Guide – to – making – decisions – booklet. pdf	该指南为政府和非政府组织提供资源，以确保支持儿童参与社区的规划和发展及决策过程。 –活动手册（第24页）：计划儿童友好和创意活动的指南 –良好实践示例（第44页）
政府	维多利亚州教育和儿童发展部	2012	指南	学龄儿童规划	http：//www. education. vic. gov. au/Documents/childhood/providers/regulation/nqfplanscare. pdf	见第4章：计划周期（收集信息、问题和分析、计划、行动和实施、反馈）
政府	健康儿童马尼托巴		最佳实践	指导儿童行为的最佳实践	https：//www. gov. mb. ca/fs/childcare/pubs/behaviourguidancestragies _ web. pdf	本指南提供了一些策略和实践，以提高儿童的情感和社会福祉。 –鼓励积极的社会交往和阻止不当行为的策略 –计划进度和准备材料的策略
政府	西澳大利亚儿童和青少年专员	2009	指导方针	让儿童和青少年参与	http：//www. hrc. act. gov. au/res/Participation%20Guidelines. pdf	本指南旨在帮助政府、非政府或私人组织，让儿童和青少年参与您的服务和活动的决策。 –参与周期（见图 P. 5） –第3章：涉及儿童和青少年的实践性 –第5章：正面例子

续表

组织类型	名称	年	文件类型	标题	链接	关键点
政府	乌干达性别、劳动和社会发展部	2008	指南	乌干达国家儿童参与指南	http：//en. kindernothilfe. org/multimedia/KNH/Downloads/Fremds-prache_ + Englisch/Child + Participation + Guide + Uganda + Final. pdf	本指南旨在促进儿童从家庭到国家、区域和国际各级的有意义的参与。 －第二部分：涉及儿童的技巧、工具（"成为原因！"口号、咨询、组织、宣传、咨询儿童检查表、参与过程、吸引儿童的工具、第42页的例子）
政府机构	全国儿童办公室，儿童权利联盟，爱尔兰全国青少年理事会	2005	指南	年轻之声：如何让儿童和年轻人参与工作的指导方针	http：//www. comhairlenanog. ie/wp - content/up-loads/2013/11/31267 _ Young _ Voices_ . pdf	－第二章：参与计划 －第三章：实施参与（协商、准备）
政府机构	加拿大国际开发署	2004	报告	儿童作为伙伴；儿童参与促进社会变革	http：//www. acdi - cida. gc. ca/inet/ima-ges. nsf/vLUImages/Childprotection/$ file/CAP _ CIDA _ reportENG. pdfm	－研究伙伴关系项目中的良好做法：十个案例研究，其中儿童与其他儿童或成人建立伙伴关系以改善他们的生活（第25页）
政府	新西兰社会发展部	2003	指南	儿童参与：让儿童参与决策的指南	https：//www. msd. govt. nz/documents/about - msd - and - our - work/publications - resources/archive/2003 - involving - children. pdf	这是一个实用指南，为组织、政府部门、社区团体和个人想让18岁以下的儿童有效参与的决策。 －第22页的反馈和评估 －第24页的利益清单

组织类型	名称	年	文件类型	标题	链接	关键点
政府	英国政府	2001	指南	学习倾听：儿童和青少年参与的核心原则	http：//webarchive. nationalarchives. gov. uk/20130401151715/http：//www. education. gov. uk/publications/eOrderingDownload/CY-PUCP1 – PDF1. pdf	政府希望儿童和青少年有更多的机会参与对他们有影响的政策或服务的设计和评估。 －一些例子和案例研究
国际非营利组织	拯救儿童联盟	2014	工具包	监测和评估儿童参与情况工具包	http：//www. savethechildren. org. uk/resources/on-line – library/toolkit – monitoring – and – evaluating – childrens – participation	小册子4：监测和评估儿童参与的十步指南 小册子5：监测和评估儿童参与的工具 小册子6：儿童和青少年的经验、建议
国际非营利组织	拯救儿童联盟	2013	指南	儿童参与人道主义项目指南	http：//www. savethechildren. org. uk/sites/default/files/docs/Children_ Participation_ Humanitarian_ Guidelines. pdf	－9 有意义儿童参与的基本要求，第14 页 －第5 章和附件2：增加儿童参与人道主义规划的机会和参与工具（PRM、身体测量、儿童引导的旅行、愿景树、时间表……）
国际非营利组织	拯救儿童联盟	2013	评论	儿童参与人道主义项目回顾	https：//www. savethechildren. org. uk/sites/default/files/images/Children_ Participation_ Humanitarian_ Review. pdf	－第3 章：增加儿童参与人道主义方案编制的关键机会 －一些例子
国际非营利组织	拯救儿童联盟	2013	指南	儿童参与项目的分析，规划和设计	http：//www. savethechildren. org. uk/sites/default/files/docs/Children_ Participation_ in_ Programming_ Cycle. pdf	－儿童从最早阶段参与方案周期的有用工具：儿童权利情境分析（P. 4）、战略规划、年度规划（P. 6）和方案设计（P. 9） －第3 章：参与和权力共享的三个层次（咨询、协作和儿童主导的参与）

续表

组织类型	名称	年	文件类型	标题	链接	关键点
国际非营利组织	拯救儿童联盟	2012	个案研究	案例研究：儿童参与和问责	http：//www. alnap. org/resource/10617	关于儿童参与和责任的10个案例研究
国际非营利组织	拯救儿童联盟	2010	出版物	说出来，听听儿童参与的经验和对来自世界各地儿童的责任	https：//www. wearelumos. org/sites/default/files/research/Speaking_Out_Being_Heard_lo-res. pdf	儿童参与与问责的原则和案例研究：不同的策略与方法
国际非营利组织	拯救儿童联盟	2007	指南	为儿童做好准备：儿童权利规划的从业者指南	http：//toolkit. ineesite. org/toolkit/INEEcms/uploads/1101/Getting_it_Right. PDF	该指南是关于以儿童权利为基础的方法及其对儿童、家庭和社区的有效性。—CRP（儿童权利规划）：关键工具和周期
国际非营利组织	拯救儿童联盟	2005	指南	儿童参与实践标准	https：//www. savethechildren. org. uk/sites/default/files/docs/practice_standards_participation_1. pdf	这些实践标准旨在指导为支持儿童参与而工作的工作人员的实践
国际非营利组织	拯救儿童联盟	2005	手册	儿童权利规划：如何将基于权利的方法应用于规划	http：//resourcecentre. savethechildren. se/sites/default/files/documents/2658. pdf	第4节：儿童权利方案：方案周期
国际非营利组织	国际计划	2014	报告	青少年参与强化中的问责	https：//plan-international. org/young-people%E2%80%99s-engagement-strengthening-accountability	本报告认为，青少年，包括男性和女性，应该是任何2015年后问责制框架的组成部分。青少年将是新全球框架的主要利益攸关方（受益者和合作伙伴），这就是为什么他们有必要履行参与未来可持续发展的权利

续表

组织类型	名称	年	文件类型	标题	链接	关键点
国际非营利组织	国际计划	2010	项目指南	促进儿童权利以消除儿童贫困	https：//plan - international. org/promoting - child - rights - end - child - poverty	本指南旨在为工作人员提供支持，并为他们提供一套有关儿童参与的信息、指导原则和标准。这些计划将有助于制定和实施与儿童生活环境相关的、当地拥有的、并在尽可能多的儿童生活中带来持久变化的高质量计划
国际非营利组织	儿童参与机构间工作组	2007	小册子	儿童参与决策：为什么做，何时做，如何做	http：//ovcsupport. net/wp - content/uploads/Documents/Childrens _ participation _ in _ decision _ making _ Why_ do _ it_ when _ to_ do_ it_ how _ to_ do_ it_ 1. pdf	本文提供了有关参与的有用信息，如定义和概念。此外，第 5 章还列出了有关良好实践的相关资源清单
国际非营利组织	Gram Chetna Kendra	2013/ 2014	报告	年度报告	http：// www. gck. org. in/ pdf/annualreport2013 - 2014. pdf	- 项目 2 受教育和自信的儿童：通过不同活动实施儿童参与（P. 10 - 12）
国际非营利组织	为每个儿童的伙伴关系	2012	个案研究	摩尔多瓦儿童参与的案例研究	http：// www. p4ec. md/en/ projects/reports/default. aspx	儿童参与决策过程的案例研究。使用工具：- 讲习班、儿童咨询委员会、咨询、儿童热线服务
国际非营利组织	世界展望	2011	指导方针	儿童作为变革能动者：儿童参与定期报告《儿童权利公约》的准则	http：//rightsofchildren. ca/wp - content/uploads/Guidelines _ for _ Child _ Participation _ in _ CRC_ Reporting. pdf	- 对儿童参与重要性的思考 - 重新发布过程的阶段（第 26 页）和收集儿童和公平代表的实践，收集儿童信息的方法（P. 29） - 附录 A：制作适合儿童的文件

续表

组织类型	名称	年	文件类型	标题	链接	关键点
国际非营利组织	世界展望	2009	指导方针	世界展望的儿童参与指南	www. wvi. org/sites/ default/files/WV _ Guidelines _ on _ Child _ Participation. pdf.	本文件提供了关于维持全世界儿童参与质量的最低基本期望的指导。这些指导方针有助于确保有意义和安全的儿童参与，解释了世界展望工作人员、成人和青年志愿者，以及与儿童参与之前、期间和之后的伙伴组织的期望
国际非营利组织	参与工作	2008	工具包	评估参与工作：工具包	http：// www. healthwatchwarwickshire. co. uk/wp - content/uploads/ Link - 7 - diy_ evaluation_ toolkit. pdf	该工具包是一个示例表单和活动的汇编，可以在评估期间修改或复制这些表单和活动来收集信息。它们能够适应每一种情况，或者只是一个反思的起点
国际非营利组织	亚洲备灾中心；备灾中心	2007	工具包	以儿童为导向的参与风险评估和规划：工具包	https：// www. gdnonline. org/ resources/ADPC _ CDP _ COPRAP _ toolkit. pdf	该工具包考虑到灾害情况下儿童的特殊需求 - 代表自我 - 安全和危险的地方/事物 - 肖像 - 我在灾难发生之前/期间/之后的需求 - 建议的解决方案
国际非营利组织	伯纳德范勒基金会	2005	出版物	你能听到我吗？儿童有权参与影响他们的决定	http：// www. bernardvanleer. org/Can_ you_ hear _ me_ The_ right_ of_ young_ children _ to_ participate_ in _ decisions_ affecting_ them	- 儿童参与原则 - 参与程度（第 4 章） - 儿童参与不同环境的机会（第 5 章） - 衡量儿童参与程度的矩阵（第 7 章）
国际非营利组织	德爱基金会	2004		项目周期中的儿童参与	http：// www. cindi. org. za/ files/Child _ participation _ E. pdf? phpMyAdmin = 1d843ca0e4a935eb50 28bf19ee8fe75a	- 第 3 节：通过俱乐部、运动、理事会、议会将儿童纳入社区生活 - 第 4 节：儿童参与项目周期，一些工具和活动

组织类型	名称	年	文件类型	标题	链接	关键点
国际非营利组织	国际青年基金会	2002	个案研究	青少年参与的作用：来自世界各地的案例研究	http：//www. iyfnet. org/sites/default/files/WW_Youth_Participation. pdf	本文提供了一系列来自世界各地的有用案例研究
意大利政府	MAE发展合作总司	2012	指导方针	意大利未成年人合作准则指南2012	http：//www. cooperazioneallosviluppo. esteri. it/pdgcs/documentazione/Pubblicazioni-iTrattati/2011－12－12_LineeGuidaMinori2012. pdf	本文介绍了7部有关儿童问题的专著：教育、买卖和性剥削、贸易、司法、工作、危机竞赛、残疾和移民（意大利语）
意大利政府	MAE发展合作总司	2004	出版物	意大利致力于儿童、青少年和年轻人的权利	http：//www. cooperazioneallosviluppo. esteri. it/pdgcs/italiano/pubblicazioni/pdf/impegno1. pdf	意大利在促进儿童权利方面的合作日益增多。本文介绍了多年来意大利合作的方法和战略（意大利语）
国家网络协会	Pidida参与工作组	2011	报告	我们生活的意大利，我们想要的意大利	http：//www. infanziaediritti. net/web/pdf/rapporti/PIDIDA_The_Italy_we_live_in. _The_Italy_we_want_Introduction. pdf	问卷调查作为倾听儿童意见和促进参与的一种方式（直接/间接问题、开放/封闭问题、单一/多个问题）
国家非营利组织	环保联盟	2010	良好实践	儿童生态系统：2010儿童和环境的良好实践	http：//www. viviconstile. org/upload/vivi－con－stile/materiali/reportecosistem abambino2010. pdf	该项目旨在让儿童参与环境问题（如污染、公共交通的重要性和道路安全），并提出一些良好的实践（意大利语）

续表

组织类型	名称	年	文件类型	标题	链接	关键点
国家机构	参与工作组——国家儿童和青少年观察站	2009	出版物	参与权和儿童友好环境	http：//unipd－centrodirittiumani.it/public/docs/lav1.pdf	本文概述了国家、欧洲和国际儿童参与政策。此外，它还描述了儿童应该参与的基本环境：家庭、学校、社区生活、地方机构……（意大利语）
国家机构	艾米利亚－罗马涅地区	2008	地区法律	Emilia-Romagna 地区法律：2008年7月28日第14号"年轻一代政策规则"	http：//www.provincia.rimini.it/progetti/sociale/02_minori/03/2012_10_12_garante/lr_14_2008.pdf	这项法律代表了《儿童权利公约》在意大利区域一级的重要实施。如条款1中所说。儿童、青少年和青年被认为具有特定的自主权，是社区发展的重要资源（意大利语）
国家机构	拉齐奥大区	2007	地区法律	拉齐奥地区法律：2007年12月7日20（1）促进年轻一代参与当地机构政治和行政生活的工具	http：//opac.minori.it/VS-RV01_EOS03_Linked_Documents/Giuridico/Lazio_LR_7_dic_2007_n_20.pdf	这项法律代表了《儿童权利公约》在意大利区域一级的重要实施。拉齐奥地区指出，儿童和年轻人参与社区政治、行政和社会生活的重要性（意大利语）
国家机构	儿童联合研究中心	2005	研究	有儿童的城市。儿童友好的城市在意大利	https：//www.unicef.it/Alle-gati/citta_bambi-ni.pdf	本项目通过儿童和青少年的积极参与，促进儿童友好型城镇的发展。 －第2章：意大利经验的倡议和创新 －第3章：方法、项目制定和指南方面的一些良好做法（意大利语）

参考文献

（以作者姓氏拼音为序）

一、中文类

（一）中文译著

［1］ ［德］齐美尔．社会学［M］．林荣远，译．北京：华夏出版社，2001.

［2］［法］弗朗索瓦兹·多尔多．儿童的利益［M］．王文新，译．上海：上海社会科学院出版社，2009.

［3］ ［法］卢梭．社会契约论［M］．何兆武，译．北京：商务印书馆，1980.

［4］［美］博登海默．法理学一法哲学及其方法［M］．邓正来，译．北京：华夏出版社，1987.

［5］［美］范伯格．自由、权利和社会正义——现代社会哲学［M］．王守昌，等译．贵阳：贵州人民出版社，1998.

［6］［美］罗尔斯．正义论［M］．何怀宏，等译．北京：中国社会科学出版社，2001.

［7］［美］乔纳森．特纳．社会学理论的结构（下）［M］．邱泽奇，等译．北京：华夏出版社，2001.

［8］［美］R．默里．托马斯．儿童发展理论——比较的视角［M］．郭本禹，等译．上海：上海教育出版社，2009.

［9］［美］约翰．杜威．民主主义与教育［M］．王承绪，译．北京：人

民教育出版社，1990.

[10]［瑞典］爱伦·凯.儿童的世纪［M］.魏肇基，译.上海：上海晨光书局，1936.

[11]［瑞士］托马斯·弗莱纳.人权是什么［M］.谢鹏程，译.北京：中国社会科学出版社，2000.

[12]［英］约翰·密尔.论自由［M］.许宝骙，译.北京：商务印书馆，1959.

[13]［英］罗杰 A. 哈特.儿童参与：社区环保中儿童的角色与活动方式［M］.北京：科学出版社，2000.

[14]［英］米尔恩.人权哲学［M］.王先恒，等译.北京：东方出版社，1991.

（二）中文著作

[1] 常健.人权的理想·悖论·现实［M］.成都：四川人民出版社，1991.

[2] 陈向明.质的研究方法与社会科学研究［M］.北京：教育科学出版社，2000.

[3] 公丕祥.权利现象的逻辑［M］.济南：山东人民出版社，2002.

[4] 管华.儿童权利研究：义务教育阶段儿童的权利与保障［M］.北京：法律出版社，2011.

[5] 金生鈜.教育与正义——教育正义的哲学想象［M］.福州：海峡出版发行集团，2012.

[6] 郝卫江.尊重儿童的权利［M］.天津：天津教育出版社，1999.

[7] 何志鹏.权利基本理论：反思与建构［M］.北京：北京大学出版社，2012.

[8] 刘晓东.解放儿童［M］.北京：新华出版社，2002.

[9] 刘少杰.后现代西方社会学理论［M］.北京：社会科学文献出版社，2002.

[10] 裘指挥.早期儿童社会规范教育的合理性研究［M］.南昌：江西人民出版社.2009.

[11] 史秋琴主编.儿童参与与公民意识［M］.上海：上海文化出版

社，2007.

[12] 王雪梅．儿童权利论：一个初步的比较研究［M］．北京：社会科学文献出版社，2005.

[13] 王勇民．儿童权利保护的国际法研究［M］．北京：法律出版社，2009.

[14] 夏勇．人权概念起源［M］．北京：中国政法大学出版社，2001.

[15] 夏勇．走向权利的时代［M］．北京：社会科学文献出版，2007.

[16] 徐显明．人权法原理［M］．北京：中国政法大学出版社，2008.

[17] 徐显明．人权研究：第9卷［M］．济南：山东人民出版社，2010.

[18] 赵敦华．现代西方哲学新编［M］．北京：北京大学出版社，2001.

[19] 张文娟主编．中国未成年人保护机制研究［M］．北京：法律出版社，2008.

（三）期刊类

[1] 包运成．教育中的儿童参与权保障的法理基础［J］．重庆文理学院学报（社会科学版），2015（01）.

[2] 包运成．论我国社会教育中的儿童参与权法律保障［J］．西南石油大学学报（社会科学版），2014（05）.

[3] 包运成．论我国学校教育中儿童参与权的法律保障［J］．淮海工学院学报（人文社会科学版），2016（10）.

[4] 包运成．自媒体对我国儿童行使参与权的影响及法律应对［J］．吉林师范大学学报（人文社会科学版），2015（06）.

[5] 包运成．论中国家庭教育中的儿童参与权保障［J］．河北北方学院学报（社会科学版），2016（01）.

[6] 陈世联．论儿童的参与权［J］．幼儿教育（教育科学版），2007（10）.

[7] 段立章．观念的阻隔与超越：当代中国儿童权利文化的构建［J］．山东大学学报（哲学社会科学版），2014（02）.

[8] 段立章．儿童权利观念：沿革、障碍与培育［J］．甘肃社会科学，2014（06）.

[9] 宫秀丽．儿童权利意识的本体价值与培养理念［J］．青少年犯罪

问题，2009（4）.

[10] 管华. 儿童权利的证成 [J]. 西部法学评论，2014（03）.

[11] 贺颖清. 中国儿童参与权状况及其法律保障 [J]. 政法论坛，2006（1）.

[12] 刘占兰. 幼儿权利的保护原则及教育责任 [J]. 中国教师，2009（11）.

[13] 刘焱. 儿童权利保护：问题与思考 [J]. 学前教育研究，1996（3）.

[14] 刘焱. 增强儿童权利保护意识，全面认识教育职能 [J]. 教育研究，1996（6）.

[15] 刘焱. 中国履行《儿童权利公约》研讨会综述 [J]. 学前教育研究，1996（3）.

[16] 马晓琴，曾凡林，陈建军. 儿童参与权和童年社会学 [J]. 当代青年研究，2006（11）.

[17] 皮艺军. 儿童权利的文化解释 [J]. 山东社会科学，2005（08）.

[18] 王本余. 儿童权利的观念：洛克、卢梭与康德 [J]. 南京社会科学，2010（8）.

[19] 王本余. 儿童权利的基本价值：一种教育哲学的视角 [J]. 南京社会科学，2008（12）.

[20] 王本余. 论儿童权利的本性及其教育诉求 [J]. 南京晓庄学院学报，2009（1）.

[21] 王顺双. 论最大利益原则在儿童性权利保护中的法律运用 [J]. 理论月刊，2014（02）.

[22] 王雪梅. 儿童权利保护的"最大利益原则"研究（上）[J]. 环球法律评论，2002（04）.

[23] 王雪梅. 儿童权利保护的"最大利益原则"研究（下）[J]. 环球法律评论，2003（01）.

[24] 吴鹏飞. 中国儿童权利理论研究综述 [J]. 东吴法学，2012春季卷.

［25］张杨，李慧娟．当代西方儿童权利观念形成的历史进程［J］．吉林广播电视大学学报，2014（5）．

［26］张杨．儿童权利在权利学说上争议之探讨［J］．辽宁大学学报（哲学社会科学版），2014（06）．

［27］张杨．儿童权利在人权维度上的证成与批判［J］．人民论坛，2010（32）．

［28］张杨．西方儿童权利保护论与解放论之争议与调和［J］．青少年犯罪题，2014（01）．

（四）博士论文

［1］曹贤余．儿童最大利益原则下的亲子法研究［D］．重庆：西南政法大学，2014．

［2］段立章．儿童宪法权利研究［D］．济南：山东大学，2016．

［3］管华．儿童权利研究［D］．武汉：武汉大学，2010．

［4］何善平．3—6岁儿童受教育权保护研究［D］．重庆：西南大学，2013．

［5］刘智成．儿童游戏权研究［D］．南京：南京师范大学，2014．

［6］孙晶晶．弱势儿童权利保护研究［D］．武汉：武汉大学，2011．

［7］孙艳艳．儿童与权利——理论建构与反思［D］济南：山东大学，2014．

［8］王本余．教育中的儿童基本权利及优先性研究［D］．南京：南京师范大学，2007．

［9］王勇民．儿童权利保护的国际法研究［D］．上海：华东政法大学，2009．

［10］吴鹏飞．嗷嗷待哺：儿童权利的一般理论与中国实践［D］．苏州：苏州大学，2013．

［11］张利洪．学前儿童受教育权研究［D］．重庆：西南大学，2013．

二、英文类

［1］Adler, P. A. and Adler, P. Membership Roles in Field Research Newbury Park［M］. CA：Sage, 1987.

[2] Alderson, P. When does Citizenship Begin? Economics and Early Childhood [C] . Children and Citizenship London: Sage, 2008: 108 – 119.

[3] Alderson P. Changing our behaviour: Promoting positive behaviour by the staff and pupils of Highfield Junior School [M] . Highfield Junior School/Institute of Education, London, 1997.

[4] Moyo, Admark. Child Participation Under South African Law: Beyond the Convention on the Rights of the Child? [J] . South African Journal on Human Rights, 2015, 31 (1): 173 – 184.

[5] Alderson P , Goodey C . Research with disabled pupils: how useful is a child-centred ethics? [J] . Children & Society, 1996, (10): 106 – 16.

[6] Alanen, L. Theorizing Children's Welfare [C] . WELLCI Network Workshop 1: New Perspectives on Childhood, University of Leeds, 2004: 18.

[7] Alexander W. Astin. Student involvement: A developmental theory for higher education [J] . Journal of College Student Personnel, 1984, 25 (4): 297 – 308.

[8] Archard, D. Children, rights and childhood [M] . London: Routledge, 1993: 157.

[9] Ariès, P. Centuries of Childhood: A Social History of Family Life [M]. New York: Vintage, 1962: 225.

[10] Arnott M A . Public Policy, Governance and Participation in the UK: A Space for Children? [J] . The International Journal of Children s Rights, 2008, 16 (3): 355 – 367.

[11] Arnstein, S. Eight Rungs on the Ladder of Citizen Participation [J]. Journal of the American Institute of Planners, 1969, 35 (4), 216 – 224.

[12] Badham, B. and Wade. Hear by Right (2nd edition) [M] . London: National Youth Agency, 2005: 226.

[13] Bae, Berit. Children's right to participate – challenges in everyday interactions [J] . European Early Childhood Education Research Journal, 2009, 17 (3): 391 –406.

[14] Woodhouse, Bennett B . Listening to children: Participation rights of

minors in Italy and the United States [J] . Journal of Social Welfare and Family Law, 2014, 36 (4): 358 - 369.

[15] Begg, I. Participation Rights in Norway [C] . Having Their Say: Young People and Participation: European Experiences, Lyme Regis: Russell House, 2004: 220.

[16] Ben - Arieh, Asher, Attar - Schwartz, Shalhevet. An ecological approach to children\"s rights and participation: Interrelationships and correlates of rights in different ecological systems. [J] . American Journal of Orthopsychiatry, 2013, 83 (1): 94 - 106.

[18] Blanchet, T. , Lost Innocence, Stolen Childhoods [D] . University Press Ltd. , Dhaka, 1996: 201.

[19] Boyden, J. and Mann, G. Children's risk, resilience and coping in extreme situations [R] . Refugee Studies Centre, Oxford, 2000 - 9 - 12.

[20] Bragg, S. , & Fielding, M. Students as researchers: Making a difference [M] . Cambridge, England: Pearsons. 2003: 643.

[21] Bronfenbrenner, U. The Ecology of Human Development: Experiments by nature and design [M] . Cambridge, MA: Harvard University Press.

[21] Evans, Anne C . Ethical Implications of Child Welfare Policies in England and Wales on Child Participation Rights [J] . Ethics and Social Welfare, 2009, 3 (1): 95 - 101.

[22] Casman, P. Children's Participation: Children's City Councils [J]. Understanding Children's Rights, 1996: 65.

[23] Chan K H. Rethinking Children's Participation in Curriculum Making: A Rhizomatic Movement [J] . International Critical Childhood Policy Studies Journal, 2011, 4 (1) .

[24] Checkoway B . What is youth participation? [J] . Children & Youth Services Review, 2011, 33 (2): 340 - 345.

[25] Chawla, Louise, Heft, et al. Children's competence and the ecology of communities: A functional approach to the evaluation of participation [J]. Journal of Environmental Psychology, 2002, 22 (1 - 2): 201 - 216.

［26］Chawla，L. ，Blanchet – Cohen，N. et al. "Don' t just listen – do something!" Lessons learned about governance from the Growing Up in Cities Project ［J］. Children，Youth and Environments，2005，15（2）：53 – 88.

［27］Chawla，L. Evaluating children's participation：Seeking areas of consensus ［J］. PLA Notes，2001：9 – 13.

［28］Children's Rights Alliance for England. The REAL Democratic Deficit，Children's Rights Alliance for England ［R］. London，2000.

［29］Andersen C S ，Dolva A S . Children's perspective on their right to participate in decision – making according to the United Nations Convention on the Rights of the Child article 12 ［J］. Physical & Occupational Therapy In Pediatrics，2014.

［30］Clark，A. ，Kjørholt，A. T. and Moss，P. Beyond Listening：Children's Perspectives on Early Childhood Services ［M］. Bristol：The Policy Press，2005.

［31］Cockburn，T. Children and Citizenship in Britain：A Case for a Socially Interdependent Model of Citizenship ［J］. Childhood，1998，5（1）：99 – 117.

［32］Cockburn T. Partners in Power：a Radically Pluralistic Form of Participative Democracy for Children and Young People ［J］. Children & Society，2010，21（6）：446 – 457.

［33］Cohen，Elizabeth F . Neither Seen Nor Heard：Children \ " s Citizenship in Contemporary Democracies * ［J］. Citizenship Studies，2005，9（2）：221 – 240.

［34］Committee on the Rights of the Child. General Comment ［Z］. United Nations，Geneva，2001：11.

［35］Cooke B，Kothari U，Cooke B，et al. Participation：the new tyranny? ［M］// Participation ：the new tyranny? . 2001.

［36］Council of Australian Governments. Belonging，being and becoming：The Early Years Learning Framework for Australia（2009a）［S/OL］. ［2018 – 8 – 24］. http：//www. deewr. gov. au/.

[37] Cunningham, I., An independent inquiry into Summerhill School [M]. The Centre for Self – Managed Learning, Brighton, 2000: 155.

[38] Council of Australian Governments (COAG). Investing in the early years-a national early childhood development strategy (2009b) [S/OL]. [2018 – 3 – 2]. http: //www. deewr. gov. au.

[39] Dalhberg, G. Empathy and control: On parent – child relations in the context of modern childhood [R]. Symposium of Modern Childhood: On Everyday Life and socialisation of Young Children in Modern Welfare States, Minneapolis, 1991.

[40] Davies, L., & Kirkpatrick, G. The Euridem project [M]. London, England: Children's Rights Alliance for England, 2000.

[41] Dekleva, B. and Zorga, S. Children's Parliaments in Slovenia [C]. Having Their Say: Young People and Participation: European Experiences, Lyme Regis: Russell House, 2004: 227.

[42] Dekker, J. J. H. The century of the child revisited [J]. The International Journal of Children's Rights, 2000, 8: 133 – 150

[43] Education for Change/Department of Primary and Mass Education [R]. Primary School Performance Monitoring Project, Dhaka, 2002: 15.

[44] Johnson E B, IvanSmith, Gordon, et al. Stepping Forward: Children and young people's participation in the development process [J]. 1998.

[45] Council of Australian Governments. Belonging, being and becoming: The Early Years Learning Framework for Australia (2009a) [S/OL]. [2018 – 8 – 24]. http: //www. deewr. gov. au/.

[46] Percysmith B, Thomas N. A Handbook of Children and Young People's Participation [M]. London and New York, 2009: 125 – 132.

[47] C. Gordon. Power/Knowledge: Selected Interviews and Other Writings 1972 – 1977 [M]. London: Harvester Wheatsheaf, 1990: 109 – 133.

[48] Treseder, P. Empowering Children and Young People: Training manual [M]. London: Save the Children and Children's Rights Office, 1997.

[49] Francesca Parigi. Guides On Children's Participation [M]. Italy:

CIAI, 2015, 11.

［50］Fraser N. From Redistribution to Recognition? ［M］// Marx and Modernity: Key Readings and Commentary. 2008: 430 – 460.

［51］Gallagher M. Foucault, Power and Participation ［J］. International Journal of Childrens Rights, 2008, 16 (3): 395 – 406.

［52］P. Reason and H. Bradbury ［M］. Handbook of Action Research London: Sage, 2006: 71 – 81.

［53］Government of British Columbia. British Columbia early learning framework ［S］. Victoria, BC: Ministry of Education, Ministry of Health, Ministry of Children and Family Development, & British Columbia Early Learning Advisory Group, 2008.

［54］Graham A, Fitzgerald R. Supporting Children's Social and Emotional Well – being: Does 'Having a Say' Matter? ［J］. Children & Society, 2011, 25 (6): 447 – 457.

［55］P. Scraton (ed.) 'Childhood' in 'Crisis'? ［M］. London: UCL Press, 1997: 1 – 28.

［56］Hanneretha Kruger. South African Law Journal – The realization of children's rights to participate in selected medical decisions in South Africa ［J］. South African Law Journal. 2018 (135): 1.

［57］Hannah Lyford Jones, Putting Children at the Centre—A Practical guide to the children's participation ［M］. Save the Children UK 1 St John's Lane London EC1M 4AR UK, 2010.

［58］Kosher, Hanita. What Children and Parents Think about Children's Right to Participation ［J］. The International Journal of Children \ " s Rights, 2018, 26 (2): 295 – 328.

［59］Hannam, D. A pilot study to evaluate the impact of student participation aspects of the citizenship order on standards of education in secondary schools ［EB/OL］. (2012 – 7 – 12) ［2018 – 3 – 5］. www. csv. org. uk/csv/hannamreport. pdf

［61］C. Breen (Ed.), Children's needs, rights and welfare: Developing strategies for the 'whole child' in the 21st century [M]. Southbank, Vic: Thomson Dunmore Press, 2008: 15 – 40.

[62] Hart R A. Children's Participation: From tokenism to citizenship [J]. Papers, 1992: 49.

[63] Hart R A. Children's participation: the theory and practice of involving young citizens in community development and environmental care. [J]. Land Use Policy, 1998, 15 (2): 176 – 177.

[64] Horan H, Dalrymple J. Promoting the participation rights of children and young people in family group conferences [J]. Practice, 2003, 15 (2): 5 – 14.

[65] Hill M, Davis J, Prout A, et al. Moving the Participation Agenda Forward [J]. Children & Society, 2004, 18 (2): 77 – 96.

[66] Hinton, R. Theorising Children's Participation: An Overview of International and Interdisciplinary Perspectives (2018 – 2 – 9) [R/OL]. Theorising Children's Participation Seminar, University of Edinburgh, [2018 – 2 – 9] http: //www. childhoodstudies. ed. ac. uk/research. htm#part

[67] Honneth, A. Recognition and Respect [J]. Acta Sociologica, 2004, 47 (4): 351 – 364.

[68] Hutchby I. Children and Social Competence [M]. Lewes: Falmer Press, 1998.

[69] Hood S, Kelley P, Mayall B. Children as Research Subjects: a Risky Enterprise [J]. Children & Society, 1996, 10.

[70] A. Invernizzi and J. Williams. Children and Citizenship [M]. London: Sage, 2008: 131 – 142.

[71] James, A., Childhood Identities: Self and Social Relationships in the Experience of the Child [M]. Edinburgh University Press, Edinburgh, 1993.

[72] James, A. and Prout, A. Constructing and Reconstructing Childhood (2nd edition) [M]. London: Falmer, 1997.

[73] Jans M. Children as Citizens: Towards a Contemporary Notion of Child Participation. [J]. Childhood A Global Journal of Child Research, 2004, 11

（1）：27 –44.

［74］Jenks C. Many childhoods？［J］．Childhood A Global Journal of Child Research，2004，11（1）：5 –8.

［75］James，A.，Jenks，C. and Prout，A. Theorizing Childhood［M］．Cambridge：Polity Press，1998.

［76］Jeanette Sundhall. A Political Space for Children？The Age Order and Children's Right to Participation［J］．Social Inclusion. 2017，5（3）：164 –171.

［77］Katarina Elfstrom Pettersson. Children's participation in preschool documentation practices［J］．Childhood. 2015，22（2）：231 – 247.

［78］Krappmann，Lothar. The weight of the child \ "s view（Article 12 of the Convention on the Rights of the Child）［J］．The International Journal of Children \ "s Rights，2010，18（4）：501 –513.

［79］Kellmer –Pringle，M.，The needs of children（2nd edition）［M］．Hutchinson，London，1980.

［80］Kirby，P. Measuring The Magic？Evaluating and Researching Young People's Participation in Public Decision Making［M］．London：Carnegie Young People Initiative. 2002.

［81］Katherine Federle. On the Road to Reconceiving Rights for Children：A Postfeminist Analysis of the Capacity Principle［J］．DePaul Law Review，1992，17.

［82］Koran N . Perceptions of Prospective Pre – school Teachers Regarding Children's Right to Participate in Classroom Activities［J］．Educational Sciences Theory & Practice，2017，17（3）．

［83］Bernard van Leer Foundation. Early Childhood Matters［M］．The Hague：Bernard van Leer Foundation，2004.

［84］Lansdown，G. GLOBAL：A framework for monitoring and evaluating children's participation（2011）［R/OL］．［2018 – 7 – 12］http：// www. crin. org/resources/infoDetail. asp？ID = 25809&flag = report. http：// www. crin. org/resources/infoDetail. asp？ID = 25809&flag = report

［85］Lansdown G. Promoting Children's Participation in Democratic Decision-

Making. Innocenti Insight. [J] . Papers, 2001: 54.

[86] Lansdown, G. Challenging discrimination against children in the EU: A policy proposal by Euronet [R] . Euronet, Brussels, 2000.

[87] Lansdown, G. Taking Part: Children's Participation in Decision Making [J] . Institute for Public Policy Research, 1995: 1 (1): 23.

[88] Lansdown G . Regional analysis of children and young people's participation in South Asia: implications for policy and practice [R] . UNICEF ROSA, Kathmandu, 2004: 19.

[89] Lansdown G . It's our world too! A report on the lives of disabled children [R] . Rights for disabled children/Disability Awareness in Action, London, 2001.

[90] Lansdown G , Jimerson S R , Shahroozi R . Children's rights and school psychology: Children's right to participation [J] . Journal of school psychology, 2014, 52 (1): 3 - 12.

[91] Lansdown, G. Every child's right to be heard: A resource guide on the UN committee on the rights of the child [C] . general comment No. 12. London, England: Save the Children/United Nations Children's Fund, 2011.

[92] Lansdown G , Jimerson S R , Shahroozi R . Children's rights and school psychology: Children's right to participation [J] . J Sch Psychol, 2014, 52 (1): 3 - 12.

[93] Lansdown, G. Taking Part: Children's Participation in Decision Making [J] . Institute for Public Policy Research, 1995: 1 (1): 23.

[94] Lansdown G . The Evolving Capacities of the Child [J] . Innocenti Insight, 2005.

[95] Lansdown G. Promoting Children's Participation in Democratic Decision-Making. Innocenti Insight. [J] . Papers, 2001: 54.

[96] LillyEriksson, MatsGranlund. Perceived participation. A comparison of students with disabilities and students without disabilities [J] . Scandinavian Journal of Disability Research, 2004, 6 (3): 206 - 224.

[97] Lee, N. Childhood and Society: Growing Up in an Age of Uncertainty

Maidenhead ［M］. Open University Press, 2001.

［98］ A. Invernizzi and J. Williams. Children and Citizenship ［M］. London: Sage, 2008: 32 –43.

［99］ Lloyd K , Emerson L . (Re) examining the Relationship Between Children's Subjective Wellbeing and Their Perceptions of Participation Rights ［J］. Child Indicators Research, 2017, 10 (3): 591 –608.

［100］ Lundy, Laura. 'Voice' is not enough: conceptualising Article 12 of the United Nations Convention on the Rights of the Child ［J］. British Educational Research Journal, 2007, 33 (6): 927 –942.

［101］ Maconochie H . Young Children's Participation in a Sure Start Children's Centre ［M］. Sheffield Hallam University, 2013, 62: 479 –485.

［102］ Macnaughton G , Hughes P , Smith K . Young Children's Rights and Public Policy: Practices and Possibilities for Citizenship in the Early Years ［J］. Children & Society, 2007, 21 (6): 458 –469.

［103］ Parry, John. A handbook of children and young people \ " s participation: perspectives from theory and practice ［J］. Environmental Education Research, 2011, 17 (3): 431 –432.

［104］ Mannion, Greg. Going Spatial, Going Relational: Why "listening to children" and children \ " s participation needs reframing ［J］. Discourse: Studies in the Cultural Politics of Education, 2007, 28 (3): 405 –420.

［105］ Makin L and Whitehead M. How to develop children's early literacy ［M］. Paul Chapman, London, 2004.

［106］ Heimer M , N? Sman E , Palme J . Vulnerable children \ " s rights to participation, protection, and provision: The process of defining the problem in Swedish child and family welfare ［J］. Child & Family Social Work, 2017.

［107］ Marshall, K. , Children's Rights in the Balance – The Participation – Protection Debate ［R］. The Stationery Office, Edinburgh, 1997.

［108］ Mary Ann Powell and Anne B. Smith. Children's Participation Rights in Research ［J］. Childhood 2009 16: 124.

［109］ Mason, J. and B. Steadman , The significance of the conceptualisation

of childhood for promoting children's contributions to child protection policy [R],
Fifth Australian Institute of Family Studies Conference, University of West Sydney,
Macarthur, 1996.

[110] Matthews H . Children and Regeneration: Setting an Agenda for Community Participation and Integration [J] . Children & Society, 2003, 17 (4):
264 – 276.

[111] Matthews S H . A Window on the 'New' Sociology of Childhood [J].
Sociology Compass, 2007, 1 (1): 322 – 334.

[112] Mayall, B. , Intergenerational relations and the politics of childhood
[C] . Final Children 5 – 16 Programme Conference, London, 2000.

[113] Mayall B . Sociologies of childhood and educational thinking [J].
Stylus Pub Llc, 2003.

[114] Mayall B . The sociology of childhood in relation to children's rights
[J] . International Journal of Childrens Rights, 2000, 8 (3): 243 – 259.

[115] E. K. M. Tisdall, J. M. Davis, M. Hill and A. Prout . Children, Young
People and Social Inclusion: Participation for What? [M] . Bristol: The Policy
Press, 2006: 199 – 216.

[116] Melton, Gary B . Children, Politics, and Morality: The Ethics of
Child Advocacy [J] . Journal of Clinical Child Psychology, 1987, 16 (4):
357 – 367.

[117] Melton, G. B. , Background for a General Comment on the Right to
Participate; Article 12 and Related Provisions of the Convention on the Rights of
the Child [Z] . Clemson University, 2006.

[118] Merey Z. Children's Participation Rights in Social Studies Textbooks in
Turkey [J] . Procedia-Social and Behavioral Sciences, 2014, 116: 3641 –
3645.

[119] Miller J. All right at home? Promoting respect for the human rights of
children in family life [R] . Children's Rights Office, 1999.

[120] Moosa – Mitha, Mehmoona. A Difference – Centred Alternative to Theorization of Children \ " s Citizenship Rights [J] . Citizenship Studies, 2005, 9

(4): 369 - 388.

[121] Milne, E. (2011). Guide to children and young people's participation in actions against corporal punishment [EB/OL]. (2011 - 5 - 7) [2018 - 3 - 7]. http://www. endcorporalpunishment. org/pages/pdfs/Participation% 20 guide% 20 March% 202011. pdf

[122] Morrow, V. (2008) 'Dilemmas in Children's Participation in England' In A. Invernizzi and J. Williams (eds.) Children and Citizenship London: Sage, 2008: 120 - 130.

[123] H. Hendrick. Child Welfare and Social Policy [M]. Bristol: Policy Press, 2005: 85 - 105.

[124] J. Butler, J. Scott. Feminists Theorise the Political [M]. London: Routledge, 1992: 245 - 257.

[125] Nandana Reddy & Kavita Ratna. Journey in Children's Participation [M]. The Concerned for Working Children, India. 2002.

[126] Ninoslava Pećnik, Jelena Matić, Ana Tokić Milaković. Fulfillment of the Child's Participation Rights in the Family and the Child's Psychosocial Adjustment: Children's and Parents Views [J]. Revija za socijalnu politiku, 2016, 23 (3): 399 - 421.

[127] Office of the Minister for Children and Youth Affairs. Report of the Commission to Inquire into Child Abuse, 2009: Implementation plan [R]. Dublin, Ireland: Stationery Office, 2009.

[128] Pais, S. M. Child participation [R/OL]. Documentaç ã o e Direito Compara. (2000 - 10 - 1) [2018 - 3 - 5]. http://www. gddc. pt/actividade - editorial/pdfs - publicacoes/8182MartaPais. pdf.

[129] C. Panter-Brick and M. Smith. Abandoned Children [M]. Cambridge: Cambridge University Press, 2000.

[130] Pavlovic, Z. Cross - Cultural Study on the Rights of the Child in Slovenia: The First Ten Years [J]. School Psychology International, 2001, 22 (2): 130 - 151.

[131] Percy - Smith B. From Consultation to Social Learning in Community

Participation with Young People [J] . Children Youth & Environments, 2006, 16 (2): 153 –179.

[132] Percy-Smith, B. , & Thomas, N. A handbook of children young people's participation: Perspectives from theory and practice [M] . London: Routledge, 2010.

[133] Petren, A. and R. Hart, The child's right to development [C]. Children's Rights: Turning Principles Into Practice, Radda Barnen/UNICEF, Stockholm, 2000: 43 –61.

[134] Pinker, S. The Blank Slate: The Modern Denial of Human Nature [M] . New York: Viking, 2002.

[135] A. James and A. Prout. Constructing and Reconstructing Childhood: Contemporary Issues in the Sociological Study of Childhood [M] . Basingstoke, Bristol: Falmer Press, 1990: 7 –34.

[136] Treseder, P. Empowering Children and Young People: Training manual [M] . London: Save the Children and Children's Rights Office, 1997.

[137] Prout A . Children \ " s participation: control and self – realisation in British late modernity [J] . 2000, 14 (4): 304 –315.

[138] Punch S . Youth Transitions and Interdependent Adult – Child Relations in Rural Bolivia [J] . Journal of Rural Studies, 2002, 18 (2): 123 –133.

[139] Quennerstedt, A. , Children's Rights Research Moving into the Future—Challenges on the Way Forward [J] . The International Journal of Children's Rights 2013 (21): 233 –247.

[140] Qvortrup, J. , M. Bardy, G. Srgitta, and H. Wintersberger. Childhood matters: Social theory, practice and politics [M]. Avebury: Aldershot, 1994.

[141] Qvortrup, J. Useful to Useful: the historical continuity of children's constructive participation [J] . Sociological Studies of Children, 1995, (7): 49 –76.

[142] A. James and A. L. James. European Childhoods: Cultures, Politics and Childhoods in Europe Basingstoke [M] . Palgrave Macmillan, 2008,

216 - 233.

[143] Rajani R. Discussion paper for partners on promoting strategic adolescent participation [Z] . UNICEF, New York Reggio Children, 1995.

[144] Riekkinen M . Public Participation of Children: Foundations and a Review of Russian Legal Practices under the Convention on the Rights of the Child [J] . Baltic Journal of Law & Politics, 2009, 2 (2): 103 - 138.

[145] N. E. Dowd. Justice for kids: Keeping kids out of the juvenile justice system [M] . New York, NY: New York University Press. 2011: 219 - 240.

[146] Glendinning and P. A. Kemp. Cash and Care: Challenges in the Welfare State Bristol [M] . The Policy Press, 2006: 203 - 218.

[147] I. L. Kutash and A. Wolf . Psychotherapist's Casebook: Theory and Technique in Practice [M] . San Francisco: Jossey - Bass, 2016.

[148] Olson D and Torrance N. The handbook of education and human development [M] . Cambridge, Mass, Blackwell, 1996.

[149] J. Wertsch, P. del Rio, and A. Alvarez. Sociocultural Studies of Mind [M] . Cambridge: Cambridge University Press, 1995: 139 - 164.

[150] Runeson, L, et. Children's participation in the decision - making process during hospitalization: An observational study [J] . Nursing ethics, 2002, 9 (6): 583 - 598

[151] Sarah Te One. Defining rights: Children's rights in theory and in practice [J] . He Kupu The Word. 2011, 4 (2): 41 - 57.

[152] Save the Children Norway/Save the Children US. The Children's Clubs of Nepal: An assessment of national experiment in children's democratic development [R] . Kathmandu: Save the Children, 2002.

[153] Sebba, J. , & Robinson, C. Evaluation of UNICEF UK's Rights Respecting Schools Award [R] . London, England: United Nations Children's Fund, 2010.

[154] Sevenhuijsen, S. Citizenship and the Ethics of Care: Feminist Considerations on Justice, Morality and Politics [M] . London: Routledge, 1998.

[155] Skelton, Tracey. Children, Young People, UNICEF and Participation

[J] . Children \ " s Geographies, 2007, 5 (1 -2): 165 - 181.

[156] Shanahan S . Lost and Found: The Sociological Ambivalence toward Childhood [J] . Annual Review of Sociology, 2007, 33: 407 - 428.

[157] Shier H . Pathways to participation: openings, opportunities and obligations [J] . Children & Society, 2010, 15 (2): 107 - 117.

[158] Sinclair, R. Participation in practice: Make it meaningful, effective and sustainable [J] . Children & Society 2004, 18: 106 - 118

[159] Smith A B . Children's rights and early childhood education: Links to theory and advocacy. [J] . Australian Journal of Early Childhood, 2007, 32: 1 - 8.

[160] Smith N , Lister R , Middleton S , et al. Young People as Real Citizens: Towards an Inclusionary Understanding of Citizenship [J] . Journal of Youth Studies, 2005, 8 (4): 425 - 443.

[161] Smith, A. B. Interpreting and supporting participation rights: Contributions from social - culture theory [J] . The International Journal of Children's Rights, 2002, 10: 73 - 88

[162] James, A. and A. Prout. Constructing and reconstructing childhood [M] . Routledge Falmer, London, 1997.

[163] Sonja Sheridan &Ingrid Pramling Samuelsson. Children's Conceptions of Participation and Influence in Pre - school - - a perspective on pedagogical quality [J] . Contemporary Issues in Early Childhood, 2001 (2) .

[164] Steven Mintz. Placing Children's Rights in Historical Perspective [J]. Criminal Law Bulletin. 2008: 2.

[165] M. D. Ruck, M. Peterson - Badali and M. Freeman. Handbook of Children's Rights: Global and Multidisciplinary Perspectives [M] . London: Routledge, 2017.

[166] Stig Broström. Children's participation in research [J] . International Journal of Early Years Education, 2012.

[167] Strandbu, A. Children's Participation in Family Group Conference as a Resolution Model [J] . International Journal of Children and Family Welfare,

2004），7（4）：207－227.

［168］T. Beauchamp and J. Children. Principles of Biomedical Ethics. Oxford：
Oxford University Press. 2001.

［169］Taylor N，Smith A B，Nairn K. Rights important to young people：
Secondary student and staff perspectives ［J］. The International Journal of Children
s Rights，2001，9（2）：137－156.

［170］Thorne，B. " Childhood"：Changing and Dissonant Meanings ［J］.
International Journal of Learning and Media，2009，1（1）：19－27.

［171］Thomas，Nigel. Towards a Theory of Children's Participation ［J］.
The International Journal of Children's Rights，2007，15（2）：199－218.

［172］Thomas H. Birch，Moral Considerability and Universal Consideration
［J］. Environmental Ethics 1993，15：313－332.

［173］Tim Covell. Children's Participation Rights in Film Classification Sys-
tems ［J］. The International Journal of Children s Rights，2017，25（2）：438－
455.

［174］Tomanovic，S. Negotiating children's participation and autonomy with-
in families ［J］. The International Journal of Children's Rights，2003，11：
51－71.

［175］Tisdall E K M，Davis J. Making a difference? Bringing children \ "
s and young people \ " s views into policy－making ［J］. Children and Society，
2004，18（2）：131－142.

［176］Treseder，P. Empowering Children and Young People ［R］. London：
Children's Rights Office and Save the Children，1997.

［177］United Nations Committee on the Rights of the Child. General Comment
No. 12 The right of the child to be heard：2009 ［S/OL］ http：//www. cocukha-
klariizleme. org/wp－content/uploads/CRC－C－GC－12_ TR－aat. pdf.

［178］United Nations Children's Fund. The state of the world's children：
Children with disabilities ［EB/OL］.（2013－4－5）［2018－3－6］. http：//
www. unicef. org/sowc2013/files/SWCR2013_ ENG_ Lo_ res_ 24_ Apr_ 2013.
pdf

［179］UNICEF, Wheels of Change: Children and young people's participation in South Asia ［R］. UNICEF, Kathmandu, 2004.

［180］United Nations Children's Fund/United Nations Educational Scientific and Cultural Organization. A human rights – based approach to Education for All: A framework for the realization of children's right to and rights in education ［M］. New York: United Nations, 2007.

［181］United Nations Committee on the Rights of the Child. General comment no. 8: The right of the child to protection from corporal punishment and other forms of cruel and degrading treatment ［EB/OL］. （2006 – 10 – 3）［2018 – 12 – 7］. Geneva, Switzerland: United Nations. http: //www2. ohchr. org/english/bodies/crc/comments. html

［182］Viviers A , Lombard A . The ethics of children's participation: Fundamental to children's rights realization in Africa ［J］. International Social Work, 2013, 56 （1）: 7 – 21.

［183］Van Bueren, G. The International Law on the Rights of the Child ［M］. Dordrecht: Kluwer, 1995.

［184］Wall, J. Can democracy represent children? Toward a politics of difference ［J］. Childhood, 2012, 19 （1）: 86 – 100.

［185］Waksler, F. C. , Studying the social worlds of children: sociological readings ［M］. Falmer, London, 1991.

［186］M. J. Kehily （ed. ）An Introduction to Childhood Studies （2nd edition）［M］. Maidenhead: Open University Press, 2009: 112 – 123.

［187］WCRWC （Women's Commission for Refugee Women and Children）. Against all the odds, surviving the war on adolescents: Promoting the protection and capacity of Ugandan and Sudanese adolescents in Northern Uganda ［R］, New York: WCRCW, 2001.

［188］Willow C , LGIU, Unit L G I . Hear! hear! promoting children and young people's democratic participation in local government ［J］. Journal of Moral Education, 1997 （4）: 502 – 503.

［193］Willow, C. The right to be heard and effective child protection ［R］.

Bangkok, Thailand: Save the Children Fund, 2010.

[189] Wittkamper, J. Guide to the global youth movement [M]. New York: Global Youth Action Network, 2002.

[190] Woodhead, M. Understanding children's rights [C]. the Fifth Interdisciplinary Course on Children's Rights, Ghent, University of Ghent, 2002: 113 – 127.

[191] Wood D, Bruner J S, Ross G. The Role of Tutoring in Problem Solving [J]. Journal of Child Psychology and Psychiatry, 2006, 17 (2): 89 – 100.

[192] A. James and A. Prout. Constructing and Reconstructing Childhood: Contemporary Issues in the Sociological Study of Childhood [M]. London : Fialmer Press, 1997.

[193] Woodhead, M. Is there a Place for Child Work in Child Development? [M]. Milton Keynes: Radda Barnen/Centre for Human Development and Learning, The Open University, 1997.

[194] Woodyer, Tara. The body as research tool: embodied practice and children \ " s geographies [J]. Children \ " s Geographies, 2008, 6 (4): 349 – 362.

[195] Woodhouse B B. Hidden in plain sight: The tragedy of children's rights from Ben Franklin to Lionel Tate [J]. Hidden in Plain Sight, 1994, 49 (10): 11 – 12.

[196] World Health Organization. Manuals on Child Mental Health and Psychosocial Development [R]. Geneva, Switzerland, WHO, 1982.

[197] Woodhouse B B. Enhancing Children's Participation in Policy Formation [J]. Ariz. l. rev, 2003 (3): 751 – 764.

[198] Wyse, D. Felt tip pens and school councils: Children's participation rights in four English schools [J]. Children & Society, 2001, 15: 209 – 218.

[199] Young, I. M. Inclusion and Democracy [M]. New York: Oxford University Press, 2000.

[200] Thomas, Nigel. Towards a Theory of Children \ " s Participation

[J]. The International Journal of Children \ " s Rights, 2007, 15（2）: 199 - 218.

[201] Young, I. M. Justice and the politics of difference [M]. New Jersey: Princeton University Press, 1990.

[202] Zelizer, V. A., Pricing the Priceless Child: The Changing Social Value of Children [M]. Princeton University Press, Princeton, 1994.

后　记

"我不了解我的权利，但你们不了解我的生活。"

一位来自孟加拉国的 6 岁男孩（联合国儿童基金会，2003 年）

书稿行将付梓，不禁掩卷沉思。儿童是什么？儿童的当下仅仅是为了将来美好的生活做准备，还是儿童就是当下生活和世界的主人？成人真的理解儿童吗？

我想，当成人在面对儿童调皮和不合规矩时生气，甚至以此作为惩罚儿童的理由，当成人"以爱之名"为儿童的利益做出最佳选择时，我们应该好好思考前面提到的几个问题。本书可能对这些问题做了一些不成熟的思考，但更重要的是，这些思考能引起更多人对这些问题的思考。理性的思考带来切实的理想，也给改变现实带来可能，革命者切·格瓦拉的名言"让我们忠于理想；让我们面对现实"完美地指引着我们去思考、去解决这些问题。

感谢在写作过程中帮过我的所有人，特别是我的家人，也感谢那些给我带来心灵自由的单车旅行，他们是我负重前行的动力所在。